L'EMPIRE D'ANNAM

ET

LE PEUPLE ANNAMITE.

LIBRAIRIE FÉLIX ALCAN

LANESSAN (de), député. **L'Expansion coloniale de la France**. Etude économique, politique et géographique sur les établissements français d'outre-mer. 1 fort vol. in-8, avec cartes. 1886. 12 fr.

LANESSAN (de). **La Tunisie**. 1 vol. in-8 avec une carte en couleurs. 1887. 5 fr.

LANESSAN (de). **L'Indo-Chine française**. Etude économique, politique et administrative sur la Cochinchine, le Cambodge, l'Annam et le Tonkin. 1 vol. in-8 avec 5 cartes en couleurs hors texte. 1889. 15 fr.

WAHL, professeur au lycée Lakanal. **L'Algérie**. 1 vol. in-8, 2ᵉ édit. 5 fr.

GAFFAREL (P.), professeur à la Faculté des lettres de Dijon. **Les Colonies françaises**. 1 vol. in-8, 4ᵉ édit. 5 fr.

LAVELEYE (Em. de). **L'Afrique centrale**. 1 vol. in-12. 3 fr.

LAVELEYE (Em. de). **La Péninsule des Balkans** (Vienne, Croatie, Bosnie, Serbie, Bulgarie, Roumélie, Turquie, Roumanie), 2ᵉ édit. 2 vol. in-12. 1888. 10 fr.

HARTMANN (R.). **Les Peuples de l'Afrique**. 1 vol. in-8, de la *Bibliothèque scientifique internationale*, avec figures, 2ᵉ édit., cartonné. 6 fr.

GIRARD DE RIALLE. **Les Peuples de l'Afrique et de l'Amérique**. 1 vol. in-18 de la *Bibliothèque utile*. 60 cent.

GIRARD DE RIALLE. **Les Peuples de l'Asie et de l'Europe**. 1 vol. in-18 de la *Bibliothèque utile*. 60 cent.

FAQUE. **L'Indo-Chine française**. 1 vol. in-18 de la *Bibliothèque utile*. 60 cent.

BLERZY (H.). **Les Colonies anglaises**. 1 vol. in-18 de la *Bibliothèque utile*. 60 cent.

OUVRAGES CLASSIQUES DE GÉOGRAPHIE

PAR L. BOUGIER,
Ancien élève de l'École normale, Professeur au collège Rollin.

Précis de géographie physique, politique et militaire, à l'usage des candidats aux Écoles militaires et aux deux baccalauréats. 1 vol. in-12, 2ᵉ *édit. revue*. Br. 7 fr. Cart. 7 fr. 50

Géographie physique, politique et économique de l'Europe. 1 fort vol. in-12. Br. 3 fr. 50. Cart. 4 fr.

Géographie de la France et de ses possessions coloniales. 1 vol. in-12, 3ᵉ *édit*. Br. 3 fr. 50. Cart. 4 fr.

Géographie de l'Afrique, de l'Asie, de l'Océanie et de l'Amérique. 1 vol. in-12 (*sous presse*).

5296. — ABBEVILLE. TYP. ET STÉR. A. RETAUX. — 1889.

L'EMPIRE D'ANNAM

ET

LE PEUPLE ANNAMITE

APERÇU SUR LA GÉOGRAPHIE, LES PRODUCTIONS, L'INDUSTRIE
LES MŒURS ET LES COUTUMES DE L'ANNAM

Publié sous les auspices de l'Administration des colonies

ANNOTÉ ET MIS A JOUR

PAR

J. SILVESTRE

Administrateur principal en Cochinchine,
Professeur à l'École des Sciences Politiques.

Avec une carte de l'Annam, hors texte

PARIS
ANCIENNE LIBRAIRIE GERMER BAILLIÈRE ET Cⁱᵉ
FÉLIX ALCAN, ÉDITEUR
108, BOULEVARD SAINT-GERMAIN, 108

1889
Tous droits réservés.

L'EMPIRE D'ANNAM

ET

LE PEUPLE ANNAMITE.

AVERTISSEMENT

En 1855, Guillaume Pauthier publia « le Livre de « Marco Polo, citoyen de Venise, conseiller privé et « commissaire impérial de Khoubilaï-Khaân, rédigé « en français sous sa dictée, en 1278, par Rusticien « de Pise ». Ce vieux livre était d'actualité. Nous tentons aujourd'hui une œuvre identique.

On a beaucoup écrit déjà sur les pays qui forment, à l'heure actuelle, l'Indo-Chine française; on peut dire pourtant que les ouvrages de fonds sont rares. On a, en abondance, des « Impressions de voyage », des choses vues et écrites en courant; encore les auteurs ont-ils le plus généralement décrit ces pays d'après ce qu'ils avaient observé dans la basse-Cochinchine, à présent Cochinchine française, ou dans leurs excursions à travers l'Annam ou le Tonkin et, involontairement, sans faire une part suffisante au trouble de la situation, ils ont conclu de l'exception à la règle générale, de la partie au tout.

De grandes erreurs en ont résulté. La basse-Cochinchine, par exemple, n'est qu'une colonie annamite de fondation récente (deux cents et quelques années). Nouveaux venus, les Annamites se sont mélangés avec les populations déjà établies, avant de les étouffer ou de les refouler, et s'ils ont conservé incontestablement leurs lois et la plupart de leurs usages nationaux, il n'en est pas moins certain que la nécessité d'un régime spécial a dû s'imposer, que des coutumes hybrides se sont établies, sur lesquelles sont venues ensuite se greffer des pratiques quasi européennes, et que, par conséquent, il faut se transporter sur un autre champ d'observations si l'on veut bien étudier le peuple annamite, dans ses institutions, son caractère et ses moyens propres.

Quant à l'Annam et au Tonkin, les événements qui y sont survenus depuis quinze ans y ont complètement désorganisé les pouvoirs publics, bouleversé les règles sociales, dispersé les populations et tari pour un temps les sources de la richesse agricole, industrielle et commerciale. Cet état de trouble a été singulièrement aggravé par l'intervention des armées chinoises et surtout des bandes des « Drapeaux noirs », et, naturellement, dans une pareille anarchie, ce sont les vices du caractère national et de l'organisation politique, administrative ou sociale qui ont dû frapper le plus vivement l'attention des observateurs de passage.

On voit ainsi que, dans tous les cas, les auteurs des travaux récents sur l'empire d'Annam et le peuple annamite ne pouvaient guère échapper à de grosses erreurs de faits et d'appréciations.

D'autre part, les lois de l'empire, sages dans leurs principes et bien appropriées au tempérament et à la civilisation annamites, n'ont pour ainsi dire plus été appliquées depuis la mort de Thiêu-Tri (1847). Le successeur de ce dernier a bien plus gouverné par ses ministres que par lui-même et, malheureusement, dans ces dernières années surtout, ses choix n'ont pas été heureux. Jamais, peut-être, la vénalité, les prévarications, les dilapidations n'avaient atteint un tel degré, et l'exemple parti de si haut s'est propagé jusque dans les derniers rangs du peuple. De là, l'oubli des lois et des devoirs, le mépris des autorités et les attentats commis sur les personnes et sur les biens, avec d'autant plus de facilité que le fruit de ces méfaits servait trop souvent à corrompre le fonctionnaire public chargé de les réprimer. Enfin, l'agitation causée par tous ces événements, d'origine intestine ou extérieure, a fait monter à la surface des couches nouvelles, et toutes ces causes réunies ont considérablement changé l'aspect des choses.

Mais ces désordres, qui bouleversent la surface, n'ont en réalité rien changé au fond; ce serait tomber dans une erreur féconde en conséquences funestes que de juger l'Annam et son peuple d'après le spectacle qu'ils présentent depuis que nous les agitons, et que de prétendre faire de l'ordre avec ce désordre : un bon médecin veut connaître les prodromes avant de se prononcer sur la maladie et avant d'y appliquer un remède.

—

La bibliographie annamite établie pour la première fois, en 1867, par M. Barbié du Bocage, comptait 470 numéros; nous ne nous tromperons sans doute pas de beaucoup si nous disons que, depuis vingt-un ans, ce chiffre a doublé. Nos connaissances générales se sont-elles accrues dans la même proportion? Il est permis d'en douter.

Mais si les bons ouvrages sont rares, touchant l'Annam tel que nous avons pu le voir depuis trente ans, on peut dire qu'il n'en existe à peu près point qui nous satisfassent du moment qu'il s'agit de l'état dans lequel se trouvait cet empire quand la France est intervenue directement dans ses destinées. Il serait bien important cependant, — aujourd'hui que le Protectorat nous impose le devoir d'assurer l'ordre et la prospérité à une vingtaine de millions d'Asiatiques, — que les jeunes gens désireux de se préparer aux carrières indo-chinoises pussent trouver rassemblés les principaux éléments d'une étude *sûre* et aussi complète que possible.

Un ouvrage présente, à notre connaissance, incontestablement ces caractères ; c'est l'*Aperçu sur la géographie, les productions, l'industrie, les mœurs et les coutumes du royaume d'Annam*, qui fut inséré sans nom d'auteur au « Courrier de Saïgon » en 1875 et 1876. Mais à cette époque ce journal, *officiel*, n'était tiré qu'à un petit nombre d'exemplaires ; pour beaucoup de raisons, la plupart ont dû se perdre et il est bien difficile, à l'heure présente, de s'en procurer commodément la collection. C'est pourquoi l'*Aperçu* en question est tout à fait ignoré, sinon à Saïgon, du moins en France, et c'est surtout en France qu'il importe de mieux connaître nos pays de l'Indo-Chine.

Telles sont les considérations qui ont motivé et qui nous semblent justifier l'utilité et l'opportunité de la publication que nous avons entreprise.

L'oubli dans lequel on a laissé tomber une Étude d'une telle valeur est regrettable à tous égards : sous le titre modeste que nous avons dit, elle cache une œuvre autrement intéressante et autrement sûre que bien des écrits qui traitent de la même matière. Plus connue, elle aurait pu rendre de réels services : toutes les fois qu'il a fallu présenter un tableau quelque peu exact de la Cochinchine, on n'a pas manqué d'y recourir (par exemple, pour l' « État de la Cochinchine en 1878 » et les « Notices coloniales » pour l'exposition d'Anvers).

C'est dans cette conviction que nous avons demandé à M. le Sous-Secrétaire d'État aux Colonies et obtenu de pouvoir publier, sous les auspices de l'Ecole des Sciences Politiques, le texte primitif de cet *Aperçu*, augmenté de quelques notes indispensables et de notices aussi sobres que possible, destinées uniquement à mettre à peu près à jour une œuvre arrêtée à l'année 1858.

Cette Étude, disions-nous, a été publiée sans nom d'auteur. Ce n'est point, en effet, l'œuvre d'un seul : à la simple lecture on reconnaîtra qu'elle est le résumé d'observations précises, suivies durant de longues années et sur des points différents de l'empire d'Annam, par des hommes de bonne foi, mêlés à la vie annamite et, conséquemment, bien placés pour apprécier et pour décrire exactement les choses du milieu populaire. L'extrême réserve qu'ils montrent dans les questions de gouvernement et de législation prouve qu'ils ont vécu loin des pouvoirs publics, et ces considérations réunies nous donnent à penser que ce document provient, en tant que fonds, des missionnaires français de la première moitié du dix-neuvième siècle. Quelqu'un d'entre eux, — M. Le Grand de La Liraye, peut-être, — l'a dû condenser, mettre en ordre et compléter vers 1859, pour éclairer le Commandant en chef du corps expéditionnaire français, et le Gouverneur de la colonie de Cochinchine, appréciant justement sa valeur, l'a voulu faire connaître à tous en le publiant plus tard (1875), en feuilleton au « Courrier de Saïgon ».

On remarquera que l'auteur de l'*Aperçu*, après avoir annoncé qu'il traitera, dans des articles à part, certaines questions spéciales, telles que celles qui regardent le gouvernement, l'histoire du pays, etc., n'a pas tenu ses promesses. Ce complément doit être recherché dans les « Notes historiques sur la nation annamite », par M. Le Grand de la Liraÿe (Saïgon, 1865), parues dix ans avant l'*Aperçu* que nous rééditons aujourd'hui.

Mais, d'après des indices qui ressortent visiblement dans certaines parties imparfaitement coordonnées de cette Étude, on s'aperçoit aisément que quelques renseignements s'arrêtent à une époque antérieure à l'année 1847; d'autres vont jusqu'en 1858. Depuis lors, de grands progrès ont été réalisés; des recherches, des découvertes ont élargi le cercle de nos connaissances; la nécessité s'imposait de mettre l'ouvrage au courant, dans les questions générales les plus importantes, du moins, — comme il fallait aussi développer certains points intéressants, indiqués seulement par l'auteur, pour les mettre mieux à la portée du lecteur, sous le jour où ils se présentent actuellement.

C'est pourquoi nous nous sommes permis, après avoir respecté scrupuleusement le texte primitif, dans la 1re partie, d'y joindre un Appendice qui eût, certes, exigé de bien autres développements, mais que nous avons dû forcément borner aux choses essentielles et qui forme la 2me partie du livre. Les notices qui le composent pourront présenter quelque intérêt: les unes ajoutent aux choses connues certains détails assez ignorés, ayant cependant leur importance et qui sont exposés à se perdre ; — les autres servent à préciser ou à compléter des sujets insuffisamment traités, ou oubliés par l'auteur de l'*Aperçu*.

Quant à la carte, reproduite d'après Mgr Taberd, nous avons tenu à la joindre à la 1re partie, pour deux raisons qui semblent sérieuses : d'abord, parce que, à part la modification apportée aux limites de l'empire du côté du Cambodge, sous Thiêu-Tri, elle représente exactement l'état des connaissances géographiques dans la presqu'île orientale de l'Indo-Chine à l'époque où écrivait l'auteur ; — ensuite, parce qu'elle constitue un document que la France et l'Annam pourraient avoir à faire valoir, le jour où l'on aurait à régler des différends susceptibles de s'élever, relativement à certaines provinces de la vallée du Mé-Kong. C'est un titre à conserver soigneusement.

Enfin, nous dirons encore que l'auteur de l'Appendice ne se fait aucune illusion sur sa valeur : il n'a fait, somme toute, que continuer l'œuvre de compilation vérifiée, accomplie dans la 1re partie de ce livre et, telle qu'elle est, nous offrons au lecteur cette publication, avec la conviction qu'il y avait là un devoir à remplir envers le pays, et avec l'espoir d'avoir peut-être fait œuvre utile.

J. S.

Rochefort, 1er novembre 1888.

PREMIÈRE PARTIE.

APERÇU SUR LA GÉOGRAPHIE, LES PRODUCTIONS, L'INDUSTRIE, LES MŒURS & LES COUTUMES DU ROYAUME D'AN-NAM.

(« Courrier de Saïgon » 1875-1876).

CHAPITRE PREMIER.

APERÇU SUR LA GÉOGRAPHIE GÉNÉRALE.

I. Tonkinois et Cochinchinois. — Balbi, dans son Tableau de la classification des peuples de l'Asie (*Abrégé de géographie*, 3ᵉ édition, Paris, page 667), dit que « les Annamites sont divisés en Tông-kinois, qui sont « les plus nombreux, et en Cochinchinois, qui, dans « ces derniers temps, sont devenus la nation dominante de l'empire annamite et une des plus puissantes de l'Asie, par les progrès qu'ils ont fait dans « l'art de la guerre, en adoptant la discipline des Européens. » Il est vrai que le pays est divisé en deux parties bien distinctes ; celle du sud, appelée Dang-trong, Trong-nam, et celle du nord appelée Dang-ngoai, Ngoai-bac ; en d'autres termes : voie de l'intérieur ou midi, et voie de l'extérieur ou nord. Cette division tient à la nature des lieux et à l'histoire ancienne du pays ; elle ne peut autoriser à faire d'un seul et même peuple deux peuples distincts, dont l'un soit Tông-kinois et l'autre Cochinchinois ; car les Tông-kinois et les Cochinchinois sont identiquement, pour l'origine, le langage, les coutumes et le gouvernement, le même peuple qui s'appelait Giao-chi, au temps des premiers empereurs chinois, et qu'on ne connaît maintenant dans tout l'Orient que sous le nom d'Annamites. Le mot de Cochinchine n'existe nullement dans la langue du pays et dans les annales chinoises ; il vient des Portugais du dix-septième siècle, qui ont voulu avoir sur cette côte un Cochin de Chine, comme ils avaient un Cochin de l'Inde. Pour le mot Tông-kinh, que nous écrivons Tông-king, il n'est connu que de quelques marchands chinois, et il vient probablement du dixième siècle, temps où trois dynasties régnaient simultanément sur la Chine. L'une d'elles, habitant le Iun-nan et le Quang-si, possédait tout le Tông-king actuel, et l'appelait « chef-lieu de l'est », signification littérale du mot (1).

Le peuple qui habite maintenant le sud, c'est-à-dire la Cochinchine, est venu peu à peu du Tông-king depuis les quinzième et seizième siècles. Avant ce temps, on voyait le peuple tsiampois posséder toute la côte, de Siam à Canton ; les Annamites l'ont détruit peu à peu, et au quinzième siècle ce peuple n'habitait plus le littoral que jusqu'à la hauteur de Tourane. Alors, comme monuments et comme sûreté contre ses attaques, des villes fortifiées furent bâties aux envi-

(1) Voir la deuxième partie, n° 1. *Annamites, Tonkinois et Cochinchinois.*

rons de Hué, la capitale actuelle, dans la partie qu'on appelle Bai-troi; et toute la partie comprise entre Tourane et le Sông-gianh, limite du Tông-king, fut assignée comme lieu d'exil à tous ceux qui étaient tombés sous le coup de la loi; ce fut là, par suite, le rendez-vous de grand nombre d'aventuriers, qui, joints aux exilés, fournirent plus tard un point d'appui à la foule nombreuse des mandarins mécontents, des gens de marque et de toutes classes, qui quittèrent le Tông-king, vers le milieu du quinzième siècle, pour former une cour imposante au jeune héritier de la famille des Nguyên, ou descendant des premiers maires du palais des Lê. Ce jeune prince, fuyant pour éviter la mort dont le menaçait inévitablement son beau-frère Trinh, se déclara maire du palais ou Chua pour le midi, tandis que Trinh avait le même titre pour le gouvernement du nord. Par suite, de grandes rivalités entre les deux familles des maires du palais du nord et du midi. Il y eut alors comme deux peuples différents : celui du Tông-king et celui de la Cochinchine, jusqu'au règne des « montagnards de l'ouest », ou plutôt jusqu'à la conquête de Gia-long, en 1802, que le peuple annamite est redevenu ce qu'il était d'origine et de fait : une seule nation, un seul et même gouvernement.

Comme monument de l'époque à laquelle se fit l'émigration des Annamites dans le sud, d'une manière fixe et durable, on voit encore, au-dessus du fleuve Gianh, une petite île fortifiée qu'on appelait Thang-ông-Ninh, du nom d'un des plus fameux partisans de l'illustre fugitif, et dont la légende est encore récitée en vers par tous les aveugles des différents marchés du royaume.

Depuis cette époque de la grande invasion dans le midi et de la constitution d'un pouvoir royal à Hué, c'en fut fait du peuple tsiampois, comme nation. Les rois Nguyên de Hué, disposant toujours de masses affamées fuyant les grands fléaux qui arrivent si souvent au Tông-king, poursuivirent cette nation jusqu'à ses derniers retranchements, et les derniers rois Minh-mang, Thiêu-tri et Tu-duc, se sont appliqués tout particulièrement à la refouler de plus en plus dans le sud, dans le Binh-thuân où on retrouve encore quelques-uns de ses monuments, mais où l'on ne la reconnaît plus.

Pour ce qui est de la différence qu'auraient pu apporter entre les deux populations du nord et du sud, le climat et le sol différents, aussi bien que les alliances avec les peuples voisins, je n'en vois pas de bien notables pour le type physique et pour les mœurs. Dans le nord et dans le sud, au Tông-king et à la Cochinchine, on voit partout l'Annamite avec son même langage, avec ses mêmes coutumes de manger le bétel et de se noircir les dents, sa même physionomie de figure ouverte, spirituelle et rusée, sa chevelure noire, son nez épaté et écrasé, les pommettes de ses joues saillantes, ses lèvres plus grosses que minces; son front haut et large; son teint un peu jaune et cuivré; sa stature moyenne, bien prise et élancée, hardie et résolue; sa démarche prompte et active; son abord respectueux, méfiant, puis poli et affable; son caractère, enfin, léger, vaniteux, moqueur, peu intéressé, passionné au jeu et avide de plaisirs; enfin craintif, mais dévoué et fidèle. La seule différence que l'on pourrait apprécier, c'est que le Cochinchinois est moins gai, moins raffiné et moins prévenant que le

Tông-kinois; que son abord enfin se rapproche de celui d'un Malais ou d'un Siamois.

II. Superficie et frontières. — Balbi ne donne, en parlant des limitations du royaume annamite, que des démarcations très générales et très vagues. Il remarque à peine le vaste plateau que forment entre elles la chaîne annamitique du littoral-est et la chaîne Lao-siamoise qui est au-delà du Meïcong, ce plateau au milieu duquel coule, dans presque toute sa longueur, le Meïcong, vraie limite du royaume annamite dans toute la région de l'ouest, pour le séparer du Laos et de Siam. Les deux rives de ce grand fleuve sont habitées par les Laociens, qui, du côté de Siam, sont tributaires de Siam, et du côté d'Annam sujets d'Annam, au moins de droit. Depuis ce fleuve jusqu'à la chaîne annamitique du côté de l'est, il y a différentes peuplades qu'on appelle sauvages, qui vivent dans une certaine indépendance, qui ont un langage et des usages particuliers, et dont on ne connaît pas précisément l'origine. Ce bassin du Meïcong, qui s'étend au nord jusque dans le Thibet, est peut-être par-dessus tout, le pays de l'or, des diamants et des pierres précieuses, des bois, des mines de toutes espèces, et la clef pour soutirer toutes les richesses de Siam et de l'Annam, qui peuvent balancer celles de toute l'Inde. Les Espagnols de Manille visitèrent en 1596, cette plaine qui fut explorée plus tard, en 1641, par Gérard Van Wurstorf, au nom de la Hollande. Tout le littoral qui est compris entre la chaîne annamitique et la mer, depuis le 9° jusqu'au 23° de latitude nord, c'est-à-dire jusqu'à la Chine, tout ce littoral dis-je, est occupé par la population annamite proprement dite et les plus faibles restes de la nation tsiampoise. C'est là qu'est toute la force du pays, et c'est là que la fertilité du sol, les ressources de la pêche et d'un commerce assez actif avec la Chine, et autrefois le Japon, ont attiré la grande fourmilière d'hommes qui composent cette nation. Au nord, la limite du pays est la frontière de Chine, du Iun-an et du Quang-si. Elle est formée par une chaîne de montagnes dont cinq pics sont appelés Ngu-linh (les 5 spirituels), limite des temps anciens. Cette frontière est connue dans le pays actuellement sous le nom de Giap-ai et Phân-mao Co-ré (crinière divisée, herbe qui se bifurque). On prétend, en effet, qu'à la vraie limite, l'herbe se verse au nord pour la Chine et au sud pour l'Annam. Au nord-ouest, peuplades du Iun-nan ; au sud, Phu-quôc et Poulo-Condore.

Le père de Rhodes estimait que tout le Ton-kin était bien grand comme la France, et qu'il était quatre fois grand comme la Cochinchine, qui alors ne comptait pas toutes les provinces de Binh-thuân et de Dòng-nai. Suivant Crawfurd, on peut évaluer la surface de tout le royaume à 98,000 milles carrés, la longueur étant de 900 milles géographiques sur 180 milles de largeur.

III. Principaux cours d'eau. — Parmi les fleuves et les cours d'eau dont ce beau royaume est inondé à profusion, et dont le père de Rhodes compte 24 pour la haute Cochinchine et 50 pour le Tonkin, les géographes placent, avec raison, le Meïcong au premier rang. En chinois, il porte le nom de Cau-long-gianh, et peut-être aussi de Lou-tse-kiang ; il a sa source dans le Thibet. La direction de ce fleuve est du nord au sud avec d'immenses détours, tantôt à l'est tantôt à l'ouest; sur un parcours de plus de six cents lieues, il traverse tout le Iun-nan chinois et, après avoir probablement donné naissance à l'Irawadi qui passe à Ava et à Rangoon, au Thaluya, qui va se jeter dans la mer à Martaban, et au Mingnam qui arrose les murs de Bang-kok, il parcourt encore 20° de latitude, avant d'arriver à la mer par les 5 et 6 embouchures de Mytho, de Ham-luông, de Co-kien et de Ba-thac. Les affluents nombreux qu'il reçoit à ses deux rives, soit de la chaîne du Laos, soit de la chaîne annamitique sont peu connus; mais on remarque le renflement considérable et le grand-lac (Biên-hô, mer, étang) qu'il forme avant de franchir l'enceinte des deux chaînes de montagnes qui semblent se rejoindre dans le sud pour mettre obstacle à son passage à la mer. Ce fleuve est un des plus beaux de l'Asie, et un navire européen peut le remonter jusqu'à 60 milles de son embouchure. On le dit navigable pour les embarcations du pays jusqu'à vingt journées de marche au-dessus de Saigon (1). Les alluvions immenses qu'il forme depuis des siècles et qu'il continue à former encore à ses différentes embouchures, après avoir franchi ses derniers obstacles, sont on ne peut plus dignes d'attention; car si elles étaient habitées et plantées convenablement, elles suffiraient seules à nourir toute la population du royaume (2).

(1) Les premiers voyageurs hollandais donnaient au Mé-Kong trois embouchures: l'Umbequamme (l'incommode), la Japonaise et celle de Saïgon. La première est appelée aujourd'hui Cokien, la seconde Bras-de-Mytho; quant à l'embouchure de Saïgon, on sait qu'elle ne communique avec le Mé-Kong que par des canaux intérieurs, et qu'elle appartient à un fleuve distinct, le Dong-Naï.

(2) (Voir la deuxième partie, n° II : *Le cours du Mé-Kong.*

Après le Meïcong, vient pour la grandeur le Sông-koï, ou Sông-câ du Tông-king. Il est appelé en chinois Nhi-hà-giang, et en annamite Sòng-cà ou grand fleuve, Sông-ba-bien (fleuve de Ké-kieu), Song-bô-dê (fleuve de Bôdê). Il descend du Iun-nam nord et sud jusqu'à Ké-kieu (Ké-cho), recevant deux affluents considérables, le Sông-chai et le Sông-thao, et ensuite, de Ké-kieu il se dirige à l'est jusqu'à la mer, formant sur son passage plusieurs îles, dont les plus considérables sont Nam-xang, province de Hà-nôi, et Con-hanh, province de Nam-dinh. A la hauteur de Nam-xang, à près de 20 lieues de son embouchure, il est d'une largeur immense qui s'agrandit de plus en plus jusqu'à la mer, où il va se jeter à Ba-lat, à Cua-lac et à Luc-bo (Tam, toa). Ce grand fleuve a de remarquable son passage par l'ancienne capitale du Tông-King, par Nam-din,h la deuxième ville du pays, et par Héan, l'ancienne factorerie hollandaise, française et anglaise, établie là au temps de Louis XIV. Les alluvions qu'annuellement il charrie des hauts plateaux du nord-ouest ont formé et forment encore des provinces, mais elles encombrent ses embouchures devenues presque infranchissables une grande partie de l'année aux navires, si ce n'est aux époques des grandes marées d'équinoxe. Ces embouchures forment des bancs à 9 et 10 milles de la côte, et dans les différents chenaux qui serpentent au milieu de ces longs bancs et qui sont à peine indiqués par les pêcheries qu'on y voit partout, on ne trouve guère qu'un mètre, un mètre cinquante d'eau. Ce n'est qu'une fois entré dans les terres, qu'on trouve cette belle masse d'eau de 20 à 38 pieds de profondeur, qui peut supporter, jusqu'à Ké-kieu, le tonnage des plus grands navires, sauf encore quelques endroits près de Nam-dinh, où la navigation, en temps ordinaire, ne peut se faire qu'en barques du pays. On voit tous les ans, à Ké-cho et à Nam-dinh, quelques jonques chinoises, du port de 4 à 500 tonneaux, et calant de 12 à 13 pieds d'eau ; elles entrent aux équinoxes et restent toute une année dans le port sans en pouvoir sortir (1).

« Le cours de ces deux grands fleuves, dit Balbi, dépasse celui de tous les autres du royaume. » Ils sont tous les deux étrangers au royaume par leur source, qui se perd dans les montagnes du Yun-nan, aussi bien que celle d'un autre fleuve tout à fait au nord du Tông-king, et dont le nom m'est inconnu, quoique j'aie pu admirer la beauté de ses rives, suivre ses longs détours dans la province de Quang-yên, éprouver la valeur de ses nombreux pirates; et voir les immenses marécages dont il est presque partout bordé (2). Tous les autres fleuves sont indigènes, et prennent leur source du versant oriental de la chaîne annamitique. Les plus remarquables sont :

1° Le Sông-chay et le Sông-thao dans le nord-ouest, qui n'ont rien de particulier que leurs nombreuses

---

(1) Mgr Retord, vicaire apostolique du Tonkin occidental, écrivait en octobre 1854 :

« Tout ce bassin paraît être un terrain d'alluvion provenant du sol des montagnes que les fleuves charrient et accumulent sur les bords de l'Océan. Le fond, exhaussé par ce remblai continuel, devient terre ferme à son tour ; chaque année un certain espace est conquis sur les flots et il s'établit tous les jours de nouveaux villages dans les endroits que la mer occupait il y a dix ou quinze ans. On peut particulièrement citer tout l'arrondissement de Kim-Son, où il y a près de vingt mille chrétiens, qui s'est tout formé depuis que je suis ici et qui ne cesse de s'agrandir d'une manière considérable. » *Annales de la propagation de la foi*.

(2) Il s'agit sans doute du Thai-Binh que l'on suppose aujourd'hui descendre du lac Ba-Bè, au N.-O. de Cao-Bang

cascades, leur long parcours et leur jonction au Sông-ca, fleuve de Ké-kieû.

2° Le fleuve de So-kiên et Sông-ba, qui passe peu loin au sud de Ké-kieû, et ensuite à Van-sang, le plus joli chef-lieu de département que je connaisse ; de là, il passe à Vinh-tri, chef-lieu ordinaire de la communauté des missionnaires français depuis près de deux cents ans ; à Luc-bô, camp royal et d'approvisionnement, et enfin à Tam-toa, pagode royale. Il reçoit de nombreux affluents sur son passage, et il va se jeter à la mer par la plus profonde et la plus navigable embouchure qu'il y ait au Tông-king, pour remonter à Ké-kieû et à Nam-dinh ; elle s'appelle Cua-dai. Ce fleuve a une grande importance pour le commerce intérieur du pays qu'il fournit de bois pour la construction et de feuilles pour les toitures ; aussi on a fait de grands travaux pour le faire communiquer au grand fleuve par un canal à peu près naturel qu'on a creusé et élargi depuis Phu-sa (Luc-bô) jusqu'à Nam-dinh. Il est mis en outre en rapport avec les provinces du midi, par le moyen de plusieurs rivières, ce qui fait qu'il baigne aussi trois provinces très importantes, et qu'il est peut-être le fleuve le plus connu et le plus fréquenté du pays. Ses rives, d'ailleurs, sont du plus bel aspect que l'on puisse voir.

3° Le Sông-ma, de la province de Xu Thanh-Hoa-nôi qui est plus au midi ; il a pour affluent le Song-xa, et il n'a de remarquable que son étendue vers l'ouest, au travers des forêts et des déserts qu'on dit être la patrie primitive des illustres familles Lê et Trinh, jusqu'aux peuplades les plus reculées du royaume, son passage au chef-lieu de département, et le commerce de cire des Laotiens, de sel du pays, de cannelle, de bois et de fer qui est considérable. Il y a un fond de sable, beaucoup de grèves et peu d'eau, si ce n'est aux époques d'inondations, qui là ne sont pas régulières, comme dans le nord du Tông-king. Un canal a été creusé pour le joindre à un autre petit fleuve qui passe au milieu du chef-lieu de département, et va se jeter peu loin de là à la mer, de sorte qu'on serait tenté de lui donner deux embouchures différentes. Ce canal, comme celui dont j'ai parlé plus haut, est un beau travail qui a bien de 2 à 4 milles de long, sur 50 à 60 pieds de large. Il a été fait surtout pour desservir les carrières de marbre noir dont le roi fait un grand usage et un grand profit.

4° Le Song-ghêp sur la limite de Xu-thanh et de Xu-nghê (1). Il remplit une grande étendue par ses ramifications nombreuses; mais ses rives sont inhabitées, et il est d'ailleurs peu navigable; son embouchure très large est un bon abri pour les bateaux de pêche contrariés par la mer.

5° Le Song-mo, en Xu-nghê, la province la plus méridionale du Tông-king; il va se jeter à la mer par trois embouchures différentes, Manh-son, Cua-tro et Trang-canh, endroits très commerçants et très riches.

6° Le Sông-gianh, limite naturelle du Tông-king et de la Cochinchine, qui est remarquable par les dunes de sable qui le ressèrrent à son embouchure. On le dit très profond, et il roulait, du temps des Portugais, de l'or et de l'argent. C'est cet or et cet argent qui ont donné lieu aux premiers édits de proscription contre les étrangers.

(1) Provinces de Thanh hoa et Nghê An.

Et voilà, en abrégé, ce que je sais des fleuves du Tông-king, qui sont admirables par la manière dont ils sont, pour la plupart reliés entre eux. Ils procurent la plus grande facilité pour voyager et pour communiquer de province à province : grande ressource pour un pays qui n'a pas de routes tracées et bien entretenues comme chez nous. Je doute qu'il y ait une contrée au monde où les cours d'eau soient si bien distribués, et dont les rives soient plus belles qu'au Tông-king. La nature en a fait les plus grands frais, et de siècle en siècle, les populations qui s'y sont groupées peu à peu ont ajouté les travaux de canalisation, de certains embellissements et des cultures, qui les rendent presque partout délicieux.

Pour ce qui est des fleuves de la Cochinchine « ils « ont, dit Balbi, un cours très borné, au moins du côté « de la mer, à cause de la proximité de la chaîne « annamitique qui leur donne naissance. De l'autre « côté de cette chaîne, ils vont se jeter dans le Meï- « cong » et je n'en connais aucun. On dit que les indigènes exploitent facilement la richesse de leur lit, pour y trouver la matière de leurs bracelets d'or et d'argent, et leurs ornements de diamants et de pierres précieuses. Ils plongent au moyen d'une longue perche très flexible, qui, fixée en terre à l'une de ses extrémités, se courbe par leur poids suspendu à l'autre et les relève facilement, à leur volonté, du fond des plus grands gouffres ; ce qui donnerait à croire qu'il y a aussi de ce côté des courants d'eau considérables.

IV. Iles. — Balbi ne parle point des îles de la côte annamite. Les plus remarquables et les seules habitées sont, au N.-N.-E. du Tong-king, au fond du golfe :

1° Les îles qui font partie de ce qu'on appelle dans le pays Phô-van-ninh. Sur la limite du côté de Canton, ce sont : An-lang-phô, enclavée dans le territoire de Canton ; Ngoc-son ou Tra-cô ; Xuân-Lan, sur laquelle se trouve le dernier mandarinat annamite, du côté de la Chine ; Van-hoan et plusieurs autres de moindres dimensions. De ce côté, il y a un dédale d'îlots et de rochers de toute forme, qui donnent séjour à un grand nombre de pirates et dont l'aspect est des plus féeriques que l'on puisse voir. On ne peut mieux s'en faire une idée qu'en s'imaginant des groupes de châteaux ou de fortifications en ruines, dont on voit des tours démantelées, des ouvertures de souterrains, des cours verdoyantes, des arcades entières ou à demi conservées, des lacs obstrués, des donjons et des esplanades à batteries. Sans la crainte d'être dévalisé dans ces lieux déserts, on ne se lasserait pas de considérer toutes ces merveilles que la main de l'homme n'a pas travaillées, et qu'elle est impuissante à imiter.

2° Bay-xa, « ou les sept communes », où l'on voit des pêcheries, et qui sert de relèvement pour entrer dans le fleuve à l'entrée duquel se trouve la rade et le marché chinois appelé Cua-cam (1) et, plus avant, le chef-lieu du département de Hai-duong ou Sanh-dong, qui a une certaine importance. Le marché chinois dont je viens de parler est le point le plus commode, à ce qu'il paraît, pour soutirer la plus grande partie des richesses du pays, comme le riz, les gommes, les métaux et certains objets d'industrie. Aussi on y trouve depuis une quinzaine d'années une allée et venue considérable de navires chinois qui y font la contrebande,

(1) Nous y avons fondé Hai-Phong.

et qui y trouvent un bon mouillage et un abri sûr.

3º Quan-hanh (Con-hanh) et Nam-xang, qui se trouvent dans le grand fleuve, et qui sont très peuplées et très fertiles. On y cultive en grand la canne à sucre, dont on obtient de très beaux produits. C'est entre Quan-hanh et Nam-xang que se trouve l'emplacement de l'ancienne factorerie hollandaise, française et anglaise du dix-septième siècle, appelée Phô-héan, et où l'on voit encore une enceinte de murailles et une assez forte population chinoise qui l'habite. Entre Quan-hanh et Bay-xa, du côté de la mer, est, à ce qu'il paraît, une nouvelle formation d'îles que les Chinois ont achetées du roi Minh-mang, il y a quinze ou vingt ans, quand il y avait encore à cet endroit six brasses d'eau de profondeur, dit-on. Minh-mang se moqua d'eux, mais il reçut leur argent et voilà que, ces dernières années, les Chinois ont commencé la culture de ces nouvelles élévations, et qu'ils y ont bâti des maisons qui pourront leur servir de comptoir pour se mettre chez eux, à l'abri des vexations mandarines.

En descendant la côte du Tông-king, vers le midi, on trouve grand nombre de petites îles qui ne sont point habitées, à l'exception de Biên-son qui forme un point militaire : Hon-mê et Biên-son, qui sont renommées pour leurs abris entre Xu-thanh et Xu-nghê, circonscrivent à 8 ou 9 milles en mer, une des plus belles rades que l'on puisse voir. Elle donne sur un petit fleuve qui ne manque pas de profondeur et dont le fond est de vase ; pour la dominer, les officiers français venus à l'aide de Gia-long, avaient construit sur le continent un fort dont on voit encore de bien beaux restes. Comme lieu de constructions, je pense que ce serait le mieux choisi du Tônk-king, et ce doit être le plus facile pour opérer un débarquement, et pour isoler le nord des provinces du sud.

Cette rade a été fréquentée par les Portugais et les Espagnols des seizième et dix-septième siècles, et ce fut là qu'abordèrent les premiers missionnaires en 1624. Une inscription de lettres à demi effacées est montrée encore par les habitants comme monument de ce fait. La population chrétienne y est nombreuse (environ 2,000 âmes) et elle jouit d'une aisance remarquable.

Plus loin on trouve Hon-ngu qui sert aussi de bon abri aux pêcheurs surpris par les bourrasques, et de point d'observation pour reconnaître la côte. De grandes et riches chrétientés comme Manh-son, Cua-tro, Trang-canh, s'en trouvent peu éloignées sur la côte.

En Cochinchine on remarque Hon-hanh, dont la longueur peut être de 8 lieues, à l'estime, sur 3 lieues dans sa plus grande largeur ; puis Hon-son-cha et Hai-wen qui forment la tant renommée rade de Tourane, que nos navires de guerre connaissent, et dont Cook fait un si bel éloge. Au midi de cette rade est l'embouchure du Hoi-han et l'ancienne ville de Fai-fo, que les Japonais avaient autrefois choisie comme centre de leur commerce et dont ils étaient propriétaires. Au nord de cette rade, mais séparé par le continent, à une bonne journée de marche, se trouve Cua-thuân, ou port de Thuân, formé par l'embouchure du petit fleuve, assez profond, qui conduit à la capitale actuelle, Hué. C'est là sa grande importance (1).

Tourane, ou Han-san, fut cédée en 1787 à la France.

(1) Aujourd'hui appelé Thuân An.

avec un territoire stérile et étroit de 40 milles de long sur 8 à 10 de large, avec l'île de Hai-wen et Fai-fo. La France n'en a jamais pris possession. Ce port est, comme on peut s'en assurer par l'inspection de la carte, dans une position unique et très avantageuse pour dominer dans les mers de Chine, et pour faire le commerce de ce vaste empire, du Japon, de Bornéo et de Manille.

En continuant de longer la côte vers le sud, on remarque encore Culao-ré, dont les habitants font un commerce très-étendu, dont le principal objet est la soie; Cam-ranh, dans la province de Nhà-trang, qui forme la seconde rade, rade qui pourrait devenir très importante si l'on voulait isoler les deux peuples vaincus du Tsiampa et du Cambodge, de leurs vainqueurs les Cochinchinois, et aussi soutirer par là toutes les richesses du grand bassin formé par les chaînes de montagnes du pays et le Meïcong.

Poulo-Condore, en tournant la côte vers le sud-ouest. Les Anglais y fondèrent une colonie en 1704, mais elle fut peu de temps après détruite par les Makassars de Bornéo, et depuis lors il n'en est plus question.

Phu-quôc (Koh-dond, Kô-trol) à l'entrée du golfe de Siam, très-fertile et très-peuplée. Elle est remarquable par ses hautes marées, dit Crawfurd, sa riche végétation, sa pêche du trépang, et j'ajouterai sa position maritime. C'est dans cette île que se réfugia Nguyên-anh, ou Gia-long, après ses malheurs; mais il ne put y rester faute de ressources pour s'y défendre, et il lui fallut s'enfuir à Poulo-way (Hon-duc), île déserte, où Mgr d'Adran le rencontra et le secourut, car il y mourait de faim et de misère. Une foule de petits îlots se trouvent jetés çà et là, au nord de cette grande île, jusqu'au canal naturel que les rois annamites ont fait élargir à grands frais, pour relier toute cette extrémité du royaume à la province de Gia-dinh ou Saïgon, depuis la destruction du Cambodge (1).

Poulo-ubi ou Hon-khoai, qui forme l'extrême limite du royaume au 8° 25′, et Hon-tram, ou Cô-cong, enclavée dans les possessions siamoises du nord du golfe et servant d'avant-poste militaire.

V. Villes principales. — Les principales villes du royaume sont :

1° Hué ou Phu-xuân, dans la Cochinchine, au 16° 30′ et la capitale actuelle. Elle est construite sur un fleuve, « grande et forte, » dit Balbi. Ses ouvrages intérieurs et extérieurs, construits par des officiers français, sont immenses et d'une grande solidité. Elle a trois enceintes de murailles en briques, neuf portes d'entrée. M. Finlayson loue les greniers, les magasins, les casernes et les arsenaux de terre et de mer, dont la plupart s'élèvent sur les bords d'un canal navigable qui traverse la ville. « Dans l'arsenal se trouve un musée « d'artillerie où l'on voit les modèles de tous les « canons en usage chez les nations européennes ». Il ne dit pas que ces foudres de guerre sont l'objet d'un culte qui consiste à leur donner des dignités et des diplômes, à leur faire des sacrifices aux principales époques de l'année, et, dans les circonstances où leur service est exigé, à les récompenser avec du thé

---

(1) Canal de Vinh Tê, qui relie le golfe de Siam au Mé-Kong par Chaudoc.

SILVESTRE. — *Annam.*

et des mets exquis, quand ils ont bien mérité, et à les châtier quand ils sont reconnus coupables de méfaits. Six temples sont consacrés aux héros qui se sont distingués sous Gia-long (l'un d'eux est dédié à la mémoire de Mgr d'Adran) ; ils forment, pour ainsi dire, le panthéon annamite. Selon M. White, on a employé à ces travaux, pendant vingt ans, près de cent mille hommes. Le fossé qui environne la place a 3 lieues de circuit et 100 pieds de large, et les murs ont 60 pieds de hauteur. La citadelle est de forme carrée ; le palais de l'Empereur est aussi vaste que massif. Cette ville possède une fonderie de canons, qui, après la suppression de celle du Cambodge, est devenue la seule du royaume ; mais, certes, s'il en faut juger par ce qui a eu lieu en 1847, on ne sera pas tenté d'attribuer à cette fonderie une grande importance ; car les meilleurs ouvriers n'ont pu fondre que quelques pouces des pièces dont la commande était de 7 pieds de long ; le métal ne coulait pas, et il a fallu un édit du roi pour réunir en quantité des plumes de volailles, de tous les environs, afin de former des éventails dont la puissance suffit à rendre liquide au feu ce qui n'en sortait qu'à demi-dur. Hué est aussi la station ordinaire d'une forte section de la flotte des galères, et tous les ans on construit sur ses chantiers des bâtiments de guerre, les uns d'après les modèles européens (ce qui n'existe plus depuis 1847), les autres d'après des modèles qui sont un mélange des formes européennes et asiatiques. — Quant à la population, c'est assurément une des plus pauvres que l'on puisse voir. M. Hamilton en fait monter le chiffre à 30,000 âmes, mais elle doit aller au moins à 100,000, y compris les femmes du palais qu'on dit être au nombre de 5,000, et la nombreuse garnison : soldats, ouvriers, commis, comédiens, qu'on peut évaluer à 30 et 40,000 hommes.

2° Ké-cho, « le marché », au Tông-king, et la capitale de la dynastie Lê. Elle est située sur le Sông-ca. Le père Alexandre de Rhodes dit qu'elle est une fort grande et fort belle ville, où les rues sont larges, le peuple infini, et le circuit des murailles au moins de six bonnes lieux (il y habitait en 1627); Richard la dit égale à Paris en étendue, et cependant M. de la Bissachère ne lui accorde que 40,000 habitants; cela pourrait se concilier dès que l'on sait que des cabanes, des jardins, de larges rues et de vastes terrains couverts de décombres et de bambous en occupent la plus grande partie; mais Dampier estimait que de son temps cette ville avait bien 20,000 maisons, ce qui vaut, dit Crawfurd, 200,000 habitants. Ce chiffre n'est peut-être pas beaucoup au-dessus de la vérité. Moi je ferais monter la population annamite à 120 et 130,000 âmes et la population chinoise à 8 et 10,000. Les palais du roi et des mandarins sont seuls construits en briques; la résidence des derniers souverains est très vaste, mais elle tombe en ruines, et une partie seulement sert en ce moment de demeure au vice-roi du Tông-king. Dans les environs de Ké-cho, on voyait du temps de Baron (1) et l'on voit encore, selon M. Chaigneau, la triple enceinte de l'ancienne ville, et les ruines d'un ancien palais qui avait six à sept milles de circonférence, et dont les cours pavées en marbre, les portes, les restes de ses appartements annoncent que c'était un des plus magnifiques monuments de l'Asie

---

(1) Voir la deuxième partie, n° III : *Baron*.

Cette ville remonte au moins à l'an 600 après Jésus-Christ, comme je le dirai plus loin, dans le précis historique. Elle a toujours été d'une grande importance par sa position et par l'étendue de son commerce. Malgré qu'elle ne soit plus la résidence royale, c'est encore, je crois, la première ville du royaume pour les arts, l'industrie, le commerce, la richesse, la population, le savoir-vivre et les études. Il faudrait dire que dans tout le royaume il n'y a pas d'autre industrie qu'à Ké-cho, et que tout le Tông-king, toute la Cochinchine ne peuvent se passer d'elle. C'est là que viennent les hommes de lettres, les bons ouvriers, les gros commerçants ; c'est de là que sortent les objets d'art pour la nécessité et les objets d'art pour le luxe ; c'est là, enfin, qu'est le cœur de la nation. Aussi une grande route relie cette ville à Hué, et à tous les chefs-lieux de département. Cette grande route, construite par Gia-long, est maintenant assez mal entretenue ; mais elle est remarquable par sa longueur et par les postes qui la desservent de distance en distance. La latitude de Ké-cho est de 22° 26' nord, et sa longitude 102° 55' est.

3° Saigon (nommé Louk-noui par les naturels), ancienne capitale du royaume du Cambodge, conquise par les Annamites. Elle est située sur une péninsule formée par la réunion de deux fleuves et elle se compose de deux villes distinctes : la ville nouvelle dite Bengeh, et la ville ancienne nommée Saigon. Tout près de la première s'élève une ancienne citadelle construite sous la direction des ingénieurs français, qui n'était pas encore achevée en 1821. Pour la force et l'étendue elle rivalise avec les fortifications de Hué. Au milieu de la ville s'élève un vaste palais bâti par le roi, qui cependant n'y a jamais résidé. Selon M. White, lieutenant de la marine américaine, qui l'a vu en 1819, l'arsenal maritime ne le cède guère aux établissements de ce genre qui sont en Europe. Il y a compté 190 galères, d'une construction excellente, longues de 40 à 100 pieds, et portant les unes 16 canons et les autres de 4 à 6. Ces pièces étaient en cuivre et de la plus belle fonte. Cette ville, d'ailleurs, est d'une grande importance pour la domination dans le golfe de Siam et pour faire le commerce de toute la côte malaise jusqu'à Singapour. Dans les environs immédiats de cette ville, on voit le monument que la reconnaissance de Gia-long a élevé à celui qu'il appelait le « Maître illustre », c'est-à-dire à son vertueux et habile ministre l'évêque d'Adran. C'est une plate-forme surmontée d'une belle maison, dont la conservation ou garde est confiée à un détachement de la garde royale encore aujourd'hui ; c'est là que sont les restes du grand évêque, auxquels on a joint, en 1847, ceux de Mgr Duclos, qui avait été précédemment délivré d'une longue captivité, à Tourane, avec MM. Charrier, Miche, Galy et Berneux par l'*Héroïne*. (1)

4° Oudon (Lauwek, Laweik, Loech), bâtie sur une île formée par un bras du Meïcong, et traversée par plusieurs canaux. Selon Van Wurstorf, qui la visita en 1637, toutes les maisons étaient contiguës et le long d'une digue. Le palais de l'ancien roi du Cambodge, d'une architecture très simple et bâti en bois, était resplendissant d'or et d'argent à l'intérieur. Cette ville renfermait un temple très beau, dont le toit était sou-

---

(1) Voir la deuxième partie, n° IV : *Saïgon avant l'occupation française*.

tenu par des piliers de bois vernissé, avec des ornements en relief et dorés ; le pavé en était précieux, et l'on y voyait trois grandes statues couvertes d'or. Maintenant cette ville n'existe pour ainsi dire plus, depuis que la cour du Cambodge s'est transportée à Panomping, plus vers le nord (1).

Après ces villes du premier rang, nous devrions citer, pour le Tông-king, les villes de Vi-hoang, chef-lieu de la province de Nam-dinh et qui a bien 50 à 60,000 habitants. C'est un point de commerce très important. Celles de Hai-duong, de Van-sang, de Hung-yên, et quelques autres marchés du royaume.

Pour la Cochinchine, Nhà-trang, où on remarque un beau port qui annonce un commerce étendu, un chantier de constructions et des fortifications ; Qui-nhon, qui a une nombreuse population, quelques travaux de sûreté et un débouché sur la mer ; et enfin Fai-fo, dont les environs sont remarquables par plusieurs grottes magnifiques et un palais taillé dans le marbre, dont on peut voir la description dans la relation de M. Itier ; mais il nous tarde de finir avec ces articles.

Toutes les autres villes du royaume sont une agglomération plus ou moins considérable de maisons, de jardins, de bambous, de différents villages, de différentes communes, groupés autour d'une enceinte qui renferme les tribunaux de la province ou de l'arrondissement, et les soldats qui y font le service. Il y a çà et là quelques camps, quelques postes militaires ou de douane, quelques greniers du roi pleins de riz. Ces postes sont censés suffire au pays pour sa sûreté, mais

---

(1) Phnom-penh.

ils sont, en général, de peu d'importance, et c'est à peine s'ils pourraient se mettre à l'abri des bandes de brigands qui, chaque année, malgré eux ou de concert avec eux, infestent la contrée. Je n'en connais qu'un, au Tòng-king, qui soit de 400 hommes ; les autres n'ont pour la plupart que 50 ou 60 individus armés de sabres, d'un tambour, de piques, et surtout de barques pour poursuivre les pauvres gens qu'ils rançonnent d'une manière étrange et impitoyable sous différents prétextes, pour assouvir leur cupidité.

VI. Divisions du territoire. Aspect général et productions principales de chaque région. — Notre sujet devient de plus en plus intéressant : les divisions administratives nous indiquent un pays civilisé et digne d'attention, en même temps qu'elles nous donnent déjà un aperçu des richesses et des revenus de la contrée, dont je parlerai ensuite d'une manière plus spéciale.

On remarque tout d'abord que les deux grandes divisions, Tòng-king (Dang-ngoai, voie du dehors, Annam septentrional) et Cochinchine (Dang-trong, voie du dedans, Annam méridional) sont démarquées par trois limites dont l'une est civile, l'autre militaire, la troisième simplement naturelle.

1° Hoanh-son, qui est une ceinture de montagnes très abruptes, laissant seulement le passage d'une grande route qui borde la mer et qui relie ensemble les deux capitales du royaume. La position de cette ceinture de rochers est si belle et d'une protection si sûre que le roi Gia-long, en la voyant, ne put s'empêcher de s'écrier « Hoanh-son, nhât dai, kha di van dai dong than » ; mots chinois qui veulent dire que Hoanh-son est une ceinture que l'on peut prendre pour le repos de dix mille siècles ; c'est la limite civile et officielle pour séparer Quang-binh de Hà-tinh. Au pied de cette ceinture, qui va E. et O., depuis la mer jusqu'aux hauts plateaux, on voit une baie assez remarquable par son étendue, qui se trouve un peu au nord du Sòng-gianh.

2° Luy-say, ou muraille fortifiée, au sud de ce même Sòng-gianh. Elle a été élevée par les anciens maires du palais du sud, pour se rendre indépendants de la maison des Trinh qui régnait au Tông-king. C'est une limite militaire qui n'a d'importance qu'à certaines époques. Elle a été ruinée en partie, je crois, par Gia-long et ses successeurs, et on n'en voit plus que des restes.

3° Le fleuve Sòng-gianh, qui est la limite avouée partout par les populations. Au nord de ce cours d'eau on se dit : nguòi dang ngoai (homme de la voie extérieure), et au sud : nguòi dang trong (homme de la route intérieure).

Ensuite le pays est divisé en provinces et sous-provinces. Les provinces sont divisées en sous-préfectures et en arrondissements : de là, San-chinh, Sang-tay et Phu, Huyên. Dans les sous-préfectures et les arrondissements il y a des cantons (Tông), et les cantons se forment d'un plus ou moins grand nombre de communes ou Xa, qui portent différentes dénominations, suivant leur population et suivant les titres de concession. Ces cantons et communes ont des chefs qui sont du peuple et qui dépendent des mandarins pour tout ce qui regarde le roi et les corvées ; ils se rendent le plus indépendants qu'ils le peuvent du gouvernement et, au Tông-king du moins, ils parviennent assez bien à se maintenir contre les vexations des mandarins et les empiètements de la cour.

Voici maintenant le nom des provinces du royaume à commencer par le nord :

1° Au Tông-king, sur la rive gauche du Sông-Ca :
1. Quang-yên, limitrophe de Quang-tông ;
2. Hai-duong ou Sanh-dong ;
3. Bac-ninh ;
4. Thai-nguyên ;
5. Cao-bang ;
6. Lang-son ;
7. La grande partie de Nam-dinh ;
8. Hung-yên ;

Hai-duong, Bac-ninh, Hung-yên et Nam-dinh, sont des provinces très peuplées et très fertiles ; elles sont inondées une grande partie de l'année. Thai-nguyên est riche en mines de zinc, de charbon, de plomb et même de mercure, que les Chinois exploitent au nom du roi. Quang-Yên est presque désert, mais sur son littoral, on voit des stations de navires chinois qui soutirent en grande quantité les richesses minérales et végétales du pays, pour Canton et le Fo-kien. Cao-bang était autrefois un petit royaume qui n'a maintenant d'importance, ainsi que Lang-son, qu'à cause de ses stations militaires et des routes de contrebande pour le commerce avec le Iun-nan.

2° Sur la rive droite du Sông-Ca, au sud et à l'ouest, sont d'abord le reste de la province de Nam-dinh, qui ne forme plus qu'un arrondissement de ce côté, et ensuite, 1° Ninh-binh ; 2° Xu-thanh-hoa ; 3° en remontant au nord-ouest, Son-Tây ; 4° Hà-nôi, dont le chef-lieu est Ké-kieu (Kécho) ; 5° Hung-hoa ; 6° Tuyên-quang.

On s'accorde à raconnaître que c'est la population de Hà-noï qui offre le plus de ressources sous le rapport du caractère. Cette province peut assurément prétendre à être la première et la plus belle des royaumes du Tông-king et de Cochinchine à tous égards. Ninh-binh lui est bien inférieure, mais elle a de remarquable les atterrissements prodigieux qui l'ont augmentée presque du double depuis 50 ou 60 ans.

Ces terrains nouveaux donnent de doubles moissons qui peuvent, dans les bonnes années, nourrir à elles seules tout le Tông-king. Son chef-lieu, Van-sang, est pour sa situation la plus jolie ville que je connaisse, et il est relié par les cours d'eau qui y aboutissent de toutes parts, à toutes les directions des autres chefs-lieux du pays ; aussi les navires du roi stationnent toujours en grand nombre sous son abri, pour y prendre l'impôt de toutes les provinces.

Xu-thanh-hoa est couverte de fer, de cuivre, de résine, de marbre et de bois de fer. Ce sont ses montagnes, tout à fait dans le sud-ouest, qui fournissent la meilleure cannelle du monde, à Trinh-van et à Thuong-dong ; elle a quelques nids d'hirondelles, des puits excellents, du sel en abondance et à très bon marché, et des bestiaux (bœufs ou buffes) plus que toutes les autres provinces ensemble. Ses grand marchés échangent l'or et l'argent, la cire, la soie, le coton, les tissus du Laos, et des cymbales qui ont une grande réputation.

Tuyên-quang et Hung-hoa, dans le nord-ouest, sont renommées par leurs mines d'or et d'argent, qui sont censées servir aux besoins du gouvernement, sous la surveillance de mandarins avides, qui en partagent avec les Chinois les plus nombreux produits.

Ces provinces, en outre, fournissent, en grande quantité le beau vernis qu'on appelle laque, et une très bonne quantité de thé et de tabac.

Pour Son-tây, on n'y voit rien de bien particulier, si ce n'est le Lac-Tho, petit pays où habite la peuplade appelée Muong, sur laquelle M. de la Bissachère a écrit un petit ouvrage très critiqué. De nombreux Chinois (8 à 10,000), y habitent depuis 7 ou 8 ans et y trouvent de l'or en quantité, qu'ils envoient à Canton encore chargé des matières hétérogènes qui le supportent, afin de ne pas trop exciter la cupidité des Annamites.

3° Au midi de Xu-thanh-hoa est le département de Xu-nghê et la sous-province de Hà-tinh. Ce département est une province assez stérile; aussi tous les hommes, il y a 40 ou 50 ans, y étaient soldats. Il est cependant remarquable par son commerce de la côte, commerce d'arec, de sel, de coton, de bois de Calambac, etc., par les mines de fer et par le caractère énergique, rusé, positif et subtil de ses habitants, qui sont les Normands et les Gascons du royaume. Voilà pour le Tông-king.

En Cochinchine, du temps du P. de Rhodes, le Cambodge et le Tsiampa n'étant pas annihilés comme aujourd'hui, on comptait à partir du 12° au 18° degré de latitude nord six provinces : Sin-sa, Quoam-bin, Cham, Quoam-nhia, Qui-nhon et Ran-ran ; à présent nous avons :

1° Quang-binh ;
2° Thua-thiên ;
3° Quang-nam, l'ancienne province de Cham ;
4° Quang-ngaï ;
5° Binh-dinh ;

6° Phu-yên ;
7° Nhà-trang (Ran-ran d'autrefois);
8° Khanh-hoa, formé de Yên-khanh et de Binh-hoa;
9° Binh-thuân (ou le Tsiampa) ;
10° Biên-hoa ou Dông-nai ;
11° Phan-yên (Saigon) ;
12° Dinh-thuong (Mytho) ;
13° Vinh-thanh (Long-ho) ;
14° Chaudoc (ou An-giang);
15° Nam-vang (l'ancien Cambodge);
16° Hàtiên (ou Cancao) ;
17° Gò-sat ou (Pur-sat).

Quang-binh, Thua-thiên et Quang-nam forment ce que nous appelons la haute Cochinchine ou Cochinchine septentrionale.

Il n'y a là de remarquable que le centre du gouvernement actuel et un terrain de sable très élevé. La population y est pauvre, les habitants manquent pour la plupart des ressources de la vie. Le commerce y était autrefois florissant, et le P. de Rhodes parle de la province de Cham comme de la plus importante dn la Cochinchine. Cependant tout y paraît mince à présent : les Japonais n'y sont plus ; la cour, de paternelle et généreuse qu'elle était, est devenue soucieuse, despote et impitoyablement tyrannique, et c'est à peine si l'on voit encore quelques barques jeter l'ancre à la dérobée sur ses côtes.

Quang-ngaï, Binh-din, Phu-yên, Nhà-trang, Khanh-hoa, Binh-thuân, forment la moyenne Cochinchine. La vie de la côte reprend à Quang-ngaï et devient de plus en plus active jusqu'au renflement considérable qui forme les provinces de Khanh-hoa et de Binh-thuân. On y trouve du coton en grande partie tité, des soies grèges et des tissus remarquables ; de l'huile, un enduit résineux qui est d'un grand usage dans le pays et qui ressemble assez au galipot de nos marins ; des bois d'aigle, d'agalloche et de calambac ; de l'ébène, de l'ivoire, du sucre, de l'aloès et du poivre.

Le P. de Rhodes s'étonne que l'on fasse une telle prodigalité de soie dans le pays, qu'elle serve à faire les filets des pêcheurs et les cordages des galères, et que le sucre ne s'y vende que deux sous la livre. Il parle aussi des nids d'hirondelles, qu'on trouve en quantité sur la côte ; il attribue la haute qualité de ces nids à la nourriture de cette espèce d'hirondelles de mer, qui ne vit, d'après lui, que de calambac ; car c'est dans cette région que se trouve le meilleur calambac du monde, ce bois si odoriférant qui sert à tant de médecines. Il y en a de trois sortes, continue le même père ; le plus précieux s'appelle calambac ; l'odeur en est admirable ; il sert à fortifier le cœur, et il est employé contre toutes sortes de venins. En ce pays là même il se vend au poids de l'or, et les indigènes l'appellent Ky-nam ; les deux autres sont l'aquila et le calambac ordinaire.

Le Binh-dinh est une masse de fer ; tout son sol en est couvert, et ce fer est si pur que les indigènes n'ont qu'à le forger pour s'en servir, comme du reste dans tout le pays. Le Phu-yên excelle par ses soieries et ses tissus ; le Tsiampa ou Binh thuân produit de la soude que les naturels appellent Cac-lôï ; on y remarque des tours mahométanes, à l'abri desquelles se sont réfugiés les restes de la nation Tsiampoise, car cette nation est malaise, demi-mahométane et demi-payenne. Cette province renferme encore quelques tribus indépendantes et belliqueuses ; mais dans la partie soumise il n'y a que des villages, dont Padaran et Phanry sont les principaux. Des pélerinages se font de là à la Mecque, où l'on envoie des sujets pour la prêtrise, comme de toute la côte malaise.

Le P. de Rhodes dit expressément qu'en haute et moyenne Cochinchine, comme au Tông-king « des « inondations ont lieu chaque année. La terre y est « fertile, dit-il ; elle y est arrosée par 24 belles rivières « qui font une inondation réglée, toutes les années, « en novembre et en décembre, et quelquefois il y en « a trois, qui engraissent la terre et la rendent très « productives. En ce temps là, on ne va que sur des « barques, et les maisons sont tellement faites qu'on « les ouvre par en bas, pour donner passage à l'eau : « car elles sont posées pour cela sur de gros piliers. » Il paraîtrait que les terrains auraient singulièrement haussé, depuis le temps du Révérend Père ; car, quoique les inondations existent tous les ans en Cochinchine, elles sont loin d'être aussi générales qu'il le donne à entendre, et ce qu'il dit ici s'appliquerait bien mieux aux cinq ou six provinces baignées par le grand fleuve du Tông-king : Ninh-binh, Nam-dinh, Hai-duong, Hung-yên, Bac-ninh et Hà-nôi.

Mais parlons enfin de Gia-dinh ou Dông-nai, et de toute la partie sud-ouest que nous désignons sous le nom de basse Cochinchine.

Ces deux grandes provinces ne sont annamites que depuis 1824 (1). A cette époque le roi du Cambodge mourut, laissant trois enfants dont le second, Huinh,

---

(1) L'auteur n'entend évidemment parler ici que de Nam-Vang et Gò-Sat.

fut pris et mis en prison à Hué, où on lui coupa le nerf du talon. De retour au Cambodge, après une assez longue captivité, les Cambodgiens, refoulés à l'ouest du Meïcong, n'en voulant plus pour roi, ils élurent à sa place le troisième fils du roi défunt, lequel était bonze et règne à présent sur Nam-Vang-trân (1), qui forme à peu près tout le royaume du Cambodge actuel. Toute cette basse Cochinchine est on ne peut plus fertile et poissonneuse ; j'en ai déjà parlé au sujet du grand fleuve Meïcong. La population n'y est pas assez considérable, et elle n'y a pas suffisamment les garanties que pourrait lui donner un bon gouvernement.

On y a fait cependant, au milieu des alluvions, des travaux de canalisation qui ont, dit-on, coûté à Minhmang des sommes immenses, et au moyen desquels on a établi presque partout des voies de communication de la plus grande utilité ; reste l'entretien de ces canaux et l'achèvement de celui de Châudôc à Hàtiên.

Après la division des provinces, il faudrait encore dire quelque chose des peuplades de la vallée-est ou de la rive gauche du Meïcong, sur le versant opposé à celui du littoral. Ces peuplades sont peu connues ; on les dit sauvages, et leur grande occupation est de chercher les paillettes d'argent que roulent presque tous les courants d'eau de cette partie. Leur état est très arriéré et très précaire ; ils manquent de vêtements, et ils cultivent à peine leurs champs.

Sans parler du Cambodge, on peut distinguer le Laos annamite, apparemment composé de trois par-

---

(1) Nam-Vang. Voir dans la deuxième partie *l'historique de la conquête du Bas-Cambodge par l'Annam*.

ties distinctes : Le royaume du petit Laos, à l'ouest du Tông-king méridional, dont il est tributaire ; la capitale est Han-niech, suivant M. de la Bissachère ; le royaume de Tiem, mentionné par Marini et Van Wursthorf, est situé dans les montagnes de la haute Cochinchine, où il joint la partie méridionale du pays des Lan-jam ou Lant-changt (véritables Siamois) dont Sandapoura est la capitale ; enfin, le royaume de Bao, dont parlent Tipannier, le P. de Rhodes, Dampier et autres, qui était tributaire du Tông-king suivant Marini.

Les deux rives du Meïcong sont, du reste, occupées depuis Dông-nai jusqu'au Yun-nan, par des peuplades de Laociens qui sont les plus insoumises de toutes ces contrées. Ensuite, en revenant dans les montagnes vers la mer, on trouve un assez grand nombre de peuplades plus ou moins indépendantes, régies par des coutumes particulières et ayant un langage différent. Ce sont les Moï, les Roï, qui sont, dit-on, très sauvages et très cruels, et les Loï qui habitent les hauts plateaux de Tuam et de Binh-thuân, en Cochinchine.

Au Tông-king, les gens de Vien-cham, que le roi annamite a aidés à repousser les Siamois et par lesquels il a été trahi. Ils se trouvent à peu près à la hauteur de Xu-nghê, dans les montagnes. Puis les Muong, qui peuplent ce fameux Lac-tho dont on s'est tant occupé, quoiqu'il ne soit qu'à une journée et demie de Ké-cho.

Cette famille occupe une grande étendue de terrain au sud de la province de Son-tây, jusqu'aux limites du Xu-thanh-hoa. L'organisation de ses nombreux villages est très remarquable au point de vue de la féodalité et du régime domestique. Chaque village a une famille noble qui a de grands droits et de grands devoirs, avec haute et basse justice. Ces familles nobles ne peuvent se mésallier, et elles sont à la tête du civil et du religieux de la communauté, qui tient souverainement à honneur de les conserver et défendre. Il faut dire cependant que les dernières guerres de Minh-mang ont beaucoup changé les choses, en introduisant au milieu de ces peuplades la puissance des mandarins royaux et le régime communal, avec l'enseignement chinois, comme il existe au Tôngking.

Les Muong n'ont pu encore relever la tête, mais leurs affections sont encore vivantes; qu'une main de fer cesse de s'appesantir sur eux, et ils reprendront bientôt leurs anciennes coutumes. Je pense que leur effectif pourrait monter à 3 ou 400,000 âmes. C'est une belle race d'hommes, dont les plus grands défauts sont l'ivrognerie et la paresse. Ils ont une grande passion pour la chasse et sont très vindicatifs et superstitieux. Il y a peu de maisons où l'on ne trouve plusieurs fusils à mèche, qu'ils ajustent sur leur joue droite pour tirer, au risque de se casser la tête. Il font les plus grands sacrifices pour se procurer ces armes fabriquées par les Annamites, et qu'ils sont à présent obligés de tenir cachées.

Les maladies rendent le séjour dans ce pays très redoutable. Il est reconnu comme impossible d'y aller, sans être atteint de la fièvre des forêts, et sans en revenir ou ruiné de forces, ou tourmenté de tumeurs intérieures qui se forment dans la poitrine ou dans les flancs, et que l'on garde d'ordinaire toute sa vie. On remarque aussi chez les habitants beaucoup d'hydropiques, et beaucoup d'obésités du bas des jambes, surtout chez les femmes, même les plus jeunes.

Enfin, tout au nord-ouest du Tông-king, nous avons les Quan, divisés en sept familles que l'on appelle That-toc, et qui sont bien moins remarquables que les Muong dont je viens de parler. Leur effectif n'est pas nombreux et ils sont à peine civilisés.

En terminant cet article des divisions administratives du pays, je dois faire mention d'un traité de géographie du royaume, imprimé en chinois et en deux volumes, par ordre de Minh-mang. Cet ouvrage est très remarquable, et il est à déplorer que les divisions de provinces aient encore changé depuis lors, et qu'il n'y ait pas de nouvelles éditions en rapport avec la géographie actuelle. Pour ce qui est des cartes, Mgr Taberd en a fait imprimer une à la tête de son dictionnaire annamite, et il l'a faite d'après un relevé de côtes assez exact, fait probablement par M. Chaigneau, et d'après une carte annamite qu'il s'était procurée à la capitale. Elle est très défectueuse pour le Tông-king, bonne pour le littoral de la Cochinchine, et inexacte pour le cours du Meïcong qu'elle rapproche trop de la chaîne annamitique. Elle parle ensuite d'un Nuoc-stieng ou royaume de Stieng, d'Atauba-thành qui n'existent pas, etc.

Cependant elle donne de bonnes indications pour les rades, les villes, la route royale et ses postes, les montagnes et la plupart des provinces. Pour ce qui est des cartes anciennes, le P. de Rhodes les trouvait trop défectueuses, et disait : « qu'il ne savait pas d'où
« il est arrivé que ce beau royaume (le Tông-king) a
« été si fort inconnu, que nos géographes d'Europe n'en
« ont même pas su le nom et n'en disent quasi rien,

« dans toutes leurs cartes... Ils le confondent avec
« la Cochinchine et ne disent souvent de ces pays
« quasi que des mensonges, faisant bien souvent rire
« ceux qui ont été sur les lieux. » Depuis le P. de
Rhodes, le tracé exact de la côte par les officiers
français au service de Gia-long et par les hydrographes
de la Compagnie anglaise, nous a donné de grandes
facilités pour faire de bonnes cartes d'où le Tông-
king ne peut être rayé ; mais pour l'intérieur du pays,
jusqu'à ce qu'on puisse en sûreté se servir d'instruments européens et être autorisé par une commission
à parcourir librement le pays, on n'aura que des à-peu-
près, surtout au Tông-king, qui a une plus grande largeur. Comment donner au public de simples à-peu-près,
dans l'état actuel de notre science géographique ?

CHAPITRE II.

VUE GÉNÉRALE DES GRANDES DIVISIONS NATURELLES; — DU SOL, DU CLIMAT, DES PRODUCTIONS, ETC.

I. *Grandes divisions naturelles.* — Au Tông-king le sol se divise en trois grands plateaux différents. Le premier, au Nord-Ouest, est formé par les provinces de Lang-son, Cao-bang, Thai-nguyên, Hung-hoa, Tuyên-quang et Son-tây : c'est le plateau des montagnes, que les indigènes appellent « la partie de Doai » (ouest). Elle s'étend depuis Kécho jusqu'aux Quang-si, Yun-nan et Laos.

Le second est une plaine assez basse, divisée en plusieurs parties par de petites chaînes de collines qui descendent vers la mer, dans un sens horizontal par rapport aux grandes chaînes du Nord-Ouest, et semée çà et là de rochers, jusqu'au lieu du littoral actuel, pour servir comme d'arêtes aux alluvions prodigieuses qui se détachent depuis des siècles du haut plateau précédent. Il est formé des provinces de Quang-yên, Hai-duong, Bac-ninh, Ha-nôi, Hung-yên, Nam-dinh et Ninh-Binh, et les gens du pays le désignent sous le nom de Xu-nam.

Enfin le troisième plateau formerait les provinces de Xu-thanh-hoa, de Nghê-an et de Hà-tinh, jusqu'à la Cochinchine : c'est en général un terrain élevé et peu remarquable comme fertilité ; il prend le nom de de Xu-thanh.

II. *Du sol.* — Le second plateau se distingue des deux autres par les inondations qui le couvrent chaque année presque en entier, les alluvions qui l'engraissent et l'agrandissent peu à peu, la fertilité qui en résulte et la population qui s'y est agglomérée de telle sorte qu'on dirait que la grande majorité de la nation est là réunie sur ce petit cadre, qui ne présente pas le dixième de la surface générale du royaume.

Les inondations, depuis des siècles, ont lieu à partir de la fin du sixième mois jusqu'au douzième, c'est-à-dire depuis le mois d'août et de septembre jusqu'en janvier et février. Elles charrient toujours des détritus d'arbres et de végétaux, des sables, des terres mêlées qui sont annuellement si considérables que je ne fais aucune difficulté d'affirmer qu'elles ont peu à peu formé toute cette plaine des sept provinces dont je parle.

Il parait que quand Ké-cho a été bâtie par les Chinois, au huitième siècle de notre ère, la mer baignait ses murs et que toutes les provinces au-dessous de cette ville jusqu'à la mer n'existaient pas. Il est certain que j'ai vu annuellement cette plaine s'augmenter peu à peu, soit en élévation soit en étendue, par les inondations périodiques qui ne manquent jamais d'avoir lieu. Les inondations descendent d'un plateau très élevé ; elles proviennent de la fonte des neiges sur les nombreux versants du Nord-Ouest et parcourent une assez grande étendue de terrains de forêts, pour qu'en s'amoncelant elles entraînent avec elles une quantité considérable de tourbe et d'arbres renversés. Elles apportent donc (ce qui est à peine croyable) des champs entiers, de l'épaisseur de deux ou trois pieds, qui flottent sur les eaux avec leurs maisons et leurs plantations, et toujours une couche considérable de terre, battue et pétrie avec des détritus des forêts, vient donner à ces terrains une fertilité admirable et des moissons magnifiques. J'ai vu plusieurs villages couverts tout d'un coup, en entier et dans une étendue de un à deux milles anglais, de deux à trois pieds en moyenne de cette alluvion. Je connais particulièrement deux communes qui ont été ainsi envahies au point d'être obligées de faire changer, dans leurs titres de concession royale, la nature de leurs anciens terrains, pour diminuer les impôts, et recommencer à nouveau les divisions pour chaque famille. Il y a 40 à 50 ans, le tiers à peu près de la province de Ninh-binh n'existait pas, et à présent sur ce nouveau sol, il y a une agglomération de population immense. Le roi vient d'y créer, ces dernières années, une sous-préfecture, celle de Kim-son.

Les atterrissements continuent encore vers le sud-est de cette province, et il y aura lieu de former encore un nouvel arrondissement. On peut calculer que chaque année, sur cette lisière, il s'élève 2,000 arpents de terre labourable. L'arpent étant de 100 pieds carrés, cela donne une assez belle surface qui s'étendra probablement jusqu'à un rocher à cinq ou six milles en mer. Après cela, où s'agglomèreront les tourbes charriées par les grands fleuves jusqu'à la côte? On peut prévoir qu'elles s'entasseront de plus en plus vers le nord, jusqu'à ce que la ligne du littoral soit remplie.

Ces alluvions laissent encore chaque année, en moyenne, sur la surface générale de ce plateau des six ou sept provinces de la plaine, de deux à trois pouces français de vase quand l'inondation est considérable. Quelquefois elles n'apportent en certains endroits que du sable, et alors elles ruinent tout à coup un village ; mais cela arrive rarement. Il faut seulement les considérer comme la fortune du pays et la cause du rassemblement de population immense qu'on y remarque, malgré l'inconvénient de ne se servir que de barques pour aller d'un lieu à l'autre et d'être ainsi obligé de se priver du bien-être et des ressources que procure l'entretien des animaux domestiques.

Au milieu d'un déluge pareil, il faut que tout le monde soit un peu marin et ait une barque à sa disposition. Aussi fait-on partout une grande quantité de petites nacelles en bambou tressé, qui sont très légères et très maniables, et dont les unes peuvent contenir une dizaine de personnes, les autres un moins grand nombre. Quand il arrive qu'on ne peut s'en servir, à cause d'une digue ou d'un terrain trop élevé, alors on les porte facilement jusqu'à un autre endroit. Les hommes, les femmes, les enfants savent avec beaucoup d'adresse se servir de ces barques qu'on dirige au moyen de deux petites palettes que l'on tient de chaque main (Pi-boi) ou d'une grande perche flexible que l'on enfonce dans l'eau et dans la vase tout-à-fait sur l'arrière de la nacelle. Le coup d'œil de ces petites barques, qui traversent en tous sens la plaine inondée, est des plus pittoresques et des plus curieux.

La manière de bâtir en usage dans ce pays est aussi tout à fait commode pour l'habitation de ces marécages. Leurs maisons sont élevées sur un tertre de terre apportée, de deux à trois pieds d'élévation et même quelquefois de huit à dix, et elles ne se composent que de bois unis ensemble par des traverses et des cloisons qui ne font pas de résistance aux courants d'eau qui viennent les heurter ; l'eau passe au travers, et s'il faut élever le plancher on n'est jamais embarrassé pour le superposer à la hauteur voulue.

Du reste, il y a d'immenses travaux d'endiguement faits par tout le pays, pour régulariser l'inondation, la rejeter autant que possible dans le courant des fleuves et briser sa trop grande impétuosité. Ces travaux sont de beaux remblais de terre de vingt mètres environ de base et de six à dix de hauteur, sur un parcours de dix à quinze lieues de chemin. Ils ne sont point indignes de nos levées de chemins de fer ; on les appelle Dang-quai, et les cantons prennent grand soin de les conserver en bon état. Aussitôt qu'ils sont rompus par un courant trop violent, on bat le gros tambour qui appelle à la corvée les contingents communaux ; et si le travail surpasse les forces de la localité, le mandarin militaire du département doit venir avec ses soldats pour présider aux efforts de plusieurs cantons qu'il convoque aussitôt. Ces digues servent en même temps de routes pour les communications de province à province, et elles ont ainsi une double importance. Le dernier vice-roi du Tông-king, Thuong-giai, excité sans doute par les réclamations d'un grand nombre de localités qui avaient horriblement souffert, en 1852, de l'inondation qui eut lieu alors, avait pensé détruire en grande partie ces beaux travaux, parce que le terrain des différents lieux n'est plus le même que celui qui existait à l'époque où on les a commencés ; mais il est mort avant d'avoir pu mettre la main à l'œuvre, et il est heureux, je crois, que son dessein n'ait pas été suivi.

Ainsi donc, la fertilité incomparable de ces champs, qui se couvrent en très peu de temps des plus belles moissons, la manière de construire les maisons, l'habitude qu'on a presque partout de se servir de jolies et commodes barques en bambou, et de plus quelques travaux d'endiguement, font trouver habitables ces grands marais. J'ajouterai que le poisson s'y trouve en abondance et qu'il y est de très bonne qualité. Ces pauvres gens, qui n'ont point toute notre vie faite d'une foule d'usages grecs, romains, celtiques et gaulois superposés les uns sur les autres, ces pauvres gens, dis-je, qui se contentent de peu, d'une ration de riz avec quelques condiments faits de poisson et de sel, d'une natte et d'un abri quel qu'il soit, ne trouvent rien de mieux que leur plaine inondée et leur maison noyée dans les eaux. On peut vivre, cela suffit. Ils ont du riz et du thé pour aliments ; pour combustible, ils ont la paille de leurs champs ; pour bois à tout usage, les magnifiques bambous qui entourent partout leurs villages et leurs maisons. Que peut-il leur manquer ? D'ailleurs l'inondation disparaît à la fin du douzième mois, et la belle végétation que l'on voit alors de tous côtés autour de soi, rompt la monotonie de la saison passée et fait oublier les misères et les contre-temps que l'on a éprouvés.

Cette grande plaine, ainsi fécondée, fournit surtout du riz, et la quantité de ce riz est suffisante pour nourrir tout le Tông-king et la haute Cochinchine, sans compter qu'il s'en fait une grande réserve chaque année par le roi et les riches particuliers, et que les Chinois en exportent une quantité très considérable, soit à Haï-nan, soit à Canton et au Fo-kien.

Il y a deux moissons : celle du cinquième et celle du dixième mois lunaire. La moisson du dixième mois ne vient ordinairement que sur des terrains élevés ; cependant beaucoup d'endroits jouissent du bénéfice de la double moisson et font ainsi la richesse du pays.

Le troisième plateau, formé des trois départements de Xu-thanh, de Xu-nghê et de Hâ-tinh, est, comme je l'ai dit, un terrain élevé ; il offre beaucoup moins de ressources agronomiques, parce qu'il n'est pas fécondé par des inondations régulières et aussi générales. Xu-nghê même est une province stérile. Cependant la culture du coton, des plantes oléagineuses, des ignames et du maïs s'y fait avec succès, ainsi que l'éducation des vers à soie, que l'on nourrit avec le mûrier, arbuste planté en forme de haie sur les terrains les plus sablonneux. La culture du riz ne suffit pas à la nourriture des habitants, et l'on est obligé d'avoir recours au commerce pour compléter l'approvisionnement. Aussi, sur toute cette belle côte, on voit un grand nombre de points où il se fait un commerce très actif et très lucratif.

Mais revenons au premier plateau, formé par les provinces du Nord et du Nord-Ouest du Tòng-king ; il est moins peuplé ; il a une population mêlée d'Annamites, de tribus dépendantes et de Chinois errants ; mais il est le plus riche en minéralogie et en bois de toutes sortes. Il s'élève peu à peu en majestueux amphithéâtre, et sa teinte brune, que l'on aperçoit de la mer en abordant la côte du golfe, présente un des plus beaux coups d'œil que j'aie jamais vus dans mes voyages.

J'ai parlé de la végétation de la plaine ; j'aurais pu parler des saillies d'un certain bitume que l'on voit en Xu-thanh, et qui tient de l'encens et de la térébenthine. Les gens du pays s'en servent pour s'éclairer et pour faire quelques médecines contre les faiblesses d'estomac et les coliques. J'aurais pu parler du mercure qui suinte en plusieurs endroits, dans la province de Haï-duong ; j'aurais pu parler encore des marbres et des ambres des terrains nouvellement formés, mais tout cela est peu de chose comparativement à la richesse géologique du haut plateau des montagnes, qui regorge d'or, d'argent, de cuivre, de zinc, de fer, de plomb et de charbon de terre. A en croire les Tonkinois, et ils ont raison, il n'y a pas de pays plus riche que le leur, et au sein de la pauvreté ils s'en font une gloire. Du reste, c'est un trésor qu'il gardent au *grand Dragon*, et auquel ils ne touchent pas de peur de couper la veine royale, comme ils le disent dans leur langage superstitieux. Autrefois, les Portugais et les Espagnols ont chargé leurs navires des différents métaux du Tòng-king, qu'ils exploitaient par plusieurs voies différentes ; à présent, ce sont exclusivement les Chinois qui se chargent de l'exploitation des mines pour le service de Sa Majesté, dans les endroits où il n'est pas trop à craindre, à ce qu'il paraît, de couper la veine royale, c'est-à-dire de briser la destinée de la dynastie régnante. Ces mines d'or et d'argent étaient exploitées, d'après Marini, dès l'époque de 1625 à 1630, et un auteur (Crawfurd) fait monter le produit annuel de l'argent seulement à 100 piculs ou 6,000 kilogrammes. Les Chinois, tout en livrant quelques produits au roi et aux mandarins qui les surveillent, profitent de la confiance dont ils jouissent pour enrichir la Chine, leur patrie, et ils font des fortunes fabuleuses qu'ils ne peuvent emporter en entier chez eux. Aussi, il y a de nombreux pirates, soit sur mer, soit sur terre, soit sur les fleuves, et il se trouve peu de communes où il n'y ait des trésors enfouis pour servir à plusieurs générations.

On raconte à ce sujet, dans le pays, des choses merveilleuses.

Quoi qu'il en soit, il est certain que les Chinois font d'immenses fortunes au Tông-king et que les métaux d'or et d'argent enfouis par eux, par le roi et par les riches particuliers du pays sont en quantités considérables. Pour le cuivre, j'en ai vu au Xu-thanh, près de K'luim, pays natal de la famille Lê, une mine, qui, d'après les gens du pays, aurait bien un gisement d'une ou deux lieux de tour, et dont j'ai vu de beaux produits dérobés à la vigilance des mandarins et travaillés en forme de vases pour l'usage domestique. Le métal en paraît naturellement très pur et d'une belle couleur, plutôt jaune que rouge. Cette mine est ensevelie obscurément dans les rochers et dans les forêts. Elle domine, comme bien d'autres encore, les générations d'hommes timides et superstitieux que l'on enterre à ses pieds, et elle attend peut-être que les autres parties du monde s'épuisent et se fatiguent pour ouvrir son sein aux besoins des peuples. Du reste, je ne signale cette mine que pour la connaître particulièrement ; tous les vases du pays, chaudrons, cuvettes, cafetières, crachoirs, etc., sont en cuivre, ce qui prouve qu'il doit y en avoir une grande quantité, et qu'il doit être d'un facile travail, vu les faibles moyens de l'industrie annamite.

On dit que dans les montagnes il y a du charbon de terre en abondance, et c'est en effet la ligne que les Anglais exploitent en Birmanie ; tous les forgerons du pays s'en servent, et je crois qu'il est très bon marché. Maintenant est-il meilleur que le charbon chinois, qui ne vaut rien ? Est-ce de l'anthracite ou de la houille ? Je n'en sais absolument rien (1). Pour le soufre et le salpêtre, il y en a aussi beaucoup sur ce plateau, et il est excellent. On en fait une grande consommation dans le pays pour les feux d'artifice, dont la population est avide, et surtout contre la gale qui est un mal très commun partout chez les Annamites. Il n'y a pas de petit marché où l'on ne puisse s'en procurer ; cependant on ne voit aucune trace de volcan nulle part. On remarque, dans beaucoup d'endroits, un petit cube d'environ 0.03 cent., qui est noir, dur et lamelleux, à paillettes blanches ou jaunes quand on les brise : il est appelé or vif par les naturels, et sert à la médecine, surtout pour les accouchements difficiles. En brûlant il répand une forte odeur de soufre : c'est, je pense, un sulfure d'argent.

Pour la Cochinchine, au sujet du sol, je n'ai rien à ajouter à ce que j'ai dit en parlant des divisions administratives du royaume, parce que je ne la connais pas assez. On peut y distinguer trois plateaux distincts : celui du littoral, celui du versant ouest de la chaîne anamitique, en regard du Meïcong et, enfin, les embouchures de ce grand fleuve qui forment la Basse-Cochinchine ou Dông-nai et Gia-dinh ; il pourrait se

---

(1) Voir la deuxième partie, n° V : *la Houille au Tonkin*.

faire qu'il y eût là peut-être encore plus de richesses minéralogiques qu'au Tông-king (1) ; mais parlons du climat.

III. Du Climat. — La chaleur et le froid, la sécheresse et l'humidité, le beau temps et la pluie, le changement des saisons et leur durée, les vents et les tempêtes, la salubrité et l'insalubrité : voilà, je crois, ce dont il faut parler en fait de climat. Je ne connais point d'observations barométriques qui puissent me donner la hauteur moyenne des plus hauts et des plus bas plateaux du pays, par rapport au niveau de la mer ; ce que je sais, c'est que la température ne varie pas beaucoup du Tông-king à la Cochinchine, même dans les montagnes, où la chaleur est étouffante pendant les six ou huit mois de l'année où elle règne dans toute la contrée. Elle est de 25 à 32°, 36 et 37° au plus, depuis mars jusqu'en novembre, et de 6° au dessus de zéro jusqu'à 15 et 20°, le reste du temps. Au Tông-king et à la Cochinchine, cette chaleur, différente aux deux époques précitées, est tempérée et modifiée par deux moussons, l'une du S. E. appelée Gio-nôm, pour le printemps et l'été, et l'autre du S. O. au N. O. appelée Gio-mây, pour l'automne et l'hiver. Celle du Sud-Est est d'un grand agrément, au milieu des chaleurs d'avril, de mai et de juin ; elle est beaucoup plus régulière que l'autre, aussi les gens du pays construisent-ils leurs maisons de manière à profiter de sa brise, qui suit les heures de marée et qui est aussi gaie que fraîche et légère. Il est à remarquer que

---

(1) Les recherches faites jusqu'à présent sont loin d'avoir justifié cette supposition.

quand ce vent du Sud-Est remonte à l'Est, il occasionne des maux de tête, des frissons et la fièvre. Le vent de la mousson Sud-Est occasionne aussi des orages et des bourrasques qui sont l'effroi des pêcheurs, quand il incline trop vers le sud ou qu'il varie brusquement d'une direction à une autre. Ces orages et ces bourrasques, qui durent une ou deux heures seulement, et quelquefois même un instant, sont de deux sortes : Giông et Tô. Je ne suis pas assez bon marin pour en donner exactement la différence ; cependant le Tô est plus subit et ne cause pas de variation bien sensible du ciel et de la mer ; tandis que le Giông se dessine par les nuages et se signale par les éclairs et le tonnerre ; il dure plus longtemps, mais il est moins prompt et moins terrible, à moins que deux de ces bourrasques ne se rencontrent ou ne se succèdent ; alors les flots s'amoncellent en sens inverse et se heurtent : la coque des frêles embarcations des pauvres pêcheurs et des caboteurs de la côte est menacée, s'ils n'ont pas eu le temps de chercher un abri, et tous les ans il y en a un grand nombre de brisées et d'anéanties, malgré l'habileté de ceux qui les montent. Le Tô n'en veut qu'à la mâture, qu'il rase quelquefois tout-à-coup, avant qu'on ait eu le temps de le voir venir. Pour les tempêtes, elles ont lieu dans la saison des pluies, aux mois d'août, septembre et octobre. Les Chinois les appellent Ty-phong ou « quatre vents », parce qu'elles font en huit ou douze heures, et quelquefois plusieurs jours de suite, le tour du compas. Les plus terribles, je crois, sont celles qui commencent par les vents d'Est et du Sud. J'en ai vu une, en 1851, qui a ravagé un diamètre de bien quinze lieues. Les eaux de la mer avaient envahi le littoral de la province de

Ninh-binh et y avaient surpris les pauvres gens occupés à faire des nattes. On disait alors que plus de 10,000 personnes avaient péri dans les flots. Les maisons, dans le reste de la province et dans celle de Nam-dinh, étaient presque partout renversées ; les arbres les plus forts étaient ou déracinés ou rompus par la moitié à la naissance des branches ; les haies de bambous qui entourent les villages étaient tressées, tordues, et ne ressemblaient plus à de la verdure, mais exactement à des quenouilles de filasse ; il était impossible de marcher contre le vent, et je me rappelle très bien que ce jour-là nous n'avons pu faire cuire notre riz, si ce n'est à dix ou onze heures du soir que le temps est devenu plus calme et plus tranquille.

Pendant cette saison des pluies on voit aussi, dans le golfe du Tòng-king, des trombes qui font quelquefois de grands ravages. En 1845, je pus jouir d'un coup d'œil de ce phénomène, dont j'avais entendu parler. Il me faisait l'effet d'un beau nuage noir de dix à quinze mètres de large et ressemblant assez pour la forme à une corne d'abondance un peu tordue. Il n'était pas éloigné de notre barque, et les matelots chinois brûlaient force papier-monnaie pour conjurer les mauvais génies, quand un vent violent venant du large vint le briser et nous jeter dans une petite baie, où nous nous trouvâmes fort heureux de n'avoir perdu que notre gouvernail, qui fut fracassé au moment même où nous jetions l'ancre.

Il est inutile de parler de la foudre et du tonnerre, parce que, en Cochinchine et au Tông-king, il n'a rien de plus particulier qu'à Singapour et à Malacca ; dans tous les pays chauds et à riche végétation, ils sont fréquents et pour ainsi dire journaliers.

J'ai remarqué qu'au Tông-king la chaleur était très humide, et que c'était surtout durant la saison chaude que, dans les maisons et parmi les effets, on trouvait le plus de moisissures. Cette humidité provient des rizières et des dernières évaporations des eaux de l'inondation au commencement du printemps. Il doit en être de même en basse Cochinchine ; aussi, à cette époque, il y a beaucoup de maladies dans le pays, des faiblesses d'estomac, des coliques, des pesanteurs de tête, des fièvres malignes, la dyssenterie et le choléra. Pendant l'inondation beaucoup de familles ne peuvent enterrer leurs morts ; alors les cadavres, amarrés à des pieux, se trouvent en beaucoup d'endroits déposés sur la vase ; puis les exhalaisons boueuses jointes au dégagement considérable produit par la fermentation des végétaux, dont la sève est forte partout à cette époque, sont des causes bien suffisantes pour expliquer les épidémies qui, chaque année, désolent une population d'ailleurs assez mal nourrie, vêtue et logée. Tant que les eaux couvrent le pays, le Tông-king est salubre et tout le monde, en général, s'y porte bien. Ce n'est donc qu'à cette époque, fin de février et commencement de mars, qu'il y a de grandes précautions à prendre, surtout par rapport à l'eau, qu'il faut bien filtrer et épurer avant de la boire, comme, du reste, partout dans ces pays, et en toute saison.

Les Chinois et les Annamites ont horreur de l'eau froide, et sont sans doute payés pour cela. Ils ne boivent jamais, autant que possible, que de l'eau qui a bouilli et qui a été infusée avec quelques feuilles de Trà (Thé). Les Européens, qui préfèrent l'eau froide, la font d'ordinaire filtrer au charbon ou au sable, et quand ils en ont le moyen, ils font comme les gens riches du pays, qui recueillent les eaux de pluie et les conservent dans d'immenses vases en terre cuite, qu'on se procure en certaines provinces.

Pendant quelques mois de l'année, l'eau est si trouble partout qu'il faut la battre avec de l'alun pour la rendre potable, c'est-à-dire. assez bonne pour cuire le riz et faire les infusions du thé. Cette eau, battue avec de l'alun, est un peu laxative, comme l'eau de Paris; mais elle n'a, je crois, aucun mauvais effet. Les gens des barques surtout en font une grande consommation, pendant que les fleuves charrient les débris des montagnes; ils ne s'en portent pas plus mal. Dans le plateau de la plaine du Tông-king, il est difficile d'avoir de bons puits, et dans le reste du pays il y a une superstition qui empêche d'en creuser, de peur de briser la veine royale dont j'ai parlé plus haut. C'est pour cela que les rives des fleuves sont si peuplées; l'eau des rivières est, du reste, après les eaux de pluie, la meilleure et la plus saine. On remarque dans les conversations des Annamites, qu'ils attribuent à l'eau toutes les maladies occasionnées par un changement d'habitation, et il y en aura presque toujours. Ainsi, si l'on va de la plaine aux montagnes et réciproquement, ou d'un village à un autre, et qu'on tombe malade, c'est le « ngâ nuoc, » ou chûte par l'eau. Ils nous expliquent que le malaise a lieu par le manque de « phuc-thuy-thỏ », ou d'habitude (1). On dit que le Tông-king et la Cochinchine sont très malsains et qu'un étranger doit s'y attendre à être presque

---

(1) Phuc thuy tho : se faire au climat. (*Dictionnaire du P. Le Grand de la Liraÿe*).

toujours malade. Cependant, supposons quelqu'un, par exemple, ayant la liberté et le confortable européen que se donnent les Anglais en Malaisie (1), les Espagnols aux Philippines et les Hollandais à Batavia ; je prétends qu'il n'y aurait pas plus d'insalubrité chez les Annamites qu'il n'y en a dans les pays que je viens de nommer. La Cochinchine, surtout le littoral, est très salubre ; il n'en faut retrancher que les plaines du Dông-nai qui ne sont, pour ainsi dire, que des rizières. Au Tông-king, les montagnes de l'ouest de Xu-thanh, ou le Lac-thô, sont mortelles pour les étrangers ; mais le reste de la chaîne est habitable et l'on y va sans s'exposer, si ce n'est peut-être à Ai-lao, à la hauteur de Quang-binh, en haute Cochinchine. Pour tout le plat pays du Tông-king, j'en ai déjà parlé ; il n'y a de redoutables que les mois de février et mars, et encore les maladies qui ont lieu tous les ans ne sont pas des fléaux par trop terribles. Ce n'est que de loin en loin que des épidémies, comme celles de 1849 et 1850, viennent décimer la population. Je ne crois pas qu'il y ait de contrée où la population du littoral se porte mieux, en toute saison, que celle de la côte des deux grandes divisions du pays. Le climat d'Annam n'est donc pas mortel ; il faut y prendre certaines précautions, et l'on y remarque que les étrangers qui ont pu résister aux premiers effets de la température et des habitudes locales, vivent très longtemps.

IV. Des animaux sauvages et domestiques. — Les animaux sauvages du Tông-king sont dans la partie montagneuse et dans les provinces du midi. On

(1) A Singapour.

n'en voit jamais dans le plateau de Xu-nam, du moins depuis Ké-cho, But-son et Van-sang jusqu'à la mer. Il ne faut pas penser à comparer le Tông-king à Siam, au Laos, à la Malaisie et même à la Cochinchine, sous ce rapport. Il y a quelques éléphants de petite espèce, et pour les tigres, ils sont généralement de la moindre grosseur et peu nombreux ; ce sont des léopards plutôt que des tigres. On voit quelques ours, quelques sangliers et un assez grand nombre de bœufs sauvages appelés «bò-tât», dont les cornes sont d'une dimension énorme. Pour les cerfs et les chevreuils ou daims, on les voit partout, dans les campagnes accidentées de Ninh-binh, de Xu-thanh et de plusieurs autres provinces. Parmi les quadrupèdes de moindre grandeur, on remarque le renard musqué, la marmotte, l'écureuil, quelques chamois, des loutres, une espèce de lièvre (con-tho), des porcs-épics, des hérissons et des rats de toutes grosseurs. Pour ce qui est des rats, il y en a une espèce musquée qui est fort puante et très désagréable, à tel point que les chats et les chiens en ont horreur ; mais les rats de rizières sont très estimés, et les jeunes hommes du village se réunissent à certaines époques pour en faire la chasse et se donner un régal extraordinaire, et toujours honoré de copieuses libations de vin du pays. Il n'y a pas de contrée au monde, je crois, où il y ait autant de grenouilles et de crapauds, et d'autant d'espèces. Il faut absolument s'habituer à les voir habiter votre maison et votre chambre, et finir par se plaire en leur compagnie.

Pour les reptiles, au Tông-king, il y en a beaucoup d'espèces dont le venin est mortel. On y remarque le « tran » ou serpent-boa ; le « mày-gâm », dont la tête s'aplatit et devient très large quand il s'irrite ; i semble avoir deux têtes, l'une à chacune de ses extrémités ; on coupe celle qui est la véritable, quand il est encore vivant, et on la met infuser dans de l'alcool pour s'en servir contre les rhumatismes et les maladies froides ; le « hô-mang » ; le hô-lua », dont la piqûre est la plus terrible, et puis un petit serpent noir, qui est gros comme la moitié du petit doigt, et très dangereux comme le cent-pieds, hôte obligé des vieilles toitures. Il y a ensuite une grande quantité de serpents d'eau qui ne sont pas malfaisants et, entre autres, une espèce que les gens du pays voient, avec plaisir, venir prendre l'air sur le faîte de leurs maisons ou même pénétrer dans les appartements pour faire la chasse aux rats ou aux souris. Un genre encore remarquable est le caméléon, qui pullule en certains endroits. Il y en a une grande variété, comme des lézards, et les Annamites estiment beaucoup sa chair qui, en effet, est très bonne. J'en ai vu de la grosseur d'un enfant nouveau-né, ayant environ quatre pieds de long et revêtus d'une peau tachetée de jaune sur un luisant fond noir du plus bel effet. C'est un petit crocodile, sauf la cruauté. Cette espèce est seulement l'effroi des grenouilles et des rats de rivières, et personne n'en a peur.

Le Tông-king est le pays des sangsues par excellence ; elles y sont très belles et très bonnes, mais sans aucune utilité pour les gens du pays, qui ne s'en servent pas. Le riz ne donne pas déjà tant de sang pour que l'on en ait besoin souvent, comme nos gens d'Europe nourris au pain, au vin et à la viande. Dans les forêts il y en a une espèce qu'on appelle « vat » et qui saute des arbres sur les passants, au point qu'il est impossible d'y aller sans se voir en peu de temps couvert de sang. Sur les bords de la mer, dans les terrains vaseux, il y a, au dixième et onzième mois, une espèce de vers gros comme le petit doigt et assez longs, que les gens du pays mangent avec délices : c'est le « rûoi » ; ils en font des pâtés très épicés et trouvés fort bons.

En fait d'oiseaux, il y a une immense variété d'échassiers, de cigognes, etc., qui se nourrissent dans les rizières des petits poissons qu'on y voit toujours en abondance. Dans les montagnes on trouve le paon, l'argus, les toucans, une espèce d'oiseau noir à collerette et à crête jaunes, et deux espèces de merles et de grives qui parlent et chantent à merveille, et que les particuliers nourrissent en cage pour l'agrément de leur habitation (yen khan saû), une profusion de perroquets, surtout d'une petite espèce grosse comme le canarie, et qui a de particulier qu'ils se perchent toujours la tête en bas ; des poules sauvages, des gobe-mouches charmants, des tourterelles, des hirondelles, des moineaux et des bandes de sarcelles, de canards-raquettes, de pigeons ramiers que l'on prend par milliers au moyen de filets et que l'on peut se procurer, à certaines époques sur tous les marchés, à profusion.

Les poissons abondent aussi au Tông-king, soit dans les fleuves, soit dans les rivières et les étangs. Les Tôngkinois ont une véritable passion pour la pisciculture et il n'y a si petite habitation qui n'ait son étang particulier, soigné avec méthode et grand soin. Aussitôt que quelqu'un arrive, si l'on veut lui faire honneur, après les premières salutations, il n'y a rien de plus pressé que de mettre les jeunes garçons de la maison à visiter l'étan et les femmes à préparer les assaisonnements nécessaires de feuilles aromatiques, de sauce parfumée qu'il faut pour manger les poissons, que l'on coupe par tranches très minces et que l'on ne fait pas cuire d'ordinaire, suivant l'espèce; cela s'appelle « an-goï. » Ces poissons de vivier sont le cà-tram, le cà-mé, le cà-sop, le cà-trê, dont je ne vois pas d'analogue en France, si ce n'est que le premier serait la carpe, le deuxième la brême et le troisième une espèce de truite, qui est rusée au point que c'est passé en proverbe partout.

Il y a, pour aviver les étangs dont je parle, des marchands de fretin qui parcourent chaque année le pays en tout sens, et qui ont le talent de conserver vivante, pendant deux, trois et quatre jours de marche, leur petite fortune. Ils portent pour cela, aux deux extrémités d'un bambou, mis par le milieu sur leurs épaules, deux grands vases à demi pleins d'eau qu'ils agitent continuellement par une allure régulière et cadencée. Ils sont toujours bien reçus partout; et pour cinq ou six sous de notre monnaie, on peut renouveler les plus grands étangs, qu'on divise alors en plusieurs compartiments, suivant le besoin des lieux. Le cà-tram est assurément le poisson d'eau douce le plus beau, le meilleur et le plus abondant qu'il y ait au Tông-king; il pèse de trois à quinze, vingt et même trente livres. On remarque après lui des anguilles dont une espèce exquise, appelée « tiêt-înh », était autrefois réservée à la cour; des tortues de rizières, d'eau courante et de mer. J'en ai vu que quatre hommes forts pouvaient à peine porter et sur le dos de laquells nous sommes montés huit personnes.

Sur la côte, au sixième et septième mois lunaires,

jusqu'au huitième et neuvième, on voit arriver chaque année des bancs de sardines, de petites chevrettes, de cà-bo, de cà-trong, de cà-trich, de cà-chun, de harengs et de morues, que les pêcheurs prennent à pleines barques pour en faire l'objet d'un grand commerce. Les grandes espèces sont desséchées au soleil ou même rôties au feu. Elles se conservent indéfiniment et sont vendues comme poisson sec, aliment très sain et très cher dans le pays; les petits servent à faire des condiments très recherchés et très précieux pour l'hygiène et la cuisine domestique. Un de ces condiments s'appelle « nuoc-mam », ou eau de mam, et se fait ainsi : on mélange une égale quantité de poisson et de sel, soient cent livres. Il se fait alors une réduction aqueuse à laquelle on ajoute trente ou quarante livres de riz brûlé. Après quelques jours on passe la liqueur, que l'on fait cuire au feu à plusieurs reprises, et l'on obtient ainsi une essence très forte, qu'en plusieurs endroits on laisse cristalliser et que l'on trouve partout très savoureuse.

Quoi qu'en disent nos marins, il y a des baleines au Tông-king, mais seulement aux mois de novembre et décembre. La magnifique baie de Cua-bang en est alors remplie. Ces baleines ont, d'après les gens de l'endroit, de quinze à vingt pieds d'épaisseur. Dans le pays on les regarde comme créées par Dieu pour sauver les naufragés, et l'on cite à l'appui le sauvetage du roi Gia-long. Il est certain qu'on leur rend un culte et que, quand il en meurt sur le rivage, les mandarins de l'arrondissement prélèvent une contribution d'argent, de nattes et d'étoffes, pour lui faire des sacrifices et des obsèques dignes d'elles ; ensuite il est fait un rapport à la cour. Il y a aussi des scies, des espadons et des marsouins ; des mollusques très gros et très bons à manger, et des huîtres dont une espèce a de très belles perles. Pour les autres coquillages, je ne les connais pas assez pour en parler, si ce n'est de la nacre appelée « xa-cu », dont les Tongkinois font de très belles incrustations sur ébène ou sur autre bois. Du reste, je ne crois pas la côte très riche en ce genre.

En Cochinchine, en ce qui est des animaux sauvages, il y a une mention particulière à faire pour les crocodiles de Dông-nai, qui y fourmillent. Il n'y en a point au-dessus du Tsiampa, et il y a peine de mort pour celui qui en apporterait l'espèce en moyenne et haute Cochinchine. Les éléphants et les tigres y sont très beaux et très nombreux, et répandus dans le pays jusqu'au Xu-nghê ; les singes y sont en quantité, tandis qu'au Tông-king ils sont assez rares.

Soit en Cochinchine, soit au Tông-king, les insectes, mouches ou moustiques sont un vrai fléau pendant la saison chaude. On ne peut dormir sans un moustiquaire et souvent même il faut attendre deux ou trois heures du matin pour pouvoir reposer en paix. Les abeilles ne sont pas soignées et cultivées par les Annamites ; ils préfèrent abandonner ces intéressantes créatures à leur instinct naturel et aller leur prendre, aux branches des arbres ou dans les creux des rochers, le fruit de leurs travaux. L'Annamite, en fait d'insectes, n'apprécie que le ver à soie, dont le soin préoccupe la majeure partie des femmes du royaume. On voit à certaines époques des nuages de sauterelles ravager la contrée, et l'on ne peut se faire idée de leur prodigieuse quantité et des dévastations qu'elles produisent, sans en avoir été témoin. En 1862, j'en ai vu, en plein midi, l'air obscurci ; on battait alors le tambour de détresse dans toutes les communes et on les tuait à coups de bâton pour en faire des monceaux gros comme des maisons. Le gouvernement donnait une récompense en argent aux communes qui pouvaient en détruire un *ta* (mesure de six pieds de diamètre sur sept ou huit de hauteur (1). Ces nuées allaient du N.-O., vers l'est et ensuite vers le sud ; elles ont parcouru tout le royaume et détruit complètement la moisson dans beaucoup d'endroits. Pour se dédommager de leurs ravages, on s'est mis à les manger et à en faire un condiment avec le sel. Ce mets allait de pair avec les nymphes des alvéoles de ruches d'abeilles et avec les vers à soie, lors de la dépouille du cocon, dont ce peuple est fort friand.

Parlons maintenant, après ces quelques aperçus, des animaux domestiques. Ils sont, comme le disent fort bien les formules chinoises que l'on apprend à tous les enfants, ceux de tous les pays : le cheval, le bœuf ou le buffle, le porc, la brebis, le chien, le chat et la poule.

En Cochinchine, il y a une petite race de chevaux dans le genre de celle d'Aracan. Elle est très bonne et très vive, quoique ayant la tête fort laide et désagréable. Il n'y en a pas une grande quantité, parce que cet animal ne sert absolument qu'au luxe. Cependant, pour 30 francs on peut s'en procurer un bon. Le bœuf et le buffle, au Tông-king et en Cochinchine, ne se multiplient pas non plus considérablement. Les travaux de la terre sont très peu de chose et il suffit de

---

(1) Le « ta » est un poids de 60 kilog. 400. Nous l'appelons « picul ».

la remuer un peu pour la faire produire. Dans les pays de rizières, le buffle est indispensable, parce que lui seul peut travailler et vivre dans l'eau ; le bœuf alors est inutile, il ne sert que pour les cultures de coton, d'ignames, de canne à sucre, etc. Tout ce grand peuple ne vit à l'ordinaire que de riz et de légumes ; ce n'est qu'à des époques rares dans l'année qu'il se permet des repas de viande, et alors c'est le porc et la volaille qui en font le plus souvent les frais, d'autant plus que pour abattre un buffle il faut l'autorisation du mandarin et, par conséquent, payer un tribut. Pour le bœuf, il est peu estimé comme nourriture et regardé même comme dangereux. Du reste, pour huit à quinze francs de notre monnaie on a un bœuf et pour vingt-cinq à quarante un buffle d'âge. Le buffle est très beau, mais le bœuf est de petite taille et a un bourrelet de chair sur le cou, à la naissance de l'encolure.

Je n'ai vu qu'au Xù-thanh nourrir et élever ce bétail en troupeaux considérables. J'en ai vu là des quatre, cinq cents et mille appartenir à un seul particulier. En Xu-thanh et en Doai, les communes qui ont de grands pâturages construisent un parc commun et ont une garde particulière pour veiller le jour et la nuit sur les troupeaux: c'est une partie de la corvée du village ; mais ces communes sont peu nombreuses. L'Annamite, comme le Chinois, rit et rougit de l'usage du lait, du beurre et du fromage ; il ne peut concevoir apparemment qu'on se fasse volontiers frère de nourrice d'un veau ou d'un nghé (1). Quelqu'un qui voudrait lutter contre ce préjugé, dans l'in-

(1) Nghé : petit de la bufflesse.

térieur du pays, se rendrait ridicule et se perdrait de réputation.

En revanche du peu de bêtes à cornes qu'il y a dans le pays, on nourrit partout une grande quantité de porcs. Au Tông-king, chaque maison en a plusieurs, et là il est facile de les élever avec le résidu du riz pilé, les troncs de bananiers, les feuilles et surtout certaines herbes, appelées « bèo », qui viennent sur les étangs avec une végétation étonnante. Les Chinois en font le commerce, et je crois que ce sont les meilleurs porcs du monde. On sait que leur chair est regardée comme très saine et comme pouvant remplacer celle du veau d'Europe. Les plus gros, de la pesanteur d'environ 250 livres, coûtent au plus 40 et 50 francs; les ordinaires 6 et 10 francs. J'en ai acheté de 6 francs et j'avais de quoi former vingt-cinq tables de quatre personnes chacune. Il est à remarquer que, dans ce pays, un cochon tué est mangé en entier sur place, et qu'on ne sait pas le saler. Seulement on ménage un peu de sa graisse pour les fritures et autres besoins du ménage; c'est le *nec plus ultrà* de l'économie en ce genre.

Il y a des boucs et des chèvres au Tông-king et en Cochinchine; mais la brebis y manque complètement. Aussi on ne connaît que les laines d'importation chinoise; mais, pour le mouton, nous avons le chien qui sert fidèlement et de garde à la maison et de plat de table dans les festins. La chair en est bonne quand l'animal n'a pas plus de trois ans et qu'il a été affranchi. Les médecins la regardent comme échauffante et la défendent à leurs malades. Il s'en fait, par les gens qui se portent bien et surtout par les maraudeurs, une grande consommation. Je n'ai vu partout que deux espèces de chiens : l'une appelée « song-ngâu », venant du Yun-nam, et ressemblant assez bien à l'espèce danoise ; et l'autre, qui est le chien chinois à poils rougeâtres et à tête de renard.

La volaille, soit oie, soit poule, soit canard, est élevée avec soin et en grande quantité. Elle est d'un grand usage dans les petits sacrifices, et les œufs sont un revenu assez net pour les pauvres gens. On connaît la passion de tous ces peuples de l'Extrême-Orient pour les combats de coqs. Cette espèce de coqs, qu'on appelle « chôi », est vraiment magnifique et l'on ne peut, sans l'avoir vu, se faire une idée de son acharnement au combat et de sa soif de vengeance.

On distingue plusieurs espèces de poules, comme partout ; mais il y en a une particulière, dont les os sont tous noirs et qui est très bonne pour les convalescents. On connaît en France la poule de Cochinchine : c'est la plus répandue dans le pays. Au Tông-king on vend une poule de quatre à six sous de notre monnaie et on a une douzaine d'œufs pour deux sous et même moins. Au Tông-king encore on voit des troupeaux de canards qui couvrent des champs entiers ; ils ont des gardiens et des chiens à leur service et, pour un certain tribut payé à des propriétaires ou aux communes, ils vont paître un ou plusieurs jours, tantôt dans un champ, tantôt dans un autre. On les fait éclore au jour par milliers et leur ponte abondante est une bonne ressource pour le pays et pour les Chinois, qui en font confire une grande quantité pour leurs voyages de traversée.

V. *Des productions.* — En parlant des animaux du pays, je n'ai pas eu en vue de faire une page d'histoire naturelle; je n'ai eu en vue que de dire *grosso modo* ce qu'il y a de plus remarquable et ce que tout le monde sait dans le royaume. De même ici, en parlant des productions, je ne les considère que sous un point de vue facile, en rapport par exemple avec le confortable de la population, la vie, le vêtement, l'habitation et la construction, l'hygiène et le luxe.

Pour la vie proprement dite, nous avons le riz, le maïs et le millet, les tubercules et les racines, la canne à sucre. les légumes, le poivre et le sel, les fruits et le thé. Pour le vêtement, le coton et le chanvre, la soie et quelques écorces, l'indigo, le tubercule « nâu » et quelques arbres ou arbustes à couleur. Pour l'habitation ou la construction, les bois, le bambou et les joncs. Pour l'hygiène, les plantes médicinales, soit à l'état sauvage, soit à l'état de culture domestique ; enfin, pour le luxe, certains fruits, certaines essences et certains produits. Suivons cet ordre :

1° *Pour la vie proprement dite* : le riz. — C'est la spécialité des endroits bas et marécageux, qui tout en donnant souvent la maladie et la mort à leurs habitants, d'un autre côté leur fournissent avec prodigalité le moyen de se sustenter et de vivre. On ne connaît au Tông-king et à la Cochinchine ni le froment, ni nos autres blés d'Europe. On peut en semer et avoir quelques bonnes récoltes ; mais il dégénère en peu de temps et c'est tout au plus si la troisième année on peut obtenir un rendement qui vaille la semence et qui ait l'air de froment. Du reste, il vient avec une grande rapidité ; car on le sème à la St-Luc ou fin octobre, et la récolte s'en fait au mois de janvier. Nous en avons semé à la fin de décembre et il est devenu magnifique en herbe et en tige ; mais au mois de mars nous n'avions que de la paille et un épi plein de poudre noire.

Il serait difficile de persuader aux Annamites d'entreprendre cette culture, parce que la réduction en farine compliquerait trop les moyens de vivre, et que le froment, simplement décortiqué, broyé et bouilli, n'est guère mangeable. C'est donc le riz qui, comme chez tous les peuples de l'Extrême-Orient, est ici le grand aliment, l'aliment par excellence et le soutien de la vie ; c'est le riz qui est la préoccupation de toute cette population répandue dans les forêts, sur les montagnes et dans la plaine. C'est pour le riz que l'on fait des travaux d'endiguement et d'écoulement des eaux, pour pouvoir profiter d'une position favorable. C'est pour le riz enfin que des villages entiers quelquefois, et des particuliers souvent, abandonnent leur village natal, afin de ne pas mourir de faim et pouvoir élever leur nombreuse famille.

Il y a une espèce de riz des montagnes que l'on sème dans les cendres des forêts auxquelles on a mis le feu. Ce riz est excellent, mais il a très peu de volume et n'offre pas une ressource alimentaire suffisante à une population si considérable ; d'ailleurs, pour le cultiver et le récolter, il faut se faire l'hôte des tigres, des éléphants et des léopards, et le peuple annamite, en général, n'est pas malais sous ce rapport. La grande quantité de riz du royaume vient dans des marécages et certains endroits peu élevés qu'on peut irriguer à volonté, ou que l'on dispose de manière à retenir les eaux des pluies, qui sont abondantes aux mois d'août et de septembre ; ces deux espèces de terrains donnent lieu aux deux principales moissons de l'année : la moisson du 5ᵉ et la moisson du 10ᵉ mois lunaire (juin et juillet, novembre et décembre). A la fin du mois de janvier, quand les eaux de l'inondation commencent à diminuer, on remue avec la charrue les tourbes et les herbes des terrains dont on peut disposer, et l'on pique aussitôt le plant de riz que l'on a fait germer dans un endroit à part et qui a déjà de 20 à 30 centimètres de haut. Il en faut un dixième d'arpent pour planter un arpent. Aux mois d'août et de septembre, on pense à cultiver les endroits élevés, parce que les eaux de l'inondation sont déjà grandes et qu'il n'y a que les endroits privilégiés, c'est-à-dire ni trop haut ni trop bas, qui puissent jouir du bienfait d'une double récolte, comme on le voit, en général, dans les terrains du plateau de Xu-nam, dont j'ai parlé précédemment.

J'ai dit que le riz est semé dans un endroit à part, puis arraché pour être piqué dans les champs. C'est en effet la méthode générale du Tông-king et de la Basse-Cochinchine. Dans quelques provinces, cependant, où il n'y a que des terrains hauts et des marécages insignifiants, on le sème à la volée, comme notre grain d'Europe; mais c'est une faible exception. Ce sont les femmes qui plantent le riz, et il est assez curieux de les voir, à deux, suivre un homme qui marche à reculons et qui leur indique, avec un bâton de chacune de ses mains, l'endroit où elles doivent, chacune pour sa ligne, piquer leurs cinq ou six brins de riz. Cet ouvrage, du reste, se fait très vite, et six femmes peuvent planter, en un jour, leurs cent pieds carrés ou un arpent. Les hommes, à ce qu'il paraît, n'ont pas assez de souplesse dans les reins pour tenir ce travail longtemps.

On distingue beaucoup d'espèces ou qualités de riz

entre autres le riz rouge et le riz blanc ; mais surtout le riz ordinaire « luà-thé » et le riz gommeux « luà-nép ». Ce riz gommeux sert aux sacrifices et aux plats d'honneur des festins ; on le fait cuire dans des vases percés par le fond, que l'on superpose à des chaudières pleines d'eau bouillante, lesquelles émettent, pendant une ou plusieurs heures, de la vapeur qui l'amollit l'agglutine et le cuit. Il sert aussi à faire du vin, c'est-à-dire un alcool dont l'usage n'est que trop répandu ; car je crois qu'il y a peu de pays où l'ivrognerie soit de meilleur ton qu'au Tông-king et en Cochinchine, où un homme en place ne peut traiter une affaire sérieuse de la commune ou du canton, sans avoir bu et sans être plus ou moins hors de lui-même.

Cet alcool a une certaine force à la seconde distillation, qui peut donner, je pense, 15 à 18 degrés. On en obtient de plus concentré qui sert à faire des liqueurs aromatiques, très bonnes pour la santé. Il est de beaucoup supérieur au sam-sou chinois, quoiqu'il soit fait de la même manière ; ce qui donnerait à supposer que le luà-nép, ou riz gommeux annamite, est meilleur que celui de Chine. Il sert enfin à faire des gâteaux mêlés de graisse et de la mouture d'un certain pois du pays, appelé « dâu-xanh ». Ces gâteaux, enveloppés dans des feuilles choisies, que chaque ménagère a le soin de planter près de sa maison, sont cuits dans l'eau, au bain-marie ; ils sont excellents. On les appelle « binh-chung » et on ne les voit paraître qu'aux jours de grandes fêtes.

Pour le riz ordinaire, tout le monde sait maintenant comment on le mange : avec des bâtonnets. En Chine et dans les royaumes adjacents, quand il est cuit il est sec, et tous les grains se séparent. On ne le fait pas crever comme chez nous ; on lui fait seulement absorber une quantité d'eau connue, qui l'amollit et le rend un peu pâteux.

Il est servi dans de petits vases de porcelaine ou de terre ; on porte ces vases à son menton, et l'on pousse avec ses bâtonnets l'aliment en quantité suffisante dans la bouche ; ensuite on porte ses bâtonnets le plus délicatement sur les plats de condiments qui sont placés sur la table, pour en prendre quelques parcelles, et cette occupation alternative, suivie d'une bonne tasse de thé tout à la fin du repas, forme partout la manière universelle de manger suivant les rites.

J'ai parlé des lieux où le riz vient en plus grande abondance. La plaine de Xu-nam nourrit tout le Tông-king et fournit une grande quantité à l'exportation chinoise, malgré les défenses du roi. En Cochinchine, les marécages de Dông-nai et de Binh-dinh nourrissent le reste de la population. Les riches particuliers et mandarins du royaume ont tous des réserves de riz très considérables, et le roi a des greniers qui peuvent suffire à ses mandarins et à son armée pendant plus de 20 ans. Car le riz se conserve longtemps avec facilité ; plus il vieillit et plus il a de qualité. Dans toutes les maisons un peu à l'aise, on trouve un tonneau de vieux riz qu'on appelle « Tran-mi », de 8 à 10 ans de récolte, dont l'emploi est excellent pour les malades, et dont on fait de très bonnes infusions en le faisant brûler.

Le *maïs* n'est pas de très ancienne date dans le pays ; mais sa culture a pris de l'extension partout, dans les provinces peu favorisées de marécages et de rizières. Il est très beau, et il est devenu d'une grande ressources pour les pauvres gens. On n'en fait point de farine, on ne le pile même pas, et pour le manger on se contente de le faire bouillir dans de l'eau. Un aliment pareil devait avoir du succès chez un peuple pauvre et assez paresseux. On doit donc s'étonner qu'il n'ait pas été connu plus tôt. Cela tient au peu de communications qu'a l'Annamite avec le reste du monde.

Le *millet* est en petite quantité ; sa culture n'offre pas assez d'avantages pour qu'on l'entreprenne en grand, d'autant plus qu'il faut de la vigilance pour le préserver des oiseaux. On ne lui donne donc que quelques bandes de terre peu éloignées des habitations.

Le *Sésame* a beaucoup plus de succès, parce qu'il est beaucoup plus précieux par sa qualité huileuse, et qu'il sert à plusieurs usages ; on en voit des cultures remarquables.

Tubercules et racines. — Le riz est la première culture du pays ; mais la seconde est sans contredit les tubercules. Il y en a qui viennent sur les terrains secs et sablonneux : ce sont les ignames, dont on voit deux espèces, l'une rouge et l'autre jaune. Elles sont d'un bon rapport et de bonne qualité. Les 100 livres coûtent 10 et 15 sous de notre monnaie. Le goût de ces ignames est trop savoureux et trop sucré pour qu'on en fasse une nourriture habituelle; d'ailleurs cet aliment est échauffant, aussi ne sert-il, en général, comme le maïs du reste, que de collation et de troisième repas. Cependant il y a des populations qui ne vivent, la plus grande partie de l'année, que d'ignames, et l'on remarque chez elle beaucoup d'obésités et de faiblesses de tempérament, avec un caractère léger, timide et apathique. Il y a d'autres tubercules qui viennent dans l'eau et les marais ; l'espèce de ceux-ci, la plus répandue et la meilleure, est le « Cù-ao », dont un arpent se vend sur place jusqu'à 100 ligatures. Ce tubercule est noirâtre et son goût est un peu celui de la châtaigne d'eau appelée Macre.

Outre ces deux espèces, qui sont les principales, il y a le navet que l'on coupe par tranches, comme le font les Chinois, pour le confire dans du sel et en faire des conserves. Ensuite un tubercule de montagnes, gros et rond, absolument comme une belle toupie, et armé d'une tige assez courte qui a un très beau panache à feuilles frisées. Ce tubercule a cela de particulier qu'on prend pour le multiplier les boutons ou excroissances charnues dont il est porteur. Ainsi d'un seul on peut ordinairement en avoir sept ou huit.

Enfin viennent les racines, dont la plus remarquable est le « Cù-mai ». On peut l'entretenir dans les jardins, mais elle vient des montagnes où on la trouve grosse comme une fort racine d'arbre, et d'une longueur le plus souvent introuvable. Elle est très farineuse et d'excellente qualité, soit pour la simple nourriture, soit pour la médecine. Il y a des monticules où se se trouve cette précieuse racine, qui nourrissent des villages entiers.

Plusieurs autres racines sont connues dans le pays et il y en a une, entre autres, que l'on plante sur les nouveaux terrains de tourbe pour les dessécher.

Pour les pommes de terre d'Europe et les patates, les Annamites ne les connaissent pas. Au Tông-king, on a essayé d'en planter à plusieurs reprises; les essais, pour ces fruits comme pour d'autres graines, n'ont pas réussi. Quelquefois on a une première récolte, et l'année suivante, rien. J'ai semé beaucoup de graines et de pépins de toutes sortes, et je n'ai jamais pu avoir un bon résultat. Ces graines et ces pépins, transportés, sont comme des oiseaux mis en cage ou des poissons de vivier: la fécondité s'éteint. De plus de 200 espèces de graines que nous avions fait venir d'Europe, bien soignées et bien conservées dans une double boîte de fer blanc et de bois, nous avons eu de magnifiques radis, deux choux-fleurs et un chou frisé. Les radis, avec la plus belle rave et la plus belle tige que l'on puisse voir, n'ont pu donner une seule graine et nous en avons été quittes pour la curiosité.

Légumes. — Pour parler des légumes il faudrait parler des jardins annamites; or, ce qu'il y a de mieux à faire, c'est d'en dire peu de choses, parce que l'Annamite n'est pas jardinier. S'il est pauvre, il ne pense qu'au riz et aux ignames, et s'il est un peu à l'aise, que sa maison soit propre, tout son luxe est de faire devant chez lui une petite cour en terre battue, bien soignée, qui sert aux femmes pour faire sécher leurs petites provisions de ménage, et un petit bocage derrière pour avoir un peu d'ombre; quelques oiseaux en cage qui le réjouissent de leur chant, un petit vase où il met des poissons rouges, et un peu plus loin un vivier pour la pêche. Tout le reste est champs, lisière d'étang et grande culture. Cependant on voit soigner le gingembre, la mélisse, le pouliot, la menthe, le safran, la petite ciguë, les oignons et les échalottes, pour faire de temps en temps quelques ragoûts, et le « cù-riêng », tubercule dont le goût est très âpre, très aromatique et très gommeux, pour le régal de chair canine si goûtée.

On voit aussi des moutardiers dont on fait de bonnes salades, quelques laitues très rares, une espèce de pois vert et deux espèces de pois ronds (noir et vert) qu'on cultive avec assez de soin et qui sont d'un grand usage pour les convalescents, lorsqu'ils sont bouillis avec du sucre ou de la mélasse, ou simplement avec de l'eau et du sel, suivant le genre de maladie.

Il y a ordinairement, auprès des étangs, un petit carré qui jouit du trop plein de l'eau et qui possède les « râu-ông, râu-thôi, » espèces d'herbes à tuyaux qui font de bonnes salades, et çà et là les « râu-sam » (pourpier) et « râu-giên » (brèves des créoles). Le râu-sam vient dans les terrains secs et ferrugineux; les paysans le détruisent autant qu'ils le peuvent autour de leurs habitations, je ne sais pourquoi, si ce n'est à cause d'une anecdote d'un des premiers empereurs de la Chine, dont je ne me rappelle pas bien.

Dans deux ou trois localités du Tông-king il y a de beaux choux pommés, qu'il est impossible de se procurer ailleurs. Pour les carottes, les asperges, etc., je n'en ai jamais vu. En revanche, il y a partout une grande quantité de melons, citrouilles, coloquintes et mélongènes. Le meilleur melon est la petite espèce que l'on appelle melon-rat (duà chûot).

Autour des étangs on appose des rames qui se couvrent de tous ces fruits et qui, au bout de quelques mois, font la joie et la cupidité de la petite famille qui habite la maison. On y va voir souvent; les mamans crient et tempêtent; mais enfin on finit toujours par dépouiller l'intéressante charmille qui, privée de fruits, ne tarde pas à se flétrir et à être arrachée.

Les mélongènes, appelées « cà », sont ordinairement salées ou confites dans le miel et la mélasse. Il s'en fait une grande consommation et on les voit tenir rang dans une moyenne culture. C'est une espèce de tomate verte qui ne vaut pas notre tomate d'Europe, mais qui a bien son mérite. Elle vient très vite, de sorte que j'ai vu des champs qui jouissaient du bénéfice de la double moisson de riz annuelle, donner entre les deux une forte récolte de ces fruits. Les aubergines de Chine sont à peine connues dans le pays.

Canne à sucre. — La canne à sucre est cultivée partout en Cochinchine et au Tông-king. Je ne sais pas s'il existe une maison tant soit peu à l'aise où il n'y en ait un petit bouquet dans le petit jardinet, pour servir de dessert après le repas et d'occupation aux petits enfants. Cette espèce devient très haute et très effilée; les nœuds en sont très espacés et le jus en est très savoureux; son écorce est rouge et d'un brun foncé. Dans quelques endroits elle est belle et forte; mais, pour la grande culture, je ne la crois pas d'un bon rapport, parce qu'elle est trop sèche. Les plus belles cannes à sucre du Tông-king sont dans les deux îles de Nàm-xang et de Quan-hanh, à l'embouchure du grand fleuve. Elles sont blanches; elles montent très haut; elles sont fortes et juteuses. Tout le sucre de la consommation est indigène; on ne s'en sert point pour édulcorer le thé et les autres boissons; on le mange tel quel comme dessert et on le mêle aussi quelquefois à quelques pâtés. J'ai connu un malade qui est mort après en avoir mangé trois livres, que l'on avait eu l'imprudence de lui donner. Il se fait une plus grande consommation de mélasse que de sucre, parce qu'elle donne moins de travail à faire et parce qu'il est plus facile de s'en servir pour confire les mélongènes, les oranges, les tomates, et façonner les petites friandises qui exercent les loisirs et l'adresse des femmes pour leurs enfants ou leurs hôtes. La livre de sucre coûte de trois à quatre sous de notre monnaie, et la livre de mélasse de un à deux. Les moyens employés pour la fabrication du sucre sont très pauvres et très misérables ; cependant, le sucre qui en provient est beau et bien cristallisé. Pour extraire le jus des cannes, ils se servent d'une double grande vis, mise en mouvement par des buffles, et qui ne donne pas une économie de temps et de produits ; mais enfin elle est de coutume, et comme elle est d'un beau travail pour le pays, on la ferait changer difficilement. Dans plusieurs endroits, pour faire blanchir le sucre, on l'enduit de tourbe et de vase ; mais alors il perd sa saveur, et je ne sais vraiment pas qui a pu leur mettre en tête de faire une pareille opération pour avoir du sucre un peu plus blanc que jaune.

On trouve dans tous les grands marchés du sucre candi qui est très estimé pour les convalescents et, dans quelques localités, une espèce de sucre en pains fortement troués, comme la composition dont se servent les Espagnols pour édulcorer le grand verre d'eau qu'ils boivent après leur méridienne (au moins à Manille). On l'appelle « dùong-phôi. »

Cette culture de la canne à sucre devrait être surveillée et encouragée par le gouvernement, puisqu'elle est connue partout ; elle donnerait un des plus grands produits du royaume et autant elle en pourrait donner, autant la Chine pourrait en absorber ; mais le roi annamite n'a rien moins à cœur que d'avoir une population riche et à l'aise.

Poivre et sel. — Dans la haute Cochinchine, aux environs de la capitale actuelle, on cultive le poivre avec succès, mais en petites quantités ; il est, dit-on, excellent. Au Tông-king, on ne le connaît que comme objet d'importation et l'on s'en sert à peine. On l'achète comme objet de luxe ou de médicament, comme le clou de girofle et la noix muscade; aussi n'en trouve-t-on que dans les grands centres où il y a commerce chinois. Il est remplacé comme condiment par le gingembre et surtout par le nuoc-mam, eau de sel, et de poisson dont j'ai parlé plus haut. En revanche, le sel est abondant dans les deux royaumes, mais surtout au Tòngking, où on le vend six à huit sous la charge d'homme, soit soixante livres. Sur la côte de Xu-thanh et de Xunghê on en fait beaucoup, quoiqu'il n'y ait pas de marais salants comme en France. On le fait par le moyen du lavage des monticules de terre que l'on sature de matières salines en y versant l'eau de mer. La chaleur du soleil, qui est forte et puissante en ce pays, sèche promptement la terre de ce monticule, sur lequel on verse de nouveau et à plusieurs reprises l'eau saline.

Quant on voit que ce monticule a absorbé déjà une grande quantité de sel, on le lave alors à l'eau douce, et cette lavure, mise dans des chaudières, donne par l'évaporation un produit bien cristallisé et assez beau, quoique souvent un peu gris et terreux. On fait une immense consommation de sel dans tout le pays, et il n'y a point de gemmes, que je sache, qui puissent le remplacer pour les hauts plateaux.

Fruits. — Les Annamites, comme je l'ai dit plus haut, ne sont pas jardiniers; cependant on trouve dans les provinces des fruits excellents et en abondance. Celui qui offre le plus de ressources pour la vie, et dont il se fait une plus grande consommation est, sans contredit, le fruit du bananier, dont on voit bien huit ou dix espèces. Le plus beau est celui que les Malais appellent pissang-radjah (banane royale), et que les Annamites appellent « chuoi-xanh » (banane verte); mais celui dont on se fatigue le moins et qui est le meilleur pour la santé est le « chuoi-mat ». Ensuite viennent les « chuoi-hot », bananes à pépins ; les « chuoi-linh », bananes musquées; les « chuoi-but », bananes de Bouddah, etc.

Après la banane on peut parler des oranges, des limons, pamplemousses, etc., etc. Les oranges du Tông-king sont réputées les meilleures du monde, et je ne sais vraiment pourquoi la Cochinchine, en général, n'en a pas. L'orange, au Tông-king, est le fruit d'honneur pour les présents du premier de l'an, et c'est peut-être le seul fruit que l'on cherche à conserver chez soi le plus longtemps possible. Pour cela on a soin de lui ôter le pied et d'enduire de chaux l'endroit où il fait défaut, de manière à ce que l'air ne pénètre pas à l'intérieur.

On distingue beaucoup d'espèces de grosses et de petites oranges, et les provinces où on les trouve en plus grande abondance et de meilleure qualité, auss bien que les limons (très variés), sont les provinces qui forment le plateau de Xu-nam. L'oranger se renouvelle dans le pays. Les Annamites ne connaissent ni l'écusson ni la greffe. Les pamplemousses sont de deux espèces : l'une blanche et l'autre violette ; ils n'ont rien de plus remarquable qu'ailleurs.

Ensuite vient le fruit du jaquier, espèce de laurier et d'arbre à pain, dont on est très friand et qui supplée jusqu'à un certain point la nourriture. Un Annamite mange volontiers un fruit tout entier, c'est-à-dire de deux à trois livres pesant, et après cela il va se jeter dans un étang pour y prendre un bain qui lui aide une digestion pénible. On en voit une espèce dont la chair est très gluante et une autre très dure et très sèche, mais plus aromatisée et plus savoureuse. On fait quelquefois, des pépins, une pâte assez gommeuse et très amère qui sert aux pauvres gens; en la mêlant avec du sucre et de la cannelle commune, on peut obtenir une espèce de chocolat, et cela n'a rien de bien étonnant puisque ce fruit est dans le genre du cacao; mais le meilleur parti que l'on pourrait tirer de ces pépins, qui sont gros et en grande quantité, ce serait d'en faire de la fécule comme de nos marrons d'Inde.

Outre le fruit du jaquier, qui est très recherché, on admire encore son beau bois rouge, souvent fortement veiné de noir, qui est très dur et qui peut remplacer avantageusement notre bois de cerisier. Il n'y a rien à dire, je crois, des ananas, papayes, mangues, yeux de dragon, goyaves, caramboles, grenades, litchis et autres fruits du pays. On les trouve là ce qu'ils sont sur la presqu'île malaise et le littoral sud de Canton. On ne voit point de cacaos et de cafés, quoique ces arbustes y viennent beaux et productifs. L'Annamite ne se doute pas de leur utilité. On ne voit pas non plus de vigne, si ce n'est une espèce sauvage, très belle en bois mais stérile. On ne voit pas non plus de poirier, de pommier, qui puisse tant soit peu nous rappeler l'Europe.

La pomme d'or, de grosse et de petite espèce, avec ou sans noyau, ne ressemble à aucun de nos fruits. Sa chair est flasque et très acide. On la mange avec plaisir; mais si on y applique le fer, il se forme aussitôt un oxyde qui la rend âcre et presque immangeable. Elle provient de l'arbre appelé « thi », dont le bois est très recherché par les imprimeurs ; on peut le comparer au noyer.

Pour tout fruit européen, les Annamites ont la pêche en plein vent, quelques fraises et framboises, quelques mauvaises châtaignes et des macres ou « quâ-âu. » Le coing, ils le font venir séché du Céleste-Empire ; c'est pour l'usage de la médecine.

Thé. — Les Annamites se servent, comme leurs voisins de Chine, de plusieurs espèces de feuilles pour pallier l'eau qu'ils boivent, et ils ont, comme eux, leur thé de luxe et leur thé ordinaire. On ne peut recevoir quelqu'un chez soi sans lui offrir une tasse de thé ; aussi la théière est toujours en permanence sur l'âtre de l'habitation. La grande quantité de thé de luxe qui se consomme dans le pays vient du Fo-kien et de Canton, et coûte de 2 à 3 et 5 francs la livre ; il n'y a que les riches particuliers qui en boivent en certaines circonstances de la qualité de 20 et 30 francs.

Les Annamites ne savent pas préparer ce produit. On ne voit chez eux, en fait de conserves de thé : 1° que le thé en pain, appelé « man-hao », qui vient des parages avoisinant le Yun-nam, que les missionnaires préfèrent pour la boisson ordinaire, que les Chinois emportent à Canton pour le vendre à haut prix et que les gens du pays estiment peu ; 2° le thé simplement séché au soleil, dont la meilleure qualité est le « chè-bang » ; et 3° le thé en graine. Ils font aussi, avec les feuilles tendres et la fleur de cet arbrisseau, une sorte de gâteau mêlé de farine et de mélasse qui est très apprécié et qui fait honneur aux mains, d'ordinaire délicates, qui l'ont préparé. Mais nous en sommes à un article de boisson, et il ne faut pas oublier le bon thé vert que l'on voit cultivé avec soin dans un grand nombre de localités, surtout en Ninh-binh et chez les Muongs du Lac-thô, et puis le « vôi », grand arbre qu'on plante autour des étangs et qui devient aussi beau que nos plus beaux noyers. Sa feuille donne une infusion excellente quand on y est habitué et qu'on a envie de dormir ; elle n'est, du reste, pas moins âcre et caustique que les feuilles vertes du thé que j'appelle thé vert.

Le thé est à peu près cultivé comme nos vignes de Bretagne, sauf les nombreux labours et la taille. Il devient un fort arbuste, qui dépérit par le haut des branches au bout d'une dizaine d'années, tandis que le pied se couvre de lichens blancs. Ce sont les femmes qui s'occupent exclusivement de sa récolte, et comme cette récolte est journalière et que chaque maison à peu près a une portion du petit monticule ou du terrain vague où se trouve le jardin à thé de la commune, c'est là que se fait le plus exactement la gazette de la localité, aussi bien que dans les jardins à bétel, dont je parlerai plus tard. Cette gazette s'enrichit ensuite des différents marchés des environs et supplée parfaitement à la liberté de la presse, qui n'est pas connue au Tòng-king.

Huiles. — Les Tòngkinois ne se doutent même pas, je crois, qu'on fasse de l'huile avec le coco ; non pas qu'ils n'aient ce fruit, mais sa petite quantité fait réserver sa chair intérieure, qui a un goût de noisette assez délicat, pour les collations de régal. Les Cochinchinois sont plus avancés sous ce rapport.

L'huile dont on se sert dans la grande majorité de la population pour l'éclairage est l'huile du ricin, commun partout, dont on distingue deux espèces : le blanc et le violet (ce dernier ne sert qu'à la médecine). Le ricin donne une très facile, très prompte et très abondante récolte; il vient dans les marécages comme sur les montagnes et on en voit partout pour l'exploitation ou pour les simples besoins domestiques. La livre de son huile se vend deux sous environ et la lumière qu'il donne est suffisante, quoique souvent jaune et fumante comme notre résine de Bretagne.

Pour l'apprêt de leurs mets, les Annamites ont l'huile de pistache et de sésame; l'huile de sésame, un peu gommeuse, n'est pas agréable pour un usage continuel, mais l'huile de pistache vieillie est aussi bonne, à mon avis, que l'huile d'olive. Du reste, il y en a peu; on se la procure difficilement et à un haut prix. Sur le littoral on trouve quelques huiles de poisson d'assez mauvaise qualité, qu'on ne voit pas dans le commerce. En Cochinchine et en Xu-nghê on trouve un peu de térébenthine et une huile forte et résineuse qui sert à enduire les barques et les paniers, qui se vend à bon marché et qui a d'excellentes propriétés. On la tire d'un arbuste laiteux et gommeux, dans le genre de l'aloës et du ricin. Je ne connais pas d'autres espèces d'huiles que celles dont je viens de parler. Pour l'extraire de la graine de ricin et de la pistache, on a de grandes auges à broyer, et ensuite les marmites qui font au besoin le sucre, le sel, les gâteaux de riz et toutes sortes de friandises; on fait évaporer l'eau qui a servi à laver la matière concassée et pilée, et l'on a à la suite de plusieurs opérations, une huile pure qui brûle d'ordinaire parfaitement.

2° *Pour les vêtements.* — Après avoir parlé des productions qui ont rapport à la vie proprement dite de la population, parlons maintenant de celles qui ont rapport aux vêtements. Ce sont:

Le coton et le chanvre. — J'ai vu peu d'arbres à coton. Le coton du pays provient d'un arbuste de la force du chardon, que nos naturalistes connaissent sans doute. On le cultive dans toutes les provinces sur les terrains hauts et sablonneux, et il demande très peu de soin. Son rendement est très abondant et presque toujours sûr. On le sème au mois de février et la récolte se fait aux mois de juin et juillet. Les gens du pays se servent, pour l'égrainer, d'un tourniquet à cylindre et en bois assez ingénieux, mais qui est trop petit et qui n'avancerait pas beaucoup la besogne si toute la population ne s'en mêlait un peu. Pour le filer ils ont le rouet simple et à un seul fuseau, de notre vieux style celtique ou gaulois ; la fil obtenu n'est que mal tordu, peu uni et peu propre à faire un bon tissage. Ce fil est très cher par rapport aux tissus et le revient du tisserand lui donne à peine de quoi se nourrir ; aussi, depuis que le commerce des Chinois a repris au Tông-king, après la mort de Minh-mang et de Thiêu-tri, on leur vend volontiers le coton brut pour leur acheter du fil, qui vient souvent d'Amérique, et plutôt encore des calicots européens qui sont à meilleur marché que les cotonnades du pays. Aussi voit-on maintenant dans tous les villages des habillements de ce genre apportés par le commerce étranger.

La pièce de coton fabriquée dans le pays, avec une laize d'un pied et demi au plus sur 10 mètres de long, coûte de 2 à 3 francs. Le fil pour la tisser ne s'achète pas moins de 1 fr. 50 c., et il faut une bonne journée de travail avec les métiers que l'on a ; ainsi quel peut être le profit, quand il faut aller acheter ce fil assez loin et qu'il faut en outre s'éclairer le soir? Ce sont, en général, les femmes qui font ces tissus, comme ceux de la soie, dont je parlerai plus tard, et comme elles les font à temps perdu, tout en gardant la maison et en veillant sur leurs enfants, elles ont quelques petits bénéfices qui aident le ménage. Il y a aussi des villages entiers, hommes et femmes, qui se livrent à cette industrie, occupant les vieillards et les enfants à passer le coton et à filer. Ces villages sont ordinairement à l'aise, d'autant qu'ils peuvent faire les prix des marchés voisins; mais c'est une exception.

Ainsi donc, en résumé, le coton est abondant et de bonne qualité. Sa culture est facile et sûre, mais la filature et le tissage sont de peu d'importance. Les Chinois et les Européens feront bien d'enlever aux Annamites tout leur coton brut, qui peut occuper à l'année de nombreuses filatures, ou de leur donner des moyens de le travailler mieux qu'ils ne le font. Pour le chanvre, ils n'en ont que comme objet de luxe, comme les filets dont on se sert pour porter les voyageurs et qu'on trouve à acheter au Xu-nghê et au Xu-thanh. Les marins n'en connaissent pas l'usage pour leurs cordages et c'est à peine si les pêcheurs en font quelques fils, quelques ficelles pour leur art.

La soie. — Le père de Rhodes s'étonnait, dès l'année 1624, de l'abondance de la soie au Tòng-king et à la Cochinchine, abondance telle que la soie servait à faire des filets pour la pêche et les cordages des galères. Depuis lors, je ne crois pas que cette abondance ait diminué en rien; je serais même porté à croire qu'elle a augmenté en raison de la population, qui est certainement devenue plus considérable. Non seulement la soie sert à faire beaucoup de filets pour la pêche, mais encore elle sert à faire les tentures de luxe, à confectionner les moustiquaires, à produire à peu près tout le fil de la consommation pour les besoins ordinaires et à donner au moins la moitié des habillements du pays, sans compter que son exportation est encore considérable, soit à Canton, soit au Yun-nam, soit à Singapore. Toutes les maisons un peu à l'aise nourrissent des vers à soie, surtout en Cochinchine et sur les plateaux élevés du Tông-king. J'ai vu des maisons de particuliers ayant des chambres fort grandes consacrées à la magnanerie et où le jour et l'air étaient ménagés avec soin, par le moyen d'ouvertures et de tapisserie en papier clair et transparent ; ces maisons faisaient quinze et vingt livres de soie par an. Nulle part il n'y a de magnaneries du gouvernement ou d'exploiteur en grand. Cette industrie est donc, comme toutes celles du pays, du reste, l'occupation des petits propriétaires. Il paraît qu'à certaines époques le ver-à-soie est très impressionnable et qu'il faut le garantir d'un certain courant d'air qui lui est mortel ; c'est une préoccupation, et l'on n'y réussit pas toujours. Pour le nourrir, on a dans le pays une grande quantité de mûriers, dont j'ai déjà parlé.

La pièce de soie, de même laize et de même longueur que celle que j'ai citée pour le coton, coûte dans le pays de 3 à 5 francs, et je parle du tissu le plus simple et le plus clair. Il y en a un peu plus serré, qu'on appelle « dâu-tu-là » (tête de soie), qui coûte de 6 à 8 francs ; il n'est pas inférieur à nos gros tissus de soie et il fait un très bon profit. Il y a aussi des tissus à ramages et à fleurs, des satins, des brochures de « sôi », des tissus mêlés d'or et d'argent, du crêpe, quelques velours. La quantité n'en est pas trop considérable, mais la façon en est remarquable et pourrait faire, pour quelques-uns, la fortuue de nos tisseurs de Roubaix.

C'est ce que nous appelons foulard et doublure qui fait la grande consommation, et il y a peu de maisons où il n'y ait plusieurs femmes qui n'en fabriquent. Aussi, voit-on tout le monde en porter, partout et en toute saison, à moins que les gros travaux de la campagne n'y mettent obstacle.

Outre le coton et la soie, les Annamites ont une espèce d'écorce, appelée « thôn », qu'on fait macérer dans l'eau, qu'on broie et qu'on file pour en faire un tissu préférable à celui du coton, si incommode dans les pays chauds; il se vend presque aussi cher que la soie et il est assez difficile de s'en procurer, si ce n'est à certaines époques et seulement dans la province de l'ancienne capitale du Tông-king, où on le reçoit des points limitrophes de la Chine. C'est comme une grosse espèce de ma-pou. Pour les autres écorces, l'ananas est inconnu comme pouvant servir à l'habillement et les écorces de coco ne servent qu'à faire quelques câbles de mâture, auxquels on préfère encore le rotin.

Indigo et arbres à couleurs. — L'indigo est abondant au Xu-nghê, et ce que j'en sais, c'est que le commerce en est lucratif, qu'il est vendu en boules de la grosseur d'une bille de billard, c'est-à-dire à son état le plus brut; qu'il est regardé comme inférieur à celui de l'importation chinoise, et qu'il sert pour presque toutes les teintures du pays.

Les Tông-kinois sont, je crois, le premier peuple du monde pour la teinture noire du coton, et j'entends parler surtout des habitants de Ké-kiêu (Ké-cho) et de Nam-dinh. En France et partout on ne peut porter le coton noir sans en être sali, et on ne peut le laver sans qu'il perde sa couleur. Au Tông-king ce n'est pas cela. La teinture est d'un beau noir, et on peut la soumettre à toutes les épreuves ordinaires sans la voir pâlir, la laver dix et quinze fois sans la voir changer. Cette couleur est naturelle et provient de deux feuilles, dont l'une est d'un grand et bel arbre appelé « sây »; je ne connais pas l'autre (1). La décoction ou macération de ces feuilles se mêle par certains procédés et plusieurs lavages à la couperose, à l'indigo et à la colle de charpentier. Du reste, je n'ai jamais pu en avoir le secret, même à prix d'argent. La simple feuille du sây donne seule une très-belle couleur noire, qu'on peut passer à l'indigo et coller, mais elle n'est pas solide et il faut des procédés particuliers pour produire ces belles teintures, dont j'ai parlé, et qui ne sont connues pour le coton qu'au Tông-king seulement. Pour la soie, en Cochinchine, on se sert d'une tourbe qui donne un lustre très brillant qu'on estime dans le pays, mais qui se détruit à la transpiration et donne une odeur désagréable. Le noir mat, qui est le plus commun et en même temps le plus solide et plus propre, est, en général, préféré.

La couleur rouge s'obtient de l'écorce et des bois d'une espèce d'acacia, appelée « cây-vang », très abondant dans les forêts de Ninh-binh et de Xu-thanh. Mais une couleur que je puis appeler nationale et que tout le monde recherche pour les habits de coton que l'on veut teindre à bon marché, c'est la couleur

---

(1) C'est l'arbre appelé bàng : larges feuilles ressemblant au laurier femelle que l'on rencontre dans la Haute-Vienne, la Dordogne et la Charente. (Combrilacées — terminalia vemicia — Badamier). E. D.

« nàu », provenant du tubercule de ce nom, très commun dans le pays et article d'un grand commerce à Nam-dinh et à Hà-nòi. Il n'y a pas un Annamite, se piquant de tenir aux usages et à la simplicité primitives, qui n'ait un habit de cette couleur, au moins pour les voyages et les travaux des champs.

Cette couleur, on peut l'obtenir soi-même ; elle est d'un gros rouge mat et fauve tirant sur le violet ; elle donne le moyen de paraître, envers et contre tout, un peu propre dans sa mise, même dans les plus mauvais temps.

Les autres couleurs sont peu usitées dans le pays, si ce n'est une couleur cendrée et tirant sur le bleu, qui tient aussi aux anciennes coutumes. La couleur bleue sert au double turban que les jeunes femmes portent aux grandes fêtes. On voit quelques doublures d'habit d'hiver en couleur verte. Pour le jaune, il vient de Chine et il est réservé à la cour, si ce n'est le jaune naturel des tissus de soie non teints, que les gens de barques portent beaucoup.

3° *Pour l'habitation et les constructions.* — On trouve dans tout le royaume annamite, du nord au sud, une ligne de forêts immenses qui, en certains endroits, ne sont pas éloignées de la mer et qui partout, dans chaque province, sont desservies par de nombreux cours d'eau et des fleuves. Ces forêts peuvent fournir les plus beaux bois de la grande et de la petite construction à vingt royaumes comme le royaume annamite. Mais le plus estimé et le plus recherché de tous ces bois, par ce peuple pauvre, tyrannisé et peu entreprenant, est, sans contredit, le bambou. Aussi, chaque maison, chaque village est muni, souvent à double et à triple enceinte, de sa plantation de bambous, sur les bords de la mer, comme dans la plaine et sur les montagnes. On en voit à profusion partout, et l'on dirait qu'il ne suffit pas encore à la consommation. On doit le planter et le planter encore; son prix ne baisse pas; c'est le meilleur rapport en fait de plantations et son usage est le plus universel que l'on puisse voir. Aussi, quand on interroge un Européen et qu'il répond que sa patrie n'a pas cet arbre ou ce roseau, on s'étonne que l'Europe soit un pays où l'on puisse vivre.

On le mange, comme nouvelle pousse; on en fait du papier; on en fait des liens et de la corde; on en fait des treillis, des textures à tout usage, des paniers, des nattes, des cloisons; on en construit des barques; on en fait des pipes et des tuyaux de pipe; on en fait des vases même à supporter le feu; des boîtes et des coffres laqués de la meilleure solidité et du plus bel effet; on en fait des chapeaux; on en fait des bâtons qui sont les meilleures armes du pays, des rames et des échalas; ses épines et sa haie fourrée forment de puissantes défenses pour les habitations; on l'aiguise pour en faire de petits pieux pointus, dont on garnit le devant des forteresses pour empêcher l'ennemi d'approcher, et chaque soldat doit toujours en avoir sur lui une certaine provision; on en fait des objets sonores pour les appels et les signaux; on en fait des ponts pour passer les torrents; on en fait des bâtonnets pour manger le riz, et des cure-dents pour se nettoyer la bouche après chaque repas; on en fait des caractères et des planches d'imprimerie; enfin, on en fait des maisons. On peut juger par là de la quantité qu'il en faut à un peuple de trente et quarante millions d'individus.

Le bambou est très diversifié dans ses espèces. Il y

en a qui vient très gros, d'un pied de diamètre et qui, quoique creux, peut disputer de force, comme soutien, avec les meilleurs bois du pays. Aussi beaucoup de maisons l'ont pour colonnes : c'est le « buong ». Il y en a qui est très épineux et très noué ; il y en a de très élancé et très lisse ; il y en a qui a la peau bigarrée ; il y en a enfin qui ressemble au roseau ordinaire et qui en a toutes les qualités.

Les principales espèces sont le buong, le tré, le nua et le hop. Un beau pied de bambou ordinaire, de deux pouces de diamètre, coûte ordinairement de 8 à 9 sous, ce qui est vraiment très cher, comparativement à tout le reste. Une haie de bambou donne deux pousses par an ; d'une pousse à l'autre, la tige devient assez forte pour servir à tous les usages marqués plus haut.

Pour l'enceinte d'un arpent de terre, on peut compter sur 50 et 60 francs de rente annuelle. Le bambou domestique demande, dans plusieurs localités, quelque soin pour être bien planté à la saison convenable, pour être chaussé peu à peu et pour être soigné quand il est trop vieux ou malade ; mais ce soin, en résumé, est peu de chose, et presque partout on voit cet arbre abandonné à sa seule nature.

Viennent maintenant les bois de fer ; le « xoan », ou espèce de frêne ; le « trac », bois d'un beau rouge, le jacquier et le « thi » dont j'ai déjà parlé ; l'ébène, le sapin et tous les bois que les naturels désignent, *in globo*, sous le nom de « tap » ou mêlés. Les bois de fer ont quatre espèces (tu thiêt lim) (1) : l'une

---

(1) L'expression *Tu thiêt lim* désigne les quatre espèces de bois de fer, qui sont :
Trac.
Mun.
Go.
Sên.

jaune, l'autre rouge, une noire, et la quatrième blanchissante. Ils sont réservés par le roi pour la construction de ses navires, de ses magasins, des temples et des mandarinats. Le roi actuel a cependant permis à son peuple, pour ses usages domestiques, celui qui n'a que dix à onze pieds de long et qu'on désigne par les noms de « doan-lim » ou lim court. La quantité des bois de fer est très grande, surtout dans les forêts de Xu-thanh et de Quang-binh ; mais comme les Annamites ont peu de moyens pour l'extraire, il est difficile de s'en procurer beaucoup en peu de temps dans le pays. Ces pauvres gens sont vraiment malheureux d'être obligés d'en fournir au roi ; car après les avoir traînés chez le mandarin avec des frais considérables aux dépens de la commune, le misérable les refuse souvent pour les obliger à lui procurer de plus beaux pieds et faire ainsi son profit particulier de leurs sueurs inutiles ; c'est quelquefois vraiment affreux de voir des populations entières soumises à un despotisme que l'on ne connaît que dans les colonies à esclaves.

Il est à remarquer que les lieux où il y a beaucoup de racines de bois de fer sont les plus malsains et qu'on ne peut s'y garantir de la fièvre et de la dyssenterie, à moins d'y être né. C'est du moins ce que l'on dit dans le pays.

Il pourrait donc se faire que les navires construits avec ce bois engendrassent des maladies ; ce qui est à démontrer.

Le xoan est un bois très recherché pour les faîtes des habitations, parce qu'on le dit incorruptible, et que jamais il n'est mangé par les vers. Il n'est pas très gros d'ordinaire, et les plus beaux n'ont jamais plus de six à sept pouces de diamètre. Il donne facilement une gomme qui sert à l'imprimerie et aux teintures, mais qui ne vaut pas notre gomme de cerisier; elle est plus flasque et moins chargée d'essence.

Le Trac est un beau bois qui est en général préféré à l'ébène pour les incrustations de nacre.

Le sapin n'existe, je crois, qu'au Xu-nghê : il fournit à la mâture et il donne à sa racine, quand il est bien vieux, disent les livres chinois, une excroissance tuberculeuse qui ressemble à une boule de plâtre et qu'on emploie beaucoup dans la médecine ; c'est une agglomération de sa gomme. Pour la térébenthine, c'est à peine si on la trouve dans le commerce.

Je dois encore parler du rotin du Tòng-king. Les Chinois le préfèrent à tous les autres, qui sont trop durs et trop cassants, et par conséquent ne peuvent servir pour les gros cordages des mâtures et pour les tissus de nattes ; celui du Tông-king atteint seul ce double objet ; aussi, c'est un grand article d'exportation. Je ne dis rien de l'usage que font les Chinois, les Japonais et les Annamites de cette liane épineuse pour les peines et les corrections ; il est maintenant connu de tout le monde. Venons enfin aux joncs.

Les joncs se rattachent au bambou par la petite espèce « hop », que j'ai mentionnée plus haut.

Il me suffit de parler du genre qu'on appelle « Coi », qui sert à faire les belles nattes que nous admirons et les toitures d'un grand nombre de maisons du pays. Il se plante dans les terrains qui avoisinent la mer, et son produit est lucratif, d'autant qu'il sert à épuiser des terrains trop imprégnés de matières salines pour les rendre cultivables ; l'arpent de cette plantation peut rapporter de 40 à 60 francs par an, après les deux premières coupes.

4° *Pour l'hygiène*. — Les productions en rapport avec l'hygiène sont toutes les plantes médicinales, et pour s'en rendre très bien compte, il faudrait prendre en main la flore annamite que l'on trouve à la fin du dictionnaire que Mgr Taberd a fait imprimer à Calcutta. Le pays est riche pour la médecine, et les Chinois l'exploitent largement. Pour l'Annamite, il ne connaît que de loin ses richesses; il achète sa médecine toute préparée par les habitants du Céleste Empire, et il ne fait attention, chez lui, qu'à la cannelle, au musc, au bois de cerf, aux bois d'aigle, d'agalloche et de benjoin, au gingembre, à une petite espèce de gensen, au datura strammonium et à quelques autres plantes peu nombreuses.

La cannelle est un monopole royal et personne ne peut la cultiver chez soi ni même s'en servir, sans s'exposer à perdre sa fortune et à se faire mettre en prison; cependant on en vend à peu près partout en cachette, et Crawfurd estime à 250 à 300,000 livres anglaises le débit qui s'en fait annuellement.

On nourrit le renard musqué pour avoir son produit, qui est de la meilleure qualité et qui sert beaucoup dans la confection des pilules. Du deuxième mois lunaire jusqu'au quatrième, on va à la chasse du cerf pour avoir la petite corne gommeuse, de 4 à 5 pouces qui lui pousse au milieu du front et qui tombe au bout d'un certain temps : c'est le « lac nhung », qui se vend au poids de l'or et qui fait, comme la cannelle et le ky-nam, des cures merveilleuses. Cette petite corne est molle, très gommeuse et de la pesanteur de 2 ou 3 onces, c'est-à-dire suffisante pour faire la fortune du

SILVESTRE. — *Annam*.

village, quand il n'est pas obligé de la donner pour rien au roi ou aux mandarins. On trouve dans les forêts, aux pieds de certains arbres de différentes espèces, les excroissances ou agglomérations résineuses que nous appelons calambac, bois d'aigle ou d'agalloche et benjoin. Le datura strammonium sert de remède contre la rage, quand sa période n'est pas encore déclarée ; on fait simplement infuser cinq ou six de ses feuilles, on jette la première eau, comme trop chargée de poison, et l'on fait avaler au malade une forte tasse, qui le surexcite, le met en sueur, l'enrage ainsi artificiellement et le sauve.

Le gingembre sert à toutes les potions du pays comme assaisonnement nécessaire. Pour tout le reste, je ne vois rien de bien intéressant à rapporter ; — achevons ce long article.

5° *Pour le luxe.* — Arec et bétel. — Comme luxe de la vie, nous avons partout le bétel et l'arec ; quelques farines ; quelques essences, comme : laques, aloès, camphre, cire, encens, opium ; quelques produits de fabrique ; du tabac, des fleurs, etc.

On appelle « manger du bétel », se servir d'une feuille de ce nom, qui ressemble au lierre, qu'on râcle avec un peu de chaux et qu'on mâche avec un quartier de noix d'arec. Cette mastication produit un goût frais, piquant, qui est très agréable quand on y est habitué. La salive devient alors rouge couleur de sang ; les nerfs du cerveau se sentent stimulés, et l'on éprouve dans la poitrine une douce chaleur qui fait du bien et repose. Les Annamites se font un article de cérémonie obligatoire d'en présenter aux étrangers qui viennent les visiter et aux amis et connaissances qu'ils rencontrent chemin faisant. Après un repas, il en faut pour se purifier la bouche, et il n'y a pas un Annamite qui n'en ait dans une petite bourse consacrée à cet usage ou dans le nœud de son mouchoir, de sa ceinture. Riches ou pauvres, seigneurs ou petit peuple, tous mâchent le bétel, le conservent et le portent sur eux partout. On fera grâce du thé, mais jamais de cette bouchée parfumée qui est le signe le plus nécessaire de l'honneur et de l'amitié. Aussi on plante beaucoup de bétel, beaucoup d'aréquiers, et la plus grande quantité de chaux du pays est consommée dans le mélange de ces deux produits. On peut comparer la culture de cette liane à celle de la vigne, ou mieux encore à celle de la vanille, qui est de son genre et de son espèce. Les jardins à bétel sont faits au moyen d'échalas et d'une toiture que l'on met ou que l'on ôte suivant les saisons. Ces jardins sont d'ordinaire fermés à clef, ce qui est bien extraordinaire dans ce pays, et ce qui marque que c'est le trésor de la maison, auquel on ne doit laisser toucher personne. Le produit de 10 à 15 pieds carrés d'un terrain planté de bétel donnerait bien, dans de bonnes conditions, de 80 à 100 francs de rente par an. La feuille se cueille au fur et à mesure du besoin que l'on a, pour se faire un peu de monnaie au marché voisin, ou pour consommer à la maison ; elle ne peut se conserver fraîche plus de 7 à 8 jours ; après elle ne vaut plus rien.

Pour l'aréquier, c'est un arbre qui s'élève à une belle hauteur et qui est du genre du dattier et du cocotier, mais qui a la tête formée d'un plus élégant panache de feuilles dentelées et moins pendantes. L'écorce qui se trouve à la naissance de ces feuilles est excellente pour faire des enveloppes d'objets de toutes sortes, et l'on s'en sert beaucoup partout ; enfin c'est sa grappe qui donne la noix qu'on mange avec le bétel. Cette grappe sort d'abord en magnifique bouquet vert et blanc, qui répand une odeur très suave et très enivrante, à peu près comme celle de l'oranger. Un aréquier met cinq à six ans à venir, avant de donner un rapport; mais alors on peut compter, en moyenne, sur 1 franc de revenu annuel par aréquier. Cet arbre est très sensible à l'eau et aux courants d'air de certains vents; trois jours d'inondation suffisent pour le faire périr. Pour le guérir de certaines maladies auxquels il est sujet, on fixe une cheville qui pénètre jusqu'au cœur de l'arbre, à 8 et 15 pouces au-dessus du sol, et la dérivation de la sève lui vaut apparemment la saignée que l'on opère pour les coups de sang et les apoplexies. Les Annamites le plantent autour de leurs maisons, dont il est le plus bel ornement, et ce n'est que dans certaines provinces qu'on le trouve planté en forêts. Le fruit de l'aréquier se mâche vert ou séché au soleil, suivant l'époque : en Xu-nghê et en Xu-thanh, on en fait un grand commerce qui est très lucratif.

Farines. — En fait de farines, je ne connais au Tông-king que la farine de riz et celle d'un tubercule appelé « Cù-mai ». On en fait des bouillies pour les convalescents et des friandises mêlées avec la mélasse ou le sésame, mais jamais de pain proprement dit. On voit une espèce de vermicelle, très acide et assez malsain, qu'on fait avec la farine de riz ; on voit aussi certains petits pains très minces et très recherchés partout, qu'on appelle « banh-da », qui proviennent de cette même farine; le « banh-giây », ou pain de giây, est fait d'un riz gluant que l'on décortique et que l'on pile jusqu'à ce qu'il s'agglutine parfaitement, de manière à faire un beau gâteau rond, d'une pouce d'épaisseur environ sur 5 à 6 de diamètre.

Laque. — Un arbuste très abondant dans les hauteurs de Doai, le rhus verni, ou augia sinensis, donne la laque ou le « so'n », dont les Chinois emportent la plus grande partie, quoiqu'on en fasse une immense consommation dans le pays. La laque du Tông-king est excellente et préférée à toutes les autres. Mélangée avec l'huile, le so'n ou vermillon et l'or, elle donne ces beaux vases, ces belles boîtes rouges et à illustrations du Tông-king, qui font l'admiration des voyageurs. Seule, elle est d'un gris foncé qui produit le noir à l'application sur bois ; c'est un des beaux revenus du pays et l'un des plus nécessaires dans l'état actuel des choses.

Aloès. — L'aloès n'est guère récolté qu'en Cochinchine, où on le dit de première qualité. L'once se vend 3 à 4 sous de notre monnaie dans le sud, et de 5 à 6 au Tông-king, ce qui fait l'article d'un beau commerce. Il sert à faire des médecines et des parfums ; ces médecines servent pour les maladies provenant de l'échauffement des humeurs et pour les frictions des tumeurs, contusions, engorgements ; les parfums mêlés au miel, au bois d'aigle et à la farine, se brûlent aux principales époques de l'année sur des cassolettes, dans les maisons et dans les temples.

Camphre. — Le camphre du pays est mal soigné et on ne sait pas le porphyriser pour en obtenir un beau cristal. Au Tông-king, il est en petite quantité, et je n'ai jamais vu l'espèce de laurier qui le donne. Pour l'empêcher de s'évaporer, les naturels le mêlent avec du poivre.

Cire. — La cire ne sert pas aux Annamites pour

l'éclairage ; il n'y a guère que les mandarins qui en usent et qui aient le droit de s'en servir. La grande quantité de cire qui vient du Laos et de quelques provinces du nord-ouest et du midi, est emportée par les Chinois ou absorbée par les prêtres du pays et quelques médecins. Elle coûte du reste plus cher qu'en Europe.

Encens. — L'encens se vend dans tous les grands marchés du Tông-king. Il y en a que l'on compose de la râpure du bois d'aigle mêlée à la cire vierge ; il est d'un parfum très délicat et on en fait une grande consommation pour le culte des idoles et des ancêtres. C'est avec cette substance que l'on enduit les petits bâtons que l'on voit brûler partout.

Opium. — L'opium est acheté des Chinois, qui l'apportent en grosses boules du Yun-nam ; cette boule, pesant à peu près 10 à 12 livres, se vend environ 300 francs. Dans le pays, comme en Chine du reste, on le mêle à certains ingrédients pour en augmenter la quantité et en diminuer la force ; les consommateurs ne s'en plaignent pas. Les Chinois, au lieu de prendre seulement la substance laiteuse, huileuse et gommeuse du pavot, comme les Anglais, font tout cuire ensemble : pieds, racines, graines et feuilles. Du reste, il y a une espèce de pavot arbuste qui est bien différente de celle que nous connaissons ; elle s'appelle « A-phu-dong ». On en voit chez quelques particuliers, et j'ai vu dans le pays, des gâteaux d'un opium sec et peu huileux qui en provenait et qu'on m'assurait être excellent pour la médecine.

Chaux. — Pour ce qui est des produits de fabrique, j'en ai déjà mentionné un certain nombre et je ne veux plus parler que de la chaux qu'on fait au Tông-king, ou avec des coquilles d'huîtres (et c'est la meilleure), ou avec des pierres de marbre et les calcaires qu'on trouve partout. J'ai vu quelques fours à chaux, mais beaucoup de particuliers, et même les gardiens de buffles, cuisent eux-mêmes ce produit, tant on a de facilité pour l'extraire. On s'en sert à peine pour la construction, on le mêle avec du papier, du sel et du miel, pour faire des réservoirs à eau qu'on met devant la porte de sa maison pour se laver les pieds quand on entre, ou comme objet d'agrément. J'ai vu brûler à demi de petits coquillages que l'on pile ensuite, que l'on passe au tamis et que l'on mastique dans un mortier avec du papier et du sable fin pour faire des puits très solides et imperméables, qui conservent les eaux de pluie, si précieuses partout.

Tabac. — Enfin vient le tabac, qui est en général mal séché, mal récolté et mal fermenté pour l'usage du fumeur. Il est de bonne qualité et gommeux, quand il est coupé vert, haché et préparé pour mâcher avec le bétel, et séché ; il est léger, et n'a presque pas d'essence. Pour le brûler, on est obligé de le tremper dans une dissolution de nitre qui lui donne un goût fade et désagréable. Le meilleur que l'on puisse se procurer dans le pays est celui qui vient des frontières du Yun-nam, et qu'on appelle tabac de « sông-ngau » ; il est excellent. Les femmes du pays ne le fument qu'en cigarettes, en petites boulettes d'une ou deux bouffées seulement, que l'on met sur la petite ouverture d'un vase plein d'eau qui a un trou à sa paroi pour aspirer la fumée. Je veux parler de la pipe-écuelle (diêu-bat), la plus en usage, et objet de luxe pour les citoyens ou citoyennes riches, qui se la font porter à leur suite par un enfant ou un domestique.

C'est une chose curieuse que de voir plusieurs chefs de villages réunis, surtout quand ils sont un peu échauffés par le vin et qu'ils parlent affaires. Assis à la manière de nos tailleurs, ils conversent très haut, en se faisant les honneurs de cet instrument. Ils cherchent alors avec beaucoup d'embarras, dans leurs ceintures, un peu de tabac qu'ils appliquent aussitôt sur le vase, avec une méthode recherchée, et pour tous la même. Ils demandent en criant une allumette de bambou enflammée et, tenant d'une main le tube aspirateur et de l'autre l'allumette en question, ils sont emportés par la conversation et bientôt, en jurant, il leur faut demander d'autre feu; enfin, quand ils ont réussi à aspirer à longs traits une abondante fumée, ils se redressent avec une majesté et un sérieux incomparables, pour rendre après quelques instants, par les yeux, par le nez, par la bouche et par les oreilles le parfum qui les enivre. C'est vraiment une scène à peindre, que j'invite nos artistes d'Europe à reproduire pour avoir une belle page des mœurs du pays.

Fleurs. — Les Annamites ne connaissent pas, pour ainsi dire, le luxe des fleurs du pays; ce serait faire un article d'histoire naturelle et ce n'est pas mon but. Le rosier vient très facilement, mais ses fleurs sont simples et peu variées. L'altéa, très commun partout, a deux espèces principales : l'une blanche et l'autre rouge. Sa fleur est un beau panache qu'on appelle « hoa-dâm-but » ou fleur de la passion de Bouddha. Le « cây-dai », genre d'aloès, a d'abondantes roses blanches qui répandent une odeur très suave; le datura strammonium, ou datura farox, a pour fleur, les plus beaux colliers du monde. Ensuite les cactus, de jolis petits arbustes, espèces de buis et de myrtes, le petit grenadier et le petit goyavier de Chine, la crête de coq, et un laurier panaché, appelé « huyêt-du »; voilà pour le parterre. On voit de plus, dans quelques endroits, le safran, qui sert à quelques apprêts culinaires, et le nénuphar dont tout le monde connaît la magnifique floraison. Il donne une graine, supportée à l'extrémité de son pistil, qui s'allonge en forme de pommette d'arrosoir, et cette graine est réputée pour très rafraîchissante et très nourrissante. Aussi on en donne souvent aux convalescents de la fièvre.

Mais le but que je m'étais proposé, de donner une idée générale des principales productions du pays, est je crois suffisamment atteint. Il est bien temps de parler des autres ressources qu'offre ce beau royaume, sous le rapport de sa population, de l'impôt, du commerce et de l'armée. (1)

(1) Le lecteur a rencontré jusqu'ici, et rencontrera encore, dans la suite, quelques naïvetés, pas mal d'erreurs et des tournures de phrases qui ne paraîtront point surprenantes si l'on se rappelle que les rédacteurs de l'*Aperçu* étaient des hommes ayant quitté la France vers 1830, et vivant exclusivement de la vie annamite, depuis une quinzaine d'années.

CHAPITRE III.

QUESTIONS ETHNOGRAPHIQUES.

I. *De la population*. — En Chine, on désigne toute la masse du peuple par « les cent familles » (Bach-tinh), qui apparemment sont venues de la plaine de Sennaar pour s'établir dans le Chen-sé, et de là envahir peu à peu tout l'empire actuel. Chez les Annamites, on trouve seulement les noms de neuf ou dix maisons primitives, dont les plus illustres sont celles qui ont régné : les Triêû, Lê, Ly, Trân, Nguyên et Trinh.

La population à laquelle ces noms servent comme de titre, de désignation d'origine et d'unité nationale, forme maintenant, avec le Japon, la nation la plus nombreuse de l'Extrême-Orient. Le Japon, d'après Siebord et Burgher, compte 33 à 34 millions d'habitants ; le Birman, Siam, la Malaisie et le Laos, ne forment pas à eux tous un effectif de 20 millions. Le royaume annamite, à mon avis, n'a pas moins de 35 millions d'habitants, et je lui donnerais plus volontiers 40 que 30 millions. Il n'y a pas de recensement officiel et de dénombrement légal qui puisse nous donner d'autorité le chiffre de la population ; mais, comme indication d'un calcul approximatif, il y a le nombre de communes, donné par le gouvernement de Minh-mang, de 1820 à 1840. Ce nombre est de 3,752 communes pour la Cochinchine et de 10,261 pour le Tông-king. J'ai calculé que chaque commune pouvait avoir en moyenne de 15 à 1,800 âmes; ainsi donc, le total des communes étant de 14,013, on aurait de 21,019,500 à 25,223,400 pour tout le royaume organisé en communes, sans compter la population qui n'est pas annamite, et qui est dispersée sur les plateaux des montagnes de l'ouest et dans la vallée du Meïcong; soit 2 à 3 millions, pour avoir 27 à 28 millions en tout (1).

Je ne puis me persuader que ce chiffre ne soit pas au-dessous de la vérité, en considérant que les communes se sont fort multipliées sous le règne de Minh-mang, et que grand nombre de concessions ont été accordées à différents particuliers pour démembrer les grands villages. Prenons pour la Cochinchine le tiers de ce chiffre, d'après la donnée du nombre des communes, soit 8 millions, et 2 ou 3 millions pour les peuplades soumises; nous avons ainsi donc 34 à 35 millions, chiffre un peu faible à mon avis. Il ne peut être trop fort. Il y a au Tông-king une population effrayante, dans la plaine de Xu-nam; il est difficile de s'en faire une idée sans l'avoir vue. On se demande comment ces pauvres gens peuvent trouver les moyens de vivre, même quand l'année est bonne. Il faut connaître la fertilité du sol, la sobriété de ce peuple, l'égalité des fortunes et le bien-être que procurent

---

(1) Voir la deuxième partie, n° VIII, *Population et Finances de l'Annam.*

certains usages du pays pour s'en rendre un peu compte.

Quand les fléaux, ou des tempêtes, ou d'une inondation extraordinaire, ou des insectes ou animaux malfaisants, viennent ravager les champs et détruire, en grande partie, les ressources de la vie, alors la misère est immense. On voit des populations considérables réduites à manger jusqu'aux racines des haies plantées autour de leurs maisons, et un grand nombre de pauvres gens et d'infirmes mourir complètement de faim. S'il fallait attendre sept à huit mois, comme en Europe, une nouvelle moisson, on verrait en peu de temps ces pays dépeuplés; mais, comme je l'ai déjà dit, il n'en est pas ainsi au Tông-king, et les plus grands fléaux n'attaquent la population que pour un temps assez court et limité, de deux ou trois mois au plus.

Dans ce royaume, je ne vois point de guerres qui aient pu, depuis le quinzième siècle au moins, diminuer considérablement le nombre des habitants. Il n'y a que la guerre « des montagnards de l'Ouest, » vers la fin du dix-huitième siècle, et la restauration de Gialong sur le trône; mais je n'estime pas à 200,000 hommes la perte qu'a alors éprouvée, par le fer, la nation, pendant environ trente ans. Cette guerre a été faite par de très faibles moyens, et les familles qui régnaient ont été tour à tour massacrées impitoyablement avec leurs principaux partisans; le peuple cependant n'en a pas énormément souffert, à part quelques localités plus malheureuses, qui ont payé pour la plupart des autres. Les fléaux épidémiques ont fait plus de mal, et l'on peut citer le choléra ou la peste de 1789 à 1850 qui, chaque fois, ont dû emporter le quinzième au moins de la population. Pour les émigrations, il n'y en a que dans l'intérieur du pays, du Tông-king en Cochinchine, par exemple, et d'une province à une autre. On ne voit point d'Annamites en Chine, ni en Birmanie, ni en Malaisie ; seulement à Siam il y en a, depuis des siècles, quelques milliers, descendants des soldats au service du roi, ou de prisonniers amenés captifs par suite des guerres qui ont eu lieu. L'émigration qui se fait dans le Sud et qui a lieu déjà depuis deux ou trois cents ans, sur la côte de Nhà-trang et de Dòng-naï, à mesure que la conquête s'affermit et se consolide, prouverait que la population, loin de diminuer, s'accroît au contraire et se multiplie ; c'est à la richesse du pays, au moyen d'y vivre facilement, et aussi bien à la bonté des institutions communes, qu'il faut en attribuer la cause.

Mais examinons maintenant ce qu'est cette grande population annamite et ce qu'elle fait : 1° Ce qu'elle est, avec son type physique et son type national, c'est-à-dire sa langue, ses coutumes et usages, ses institutions civiles et religieuses ; 2° ce qu'elle fait, comme travail, comme industrie et comme occupation de ses loisirs ; nous aurons par là une connaissance de son caractère et la mesure de son intelligence, de sa civilisation, de son bien-être et de son importance comme nation.

II. Type physique, type national. — J'ai parlé, dans l'aperçu géographique, des cheveux noirs des Annamites, de leur front haut et large, de leur nez épaté et écrasé, des pommettes de leurs joues saillantes, de leurs lèvres plus grosses que minces, de leurs dents noircies, de leur peu de barbe, de leur teint un peu cuivré, de leur physionomie ouverte, spirituelle et rusée, de leur stature moyenne, bien prise et élancée hardie et résolue, de leur démarche prompte et active et de leur abord méfiant et respectueux, puis poli et affable; je n'ai que peu de choses à ajouter à ce portrait. Les hommes bouclent leurs cheveux en chignon sur la tête, sans les tresser ainsi que les femmes. Il n'y a que les enfants, petits garçons ou filles, que l'on rase jusqu'à l'âge de onze à douze ans, dans le but probablement de les tenir propres et de s'éviter de la peine. Les hommes qui ont de la barbe, et ils en ont rarement avant trente et quarante ans, la portent en ayant grand soin de diminuer les moustaches de manière à ce qu'elles ne soient qu'un petit cordon au-dessus des lèvres, et que les deux extrémités de la bouche soient couvertes de longs poils, ce qui leur donne un air un peu sauvage et qui ne manque pas d'originalité.

III. Costume. — Les vêtements, outre le turban, sont, pour le haut du corps, une jaquette cousue sur le devant et fermant sur le côté par trois boutons ; à l'épaule et au collet par deux autres. Cet habit, descendant jusqu'aux genoux, est très décent, et il est le même pour les hommes et pour les femmes ; seulement, les femmes ont de plus un mamillaire, ou carreau d'étoffe attaché à la ceinture par deux cordons et au cou par un ruban qui se noue derrière la tête et flotte sur l'habit de dessus, ce qui les dispense, croient-elles, de se boutonner jusqu'au collet, du moins les femmes mariées.

Pour le bas du corps, les hommes portent le pantalon flottant, et la grande majorité des femmes, le sarrau long. Je dis la grande majorité des femmes parce que Minh-mang, dans ses fureurs tyranniques, a fait un édit pour obliger les femmes de son royaume à porter le pantalon chinois, édit qui a révolté tout le monde et mis ce roi à deux doigts de sa perte ; mais qui a fait enfin que les grandes dames des mandarins et de la cour, et qu'une partie des femmes de Cochinchine, sont des femmes à porter culotte.

Des chaussures, il en est à peine question dans le pays, et il n'est pas de bon ton de se présenter chez quelqu'un avec des souliers ou des sandales ; il faut les laisser bien loin à la porte ; cependant j'ai vu de vieux chefs de villages et des médecins porter des bas pendant l'hiver, et partout on connaît l'usage des semelles de cuir tenant au cou-de-pied et au gros orteil par deux courroies fixées aux deux talons ; mais cela ne peut servir qu'à la maison et tout à fait en famille. Le peuple n'en a pas, et même, en suivant les ordonnances royales et les coutumes, il n'est permis d'en porter qu'à un seul cuir et blanchies. Il est de fait que si l'on se présentait devant un homme en place avec des sandales, soit doubles, soit simples, soit de cuir blanc ou rouge, on serait aussitôt puni de sa hardiesse et malhonnêteté, non pas qu'il y ait parquet, tapis ou salon à salir, mais parce que c'est un signe de respect auquel on tient d'ancienne date. Quand on voyage, on n'a rien de plus pressé, et cela est assez naturel, que de quitter ses « drép », comme on les appelle, si on en a, pour marcher nu-pieds. Comme on a fait cela dès son enfance, la peau de la plante des pieds s'est assez bien durcie pour qu'on puisse marcher longtemps avant d'y avoir mal.

Si les Annamites portaient habituellement les vêtements dont je viens de parler, on ne serait pas choqué, en arrivant dans le pays, de voir des hommes dans les champs et dans leurs maisons, qui sont tout nus, sauf un petit vêtement purement de forme qui indique qu'ils ont encore des pensées de modestie et de retenue, et des femmes qui ne gardent d'ordinaire que leur sarrau et leur mamillaire. On finit par s'habituer à ce coup d'œil et à croire que la pauvreté, la chaleur du pays et les travaux pénibles, le plus souven au milieu de la vase des rizières, sont des raisons suffisantes pour ne trouver rien à dire à cet usage, d'autant qu'on ne voit pas bien les inconvénients qui en résultent, et que tout le monde l'adopte comme une simplicité. L'Annamite, ainsi accoutré, n'en est pas moins fier et de franche allure ; il a son sourire, dans la cornière duquel est sa bouchée de bétel ; il a son éventail dont il se sert souvent et qu'il pique dans son turban ; il vous aborde alors, comme si de rien n'était. Les femmes pourtant, quand elles voient un étranger, s'empressent de jeter un habit sur leurs épaules, mais elles ne le mettent pas pour cela, c'est seulement une affaire de parade et de bon ton. Les hommes, chez eux aussi, quand ils en ont le moyen, font quelques frais de mise et de tenue, mais seulement quand ils reçoivent des supérieurs. Quand ils vont voir quelqu'un ou qu'ils doivent assister à quelques cérémonies, ils sont toujours vêtus ; ils ne peuvent manquer de l'être, et les soldats et les mandarins, dans leurs fonctions, ont toujours des habits. C'est par cette nudité, presque ordinaire chez eux, que les Annamites se rapprochent des Malais et des Indiens ; mais on peut remarquer qu'ils ne se font aucun signe sur la peau, qu'ils ne portent point d'ornements d'or, d'argent ou de pierreries. Leurs dents seules sont soumises à une mode universelle pour les hommes et les femmes qui sont en âge de se marier; il faut qu'elles soient noires, autrement on ne serait pas censé faire partie de la nation et on ne pourrait pas penser à s'établir. Au quinzième siècle, quand les mandarins chinois gouvernaient au nom du Céleste Empereur, ils voulurent abolir cet usage, et alors la révolte éclata sur tous les points. On voulait détruire jusqu'aux restes d'une nationalité déjà trop opprimée. Depuis ce temps, la Chine a perdu sans retour son autorité sur le royaume. Des voyageurs disent que les gens du pays mangent du bétel pour se noircir les dents; mais non, les Annamites emploient un acide violent qu'ils mêlent à du noir minéral et à du miel; pour appliquer cette composition, il faut s'abstenir pendant quelques jours du bétel et suivre un régime; il faut même passer vingt-quatre heures sans rien prendre et se baillonner la bouche pendant tout ce temps avec des feuilles de bananier, pour empêcher tout contact de l'air. Cet enduit préserve les dents, en même temps qu'il sert de signe distinctif, et quoique la plupart des vieillards soient privés de leurs dents, comme à peu près partout, cependant il est unique d'entendre dire que quelqu'un eut les dents mauvaises ou malades.

IV. Marques extérieures de respect. — Pour saluer une personne marquante, les Annamites entrelacent leurs doigts, joignent leurs mains qu'ils renversent un peu plus bas que leur ceinture, et en s'inclinant profondément ils disent : « Lây ông, lây bà, » suivant que c'est un homme ou une femme. Pour un ami ou un égal, sans s'incliner, ils se servent seulement de ces paroles : « Chào chu, chào bac, chào cô, chào di » ; c'est le salut de rencontre ; mais quand ils ont une visite de cérémonie à faire, un supérieur à saluer, des présents à offrir, une affaire à traiter, ils joignent, en se présentant, leurs mains sur la poitrine et les éloignant de manière qu'en s'inclinant elles retombent sur les genoux, ils se prosternent jusqu'à terre, les mains jointes et renversées pour appuyer le front, qui s'y applique ; ils recommencent jusqu'à trois ou quatre fois ce salut qui est civil et religieux tout à la fois. Ce n'est point pour eux une humiliation, mais un signe d'honneur, de considération et de respect, qui a pour motif aussi bien un sentiment de joie et de reconnaissance que de crainte. On les contrarie beaucoup quand on les empêche de saluer ainsi ; ils se regardent alors comme humiliés et indignes de témoigner leurs sentiments.

Ces grands saluts sont toujours accompagnés d'un petit présent, quel qu'il soit, une bouchée de bétel, par exemple, offerte sur le petit plateau de rigueur, et d'un petit discours qui met au fait de l'objet de leur visite. Ce présent reçu est un signe que leur démarche n'est pas inutile, et il faut de très graves raisons pour le refuser. Quand ils sont devant les grands mandarins, pour un procès ou une affaire de haute importance, ils se mettent d'ordinaire à genoux, à une assez grande distance, ayant un brin d'herbe dans la bouche ; ils élèvent alors à deux mains leur placet au-dessus de leur tête et ils se traînent ainsi jusqu'au tribunal, où un huissier vient les recevoir. Est-ce un usage touchant, ou simplement une humiliation trop grande ? A-t-on en vue de se rabaisser jusqu'au rang des animaux, ou de faire penser que si l'on doit être juste et bon à l'égard des bêtes, à plus forte raison on doit l'être à l'égard des hommes? Le fait est que les juges sont toujours touchés de voir un malheureux exprimer énergiquement le besoin qu'il a qu'on le sauvegarde et qu'on prenne sa défense.

Après avoir considéré le premier abord de l'Annamite, il faut pénétrer un peu dans l'intérieur de la contrée et parcourir les provinces, afin de remarquer l'unité de son langage, ses coutumes et ses usages particuliers pour construire et se loger, recevoir chez lui et vivre en famille, instruire les enfants et les établir, enterrer les morts et porter le deuil des défunts; enfin, pour apprécier ses institutions religieuses, politiques et civiles.

V. Langage, écriture. — Partout l'Annamite parle la même langue, au S. et au N. depuis le 28° jusqu'au 23°, dans la Cochinchine et au Tông-king. Je ne veux point parler ici des peuplades soumises, That-loc, Meuongs, Tsiampois, Roï, Moï et Loï, dont j'ai déjà parlé et qui ont un langage ou des patois différents que je ne connais pas. Je n'ai en vue que les vingt-cinq à trente millions d'hommes qui composent la nation dominante. Il y a peu de peuples qui aient une langue aussi uniforme partout; car je vois chez les Chinois, à la vérité, une langue écrite la même partout, et une prononciation mandarine reconnue dans tout l'empire; mais ils ont une grande quantité de dialectes différents, sans compter les principaux de Canton et de Nanking, de telles sortes que deux individus de villages différents ont souvent de la peine à se comprendre sans écrire. Dans le royaume d'Annam, le Tôngkinois est compris partout, et je ne vois, entre les différentes provinces, que quelques variétés pour la prononciation plus ou moins grave et légère, et pour l'observation plus ou moins exacte des tons ; car l'annamite comme le chinois, est une langue de monosyllabes et de tons. On y trouve les trois tons élevés et les trois tons bas. Ces tons ont pour but de multiplier les mots, qui sont peu nombreux, comme dans toutes les langues primitives ou très anciennes. Ainsi chaque mot a plusieurs tons différents qui lui donnent des significations diverses. Par exemple : *la*, veut dire crier ; *là*, un fer à repasser ; *la*, une chose extraordinaire ; *la*, une feuille ; *la*, s'évanouir ; *la*, de l'eau pure. Il en est ainsi de tous les autres mots en général.

Les Chinois ont gouverné la nation annamite pendant de longs siècles ; ils lui ont donc imposé leur littérature et leur législation. C'est ce qui fait que les Annamites, tout en conservant leur idiome particulier, ont emprunté, pour parler, beaucoup de locutions chinoises, et ensuite ont rejeté leur propre langage comme barbare, de mauvais goût, et ne pouvant servir qu'à la vie domestique. Le chinois est la langue du gouvernement. Tout ce qui est du ressort des mandarins doit être en chinois, comme édits, ordonnances, pétitions, procédures, testaments, compositions pour les concours, compliments, lettres d'affaires. C'est aussi la langue de la littérature, de tout ce qui mérite l'impression ou la représentation publique. Ce n'est pas que la langue annamite, quoique pauvre pour tout ce qui regarde la métaphysique et la religion, ne soit très spirituelle, très variée et très agréable pour la conversation ; ce n'est pas non plus, qu'il n'y ait de jolies poésies et de charmants récits pour les chants populaires, mais l'opinion veut que cet idiome soit plutôt un patois qu'une langue.

Les Annamites, dans les temps anciens, avaient-ils, pour écrire, des caractères particuliers ? Personne n'est maintenant à même de le dire. Le fait est que pour écrire l'annamite, il faut prendre une racine pour la signification, et une euphonique pour le son dans la langue chinoise, et comme il n'y a point d'unité dans l'adoption de ces caractères, et que chacun à peu près, suivant sa science particulière, choisit à volonté son euphonique et sa racine, il s'en suit qu'il y a souvent une grande confusion et un grand embarras. Il a été très facile d'appliquer nos lettres d'Europe à l'écriture de cette langue, en employant quelques signes pour les longues et les brèves et pour les tons. Il est à déplorer seulement que, les Portugais ayant commencé, nous ayons des lettres qui n'ont pas une prononciation générale, comme le *ch*, l'*s* et le *d* non barré ; ainsi Ké-kieu, nom de l'ancienne capitale, nous l'écrivons Ké-cho, ce qui a fait écrire Ké-cho sur les cartes ; or, dans le pays, personne ne connaît Ké-cho, et en Europe il faut être Portugais pour se douter que Ké-cho se prononce Ké-kieu.

VI. Temples et habitations des particuliers. — Mais passons aux habitations et aux temples. Ce qui frappe le voyageur, au premier aspect, c'est de voir la campagne couverte à perte de vue de massifs de bambous très verdoyants et très beaux. Tous ces massifs de verdure, tous ces bocages, tous ces petits bois sont des villages ou des temples. Comme je l'ai déjà dit plus haut, chaque village et chaque habitation a son enceinte particulière. Cette enceinte est d'ordinaire très fournie, surtout en Cochinchine, et elle a une ou plusieurs coupures qui servent d'entrée ou de sortie et qui sont garnies d'une petite claie hérissée d'épines, tenue par le haut à deux poteaux et se fermant par le bas au moyen d'une perche qui se cheville au besoin dans un gros pieu.

Dans un pays où il y a beaucoup de voleurs, ce système de clôture est indispensable, et puis toutes ces haies de la commune et des particuliers forment un dédale, un labyrinthe presque impénétrable aux mandarins et aux satellites, de manière que partout on a quelques garanties contre les gens du roi et les voleurs, utilité bien appréciable dans un tel pays. Par ce moyen, chacun est chez soi, le plus pauvre homme comme le plus riche, et un individu pris dans un village ou une maison à une heure indue, ne pouvant prétexter qu'il se trompe ou qu'il s'égare, est de bonne prise. Un mandarin ne peut s'engager dans tous ces tours et détours des habitations, sans compromettre sa dignité; et, s'il a vraiment à faire quelque part, il doit faire venir préalablement le maire de la commune et le chef de la famille. S'il ne le fait pas, il s'expose à des avanies dont alors personne n'est responsable.

Les maisons sont, pour la plupart, des constructions de peu d'importance et d'une apparence très misérable. On voit d'abord une petite cour carrée, de terre battue qui est très unie et très soignée, qu'on appelle « sàn. » Autour de cette cour, qui sert aux besoins du ménage, sont plantés des aréquiers, et à quelques pieds de ces arbres est élevé le remblai de terre qui sert de plateau ou d'assise à la maison principale et aux constructions de décharge. Ces remblais ont un pied, trois, six ou dix pieds d'élévation, suivant les localités plus sèches ou plus humides. La maison principale se présente presque partout de face avec le midi « Huong-nam » ; c'est la position traditionnelle et de bon ton, d'autant qu'elle donne l'avantage de profiter des brises de la mousson sud-est, pendant l'été, et du soleil pendant l'hiver. Cependant, depuis que la magie, quoique défendue par la loi chinoise, est autorisée par l'usage qu'en font la cour, les hommes en place et les lettrés, quand des malheurs surviennent dans une famille, les astrologues font abattre et vendre la maison, et changer sa façade, sous le rapport de l'exposition ; c'est ce qui explique pourquoi, au Tòng-king, beaucoup de maisons ne sont pas tournées au midi. Il paraît, du reste, qu'en Cochinchine on ne tient pas autant à ce bon usage. Pour ce qui est de la maison elle-même, elle est faite ordinairement de quelques colonnes de résistance, et de pieux de bambous chevillés très ingénieusement avec du bois et non avec des clous, difficiles à se procurer partout. Les colonnes étant posées, on fait des treillis de pieux à pieux, on les enduit de terre battue avec de la paille et de la balle ; on laisse quelques ouvertures pour donner le jour nécessaire. Ces ouvertures ont des volets tressés qui se ferment quand on n'a plus besoin de voir clair ; on a une toiture couverte de joncs, de feuilles ou de paille, et ainsi on a une maison qui n'est pas un palais, mais qui devient le sanctuaire domestique, qui suffit aux besoins et qui finit, par la coutume, à être trouvée belle. On n'y voit point de fenêtres à vitres ; on n'y voit point non plus de cheminée pour la fumée. Il y a une petite chambre sans porte, dans la maison ou un peu en dehors, pour servir de cuisine, et quand on y fait du feu, la fumée passe par le toit et par la porte, un peu partout. Mais on voit une chambre de réception et une chambre particulière qui attirent l'attention. Au milieu de cette chambre de réception se trouve un petit plancher, élevé de quatre à cinq pouces de terre, superposé quelquefois d'une estrade plus haute, et le tout couvert de nattes, pour s'asseoir les jambes pliées, pour converser et mâcher le bétel et pour prendre les repas. Cinq ou six personnes peuvent y tenir à l'aise. Ce petit plancher est un signe d'honneur, et les femmes, les enfants et les domestiques ne s'y asseoient pas d'ordinaire, à moins d'être tout à fait en famille. Une natte est étendue par terre à leur intention. Au bout de la salle on voit la table des sacrifices, ou «giuong-té,» et un petit reposoir orné des tablettes des ancêtres, de vases à offrandes, d'une lampe et de sentences pour la prospérité de la famille, et enfin de papiers-monnaie et de bâtons d'encens que l'on brûle pour le repos des morts. De plus, il y a quelquefois une table de luxe pour mettre le thé, le bétel, et un crachoir en cuivre et un accoudoir; mais on ne doit pas chercher de chaises ni de fauteuils, car le plus souvent on n'en trouverait pas.

Les maisons des gens riches ont d'assez belles colonnes de beau bois; un péristyle de trois à quatre pieds de large fait le tour de la maison, et la colonnade qui forme proprement la construction se repose sur la colonnade du péristyle par des bouts de poutres, d'ordinaire sculptés en têtes de dragon, qui ressortent un peu en dehors. Les cloisons alors sont de planches par derrière, et par devant de chaux battue avec du papier; elles sont peintes, souvent, de différents sujets de la vie champêtre. Les toitures n'offrent rien de plus particulier que celles déjà mentionnées ; seulement elles sont plus propres et plus soignées. Dans ces maisons riches, outre la salle de réception, on remarque un petit salon pour boire le thé (nhà-chè), fumer et converser à l'aise. Au fond de ce petit salon est une ouverture à coulisse qui donne sur un petit bosquet ou sur un petit monticule fait avec art, de pierres venues du littoral de la mer. Devant, se trouve le réservoir où se jouent des petits poissons, et l'on remarque quelquefois autour une allée pavée de coquillages. Plus loin sont les étangs dont j'ai parlé plus haut et qui servent de vivier et de lavoir. S'il n'y a pas d'eau de mare tout près des maisons, il faut alors y suppléer par un grand vase toujours plein, placé à l'entrée de la cour, afin de pouvoir se laver les pieds chaque fois qu'on rentre à la maison.

Il y a peu de maisons, même riches, qui soient bâties en briques et couvertes en tuiles ; la maison de bois est préférée, elle est plus commode, demande moins d'entretien et dure plus longtemps quand on a le moyen et le goût de bien choisir. Les constructions en bois sont même adoptées pour les greniers du roi et pour un grand nombre de temples, tels que Miêu-nghê et pagodes royales. On ne voit guère que les temples Chùa (1), de la religion bouddhique et les autels, suivant la religion de Confucius, pour l'adoration des astres, qui soient en pierres. On trouve une grande quantité de ces monuments religieux sur toute la surface du pays et ils indiquent plutôt un objet de cérémonie, un lieu de réunion, qu'une croyance.

(1) Miêu-Nghê : Temple au génie du lieu. Miêu-Chùa : Temple bouddhique ou aux ancêtres (Lég. de la L.).

Aussi, on en voit peu de remarquables, de splendidement travaillés et dignes d'attention.

Tout homme du peuple bien né, chez les Annamites, se pique de savoir faire sa maison, pour tout ce qui ne regarde pas le luxe, comme sculpture, travaux sur bois de choix, etc. Cela vient d'un usage assez remarquable dans le pays, qui fait qu'une maison ne peut s'élever sur pied sans que tout le village soit invité à venir aider à rapporter des terres pour le remblai, à ajuster les colonnes, à couvrir le toit et à prendre part en fin de compte au repas qui est la suite obligée du service rendu. C'est ce qui fait qu'en un jour on voit une maison s'élever comme par enchantement, là où hier il n'y avait rien, il n'y avait aucune disposition prise ; et ainsi cette construction devient une école d'éducation, une étude d'appréciation des différentes capacités, un rapprochement des citoyens, un service rendu, une occupation utile et une ressource pour tout le monde. Il en est de même pour les renouvellements de toitures, qui se font aux septième et huitième mois lunaires, avant l'hiver.

L'hospitalité chez ce peuple est naturellement généreuse, mais méfiante, à cause du despotisme auquel il est soumis, et du paupérisme causé partout par l'excédent de population. On a toujours à craindre de recevoir chez soi un émissaire des avides mandarins, ou un aventurier qui a perdu au jeu, ou un voleur de profession. Quand on s'est assuré qu'il n'est rien de tout cela, et qu'on a affaire à un simple voyageur éloigné de son foyer domestique, alors on le voit avec plaisir, on partage généreusement avec lui l'ordinaire du ménage et on lui fait le plus d'honneur que l'on peut.

Ce peuple est bon et doux, et en général, il n'est pas intéressé. Si le nouvel hôte est un étranger de marque, on s'empresse à lui laver les pieds, on l'invite à venir s'asseoir sur le petit plancher d'honneur qu'on couvre des nattes les plus propres ; on lui présente le bétel et le thé ; on fait le plus de frais possible pour l'apprêt de son repas, et quand il sort de la maison, on vient le saluer et lui témoigner par quelque petit présent de thé, de tissus ou même d'argent, l'affection que l'on a pour lui et l'intérêt qu'on lui porte. Si c'est un étranger d'un rang ordinaire, il est chez lui partout, et il peut se regarder comme l'enfant de la maison et agir en conséquence.

VII. *De la famille.* —Nous voici arrivés à l'examen de la vie de famille proprement dite ; cette vie de famille, les rapports de mari et femme, de parents et enfants, et réciproquement, m'ont paru très raisonnables et d'un grand bon sens, sauf quelques formes provenant de la législation chinoise ; car il me faut distinguer ici la vie de famille officielle ou autorisée par les lois, de la vie de famille vraie et réelle, telle que l'ont faite l'usage, la force des choses et le caractère de la nation. D'après le code chinois, le père de famille n'a, pour ainsi dire, point de devoirs à remplir à l'égard de sa femme et de ses enfants ; ils sont abandonnés à son bon sens et à son intérêt. Il est regardé comme le propriétaire de sa femme qu'il a dû acheter, et de ses enfants qui sont son bien. Dans sept cas prévus il peut répudier son épouse pour passer à une nouvelle alliance ; il doit la regarder comme de beaucoup son inférieure, comme son humble servante, ou comme une enfant qu'il faut surveiller ; il faut donc la châtier quand elle le mérite. Enfin, il peut être polygame. De là suit l'état humiliant des femmes dans tout l'Orient, et leur peu d'autorité dans la famille. A l'égard de ses enfants, d'après la loi chinoise, le père de famille est un maître souverain qui peut exiger d'eux, par tous les moyens, le respect et la soumission, qui peut les vendre et les réduire en esclavage, et qui peut, à plus forte raison, les marier sans aucun consentement de leur part. Pour les biens, à l'exception des majorats de la famille, il peut les aliéner sans aucun contrôle. A l'époque de sa mort, si les enfants sont mineurs, la mère, ne se remariant pas, le remplace d'office pour l'éducation et pour l'administration des biens, sauf la haute représentation de l'aîné de la parenté ; si elle se remarie, elle appartient à un nouveau maître, et alors elle n'est plus rien pour ses enfants, qui sont aussitôt sous le pouvoir de l'aîné de la famille du défunt, lequel devient, de droit et de fait, le chef responsable de tous ses cadets, et on lui doit respect et soumission complètement et sans arrière-pensée.

Ces rapports de mari à femme et de parents aux enfants sont une partie des trois chaînes ou « Tam-Cuong » que Confucius enseigne être les trois grands devoirs sociaux.

Maintenant, que fait l'Annamite payen à côté d'un grand peuple de deux à trois cents millions d'hommes, qui l'a gouverné pendant des siècles et lui a imposé son éducation littéraire, religieuse et politique ?

L'Annamite est bon et tranquille ; il a de l'esprit et il sait s'en servir ; il a du cœur et de la générosité. Il adoptera donc une législation qui est toute faite, qui est sage dans l'ensemble de ses prescriptions et qui peut lui servir au besoin ; mais dans la pratique, il la modifiera dans ce qu'elle a de trop dur, de trop sévère et de trop sujet à graves inconvénients. Il dira lui aussi qu'il achète sa femme ; dans son langage, il l'appellera assez ordinairement son enfant ; il la répudiera dans certains cas extrêmement rares ; dans sa jeunesse d'époux, il la châtiera quelquefois ; on le verra ici ou là, avec le consentement obligé, du reste, de sa femme, épouser des concubines et puis s'en vouloir des complications qui résultent de cet état de choses. Enfin, dans la famille, on le verra corrigeant ses enfants et ses puînés, même déjà grands, avec le terrible rotin ; on le verra aussi les vendre et les marier sans demander leur consentement. Cependant j'affirmerai que la femme annamite n'est point esclave, qu'elle jouit au contraire d'une grande autorité dans le ménage et qu'elle y est toujours honorée quand elle s'y conduit bien ; j'affirmerai aussi que les enfants sont élevés comme il faut chez un peuple aussi pauvre et aussi nombreux. Une grande preuve de ce que j'avance, c'est que la vieillesse des vieux parents (père aussi bien que mère), est heureuse et prospère, et qu'on leur rend avec, je crois, plus d'affection et de dévouement que chez aucun peuple, sur le retour de leur âge, ce qu'ils ont dépensé de peines et de sueurs pour l'éducation de leurs enfants.

Les femmes, au Tông-king et à la Cochinchine, ne sont pas à petits pieds et retenues, comme en Chine, à la maison. Elles vont aux champs dont elles font en grande partie la culture, les hommes étant dérangés pour le service de la milice et les corvées du roi, des mandarins et de la commune. Elles vont presque journellement aux marchés de la contrée pour vendre leurs petits produits, acheter ce dont elles ont besoin et entretenir ainsi le ménage. Elles se donnent une peine infinie et incessante pour tout cela, et sans elles, il serait impossible à la grande majorité des familles de vivre tant soit peu honorablement. La vie extérieure qu'elles mènent leur donne une habitude de réflexion, de retenue et de force de caractère qui relève ordinairement leurs brillantes qualités de l'esprit et du cœur. Les enfants ne voient pour ainsi dire qu'elles dans le ménage, et ce sont elles qui, seules à peu près, les soignent, les reprennent et les châtient. Elles doivent donc prendre un ton d'autorité et de commandement que les enfants respectent et que les maris nécessairement supportent avec plaisir. Du reste, elles se font un devoir d'observer les coutumes. Elles n'appellent jamais leurs maris que maîtres (Thày), ou père (Cha). Elles leur feront honneur, elles les serviront ou veilleront à ce qu'ils soient servis, et devant les étrangers, jamais elles ne s'asseoieront avec eux ou avec leur fils aîné. Ainsi se mitige la rudesse de la législation pour les femmes mariées, et cela a lieu de plus en plus, à mesure que les années s'accumulent et que la vieillesse arrive. Pour les jeunes filles, elles ont la vie de leurs mères et ne dépendent, pour ainsi dire, que d'elles. Quand la mère vient à manquer, ce sont elles qui tiennent la maison, et le père ou le frère aîné leur en abandonne toute la conduite. Heureuses elles seraient, s'il n'y avait pas à redouter d'autres dominations, s'il n'y avait pas, je veux dire, l'aîné de la parenté, homme quelquefois presque étranger et toujours à craindre.

Mais les Annamites, dira-t-on, châtient leurs enfants avec le rotin; ils les vendent et ils les marient comme un objet dont on veut se défaire. Cela ne prouve pas qu'ils n'aient pour eux qu'une affection intéressée, quand on connaît un peu les usages de cette nation.

Le rotin, à mon avis, est le meilleur correctif de l'irrévérence, de l'étourderie, de la paresse ou de l'emportement de la jeunesse, quand il est administré justement, avec mesure et sans colère. Les enfants, avec ce régime, apprennent la soumission qu'il faut absolument obtenir ; le régime n'en souffre pas comme de manger du pain sec et de rester longtemps à genoux, et ils n'en restent pas moins attachés à ceux qui les élèvent et leur apprennent à devenir quelque chose. Ce régime, du reste, est celui du pays, et on ne verra jamais les parents rejeter leur enfant, comme en Chine, parce que c'est une fille dont ils ne veulent pas, ou parce que c'est un être mal conformé. Les filles, dans ce pays, font aussi bien et mieux la fortune de la maison, par leur industrie et leur assiduité au travail que les garçons. L'avenir d'un ménage est assuré quand il y a beaucoup de filles dans la famille. Pour les petits estropiés en naissant, on les plaint, on en a pitié et on les élève comme les autres. Du reste, c'est à peine si l'on en voit et si l'on entend dire qu'il y en ait. On ne verra jamais un Annamite se plaindre de ce qu'il a trop d'enfants ; il regarde comme une grande bénédiction d'en avoir le plus possible, et comme il ne pense point à avoir des enfants riches et qui aient de grands biens, il croit fermement qu'ils trouveront comme lui place sous la vaste calotte des cieux et du riz à manger; cela suffit. Ce n'est que dans l'épreuve de malheurs arrivés tout à coup et sans remède qu'on le voit vendre ses enfants ; mais alors c'est pour procurer à ces petits êtres un bien-être qu'il ne peut leur donner chez lui, car l'enfant vendu, d'après la loi et les usages, n'est point esclave ; c'est un enfant adoptif qui a sa part d'héritage dans la maison qui l'achète. Quant aux mariages sans consentement, s'ils se faisaient tous de la sorte, et si, comme en Chine ou dans l'Inde, ils se faisaient dès l'âge le plus tendre, ce serait absolument un grand abus et une incroyable tyrannie ; mais non, les parents ont des droits législatifs dont ils n'usent pas à la rigueur, du moins le plus souvent, et dans ce pays on ne connaît pas les fiançailles ou les mariages avant au moins douze ou quinze ans. Ainsi, encore une fois, chez les Annamites, la législation prescrit des limites, donne des cadres à remplir au besoin ; mais les usages, le bon sens d'un cœur bien né et la force des choses règlent, suivant les lieux et les circonstances, ce qui est le plus convenable et le plus conforme à la nature. Il y a des abus à déplorer partout ; mais Dieu n'a pas eu en vue de créer et de gouverner le plus parfait des mondes possibles.

Les femmes annamites, abaissées par la législation et par l'usage plus ou moins rigoureux des droits qu'elle confère, se relèvent dans leur famille et dans la société qui les entoure. On voit partout des femmes, soit épouses, soit veuves ou jeunes personnes, jouir d'une grande autorité chez elles et dans leurs villages ; aussi ne les voit-on pas se plaindre du rang qu'elles occupent et qu'elles tiennent à garder avec exactitude, je dirais même religion, La chevalerie française a son beau côté qui mérite l'imitation de toutes les nations chrétiennes, mais elle a aussi ses abus, qui ont été énormes à certaines époques et qui le sont encore aujourd'hui. Elle ne peut être le guide d'un peuple payen. Il peut donc y avoir un milieu entre notre état social à l'égard des femmes et une tyrannie sauvage qui ne reconnait que la raison du plus fort ; et il faut qu'un peuple soit bien dégradé pour ne pas reconnaître le mérite d'une femme qui n'a de vie que pour ses enfants, qu'elle élève avec tout le soin et la sollicitude dont elle est capable ; ce n'est pas le cas du peuple dont je parle.

J'ai fait entendre plus haut que les filles, dans une famille annamite, sont les bienvenues et qu'elles sont la richesse de la maison par leur plus grande assiduité aux travaux des champs et du ménage et par leur plus grande adresse et économie ; j'ajouterai encore par les présents et l'avoir qu'elles procurent à leurs parents lors des fiançailles et du mariage. D'après la loi, elles ne doivent point avoir de partage dans les biens de l'héritage, à moins que, dans les huit degrés de parenté masculine, il n'y ait point d'homme qui puisse être leur aîné. La coutume permet qu'il y ait en leur faveur des dispositions testamentaires pour les biens qui ne font pas partie du majorat, et elles en profitent. D'ailleurs, n'étant pas soumises à la milice et à la corvée comme les hommes, il leur est facile de réaliser des bénéfices qui les mettent à même d'acquérir, soit en jouissance, soit en propriété, les immeubles qui se vendent à si bon marché partout. C'est ainsi qu'elles possèdent et qu'on les voit en général plus riches que les hommes, qui, jusqu'à trente et quelques années, ont à peine le temps de gagner le strict nécessaire de la vie.

Mais si les enfants du sexe féminin sont bien reçus d'un père ou d'une mère annamites quand la Providence les leur envoie, cependant c'est le garçon qui est l'objet de la grande espérance et de tous les désirs, parce qu'une famille qui n'a pas de représentant dans la chambre communale, aux cérémonies et aux repas qui marquent la hiérarchie dans la petite république, cette famille, dis-je, est isolée et perdue dans la masse et n'a pour ainsi dire qu'une vie empruntée. D'ailleurs, il n'y a que les hommes qui aient véritablement un nom dans l'Etat ; il n'y a point d'enregistrement de naissances ; il y a un nombre limité de noms pour chaque commune dans les actes de donation du territoire par le roi, et il n'y a que les hommes qui en soient responsables et qui puissent le porter pour les charges que ces donations impliquent. Les femmes, ainsi, ne font pas partie du peuple du roi ; elles sont seulement de la vie domestique. Elles ont à peine une existence civile. Si elles sont mariées, elles sont chez leur mari ; si elles ne le sont pas, elles sont soumises à leur père ou à leur aîné de famille, qui doit avoir soin d'elles et veiller seul à l'observation de leurs droits. Si elles se trouvent, par défaut d'enfants mâles, mêlées dans les huit degrés de leur parenté, héritières d'un majorat, elles ont alors un titre ; mais elles n'ont pas pour cela un nom civil qui puisse figurer sur les registres officiels. Plus tard, quand je parlerai de l'origine et du gouvernement des communes, je ferai alors comprendre ce que j'entends par ces noms civils ; je ne puis parler ici que des noms propres de la vie domestique, et des noms particuliers que chacun a dans le village et dans la famille.

Quand un enfant commence à marcher, ou même un

peu plus tard, on lui impose un nom désignatif, pris ordinairement dans les mots des deux cycles qui servent à former la période de soixante ans, et qu'on appelle le «Tên-tuc» ou nom vulgaire. Je ne sais pourquoi les payens affectent, d'ordinaire, de donner à leurs enfants des noms d'animaux malfaisants ou de choses grossières et triviales : on dit que c'est pour empêcher les mauvais génies de leur nuire. Les filles gardent d'ordinaire ce nom jusqu'au mariage, si ce n'est que dans les bonnes familles, on leur donne souvent un surnom en rapport avec les événements de la fin de leur enfance, surtout quand elles sont filles uniques. Mais les garçons, arrivés à l'âge de puberté, reçoivent toujours un second nom pris dans les meilleures significations de la langue chinoise, eu égard aux circonstances et aux sentiments dont les parents sont alors affectés: c'est le «Tên-goi» ou appellatif. Après l'imposition de ce nom, le jeune homme doit laisser pousser ses cheveux et se noircir les dents, et le père et la mère prennent le nom de leur fils ainsi devenu homme, car jusque là ils n'étaient pas censés en avoir depuis leur mariage ; on les appelait du nom générique de « bo-do, me-do », père rouge, mère rouge. L'imposition de ce nom donne lieu d'offrir un repas ou un présent de bétel au village, et je ne vois aucune cérémonie civile ou religieuse qui la rende plus solennelle, pas même l'inscription. Outre le nom de l'âge viril, il y a encore deux noms fictifs, dont le premier se prend dans les neuf ou dix grandes familles du royaume, et le second dans les deux titres Van et Vu (lettres, armes), qui font la noblesse du pays. Ainsi, par exemple, un individu qui s'appellera Hoa, signera Lê-van-hoa ou Ng-vu-hoa. Il y a encore, pour les tablettes des ancêtres, un nom que l'on appelle caché, « Tên-hem », qui ne peut jamais servir d'appellatif. C'est faire une grande injure à quelqu'un que de l'appeler de ce nom, ou de celui qu'il avait étant encore enfant. On ne doit jamais en parler, et il n'en est question que dans les malédictions provenant de la haine et de la colère.

Suivons maintenant l'enfant qui a atteint l'âge de raison, jusqu'à l'âge de quinze à seize ans qu'il est requis pour la corvée du village ; car il n'est question ici que des garçons. Nous en sommes aux écoles du pays et à l'éducation qu'on y reçoit.

VIII. Instruction publique. — L'éducation chinoise est imposée aux Annamites, comme la législation et les principales coutumes ; on ne pense pas à apprendre la langue qu'on parle au foyer domestique et dans les marchés. Aussi la langue annamite n'a point de livres, ni d'auteurs qui aient encore pensé à en écrire. Toute composition en langue vulgaire est traitée de doctrine grossière et de mauvais goût (1). Ainsi donc, il faut apprendre le chinois, et toute la science qu'il comporte. Pour cela, je ne vois pas d'établissements, de collèges, d'institutions, comme nous en voyons partout en Europe. Il y a seulement des concours du gouvernement, pour les examens qui ont lieu une fois ou deux fois tous les trois ans dans les principales provinces, et, dans chaque ville de département et d'arrondissement, un mandarin d'office pour enseigner ceux qui se préparent aux grades du baccalauréat, de

(1) Cependant, deux poëmes en langue vulgaire, *Luc-van-Tiên* et *Tuy-Kiêu*, jouissent d'une grande popularité, sont connus et chantés par tous les indigènes de la Basse-Cochinchine.

la licence et du doctorat. Mais la maison de ce mandarin, comme celles de tous les maîtres d'écoles des différents villages, n'est qu'un externat où chacun vient, sans y être obligé par aucun réglement dispositif. La liberté d'enseignement est la plus complète qu'il soit possible de voir; le gouvernement donne les grades par des mandarins commissionnés annuellement à cet effet, d'après les compositions qui ont pour sujet les livres classiques et élémentaires de la Chine; mais voilà tout. Est maître de lettres qui veut et comme il le veut, soit qu'il ait des grades, soit qu'il n'en ait pas, sans contrôle et sans aucune responsabilité officielle. Chacun s'instruit comme il le peut et comme il l'entend. L'un étudie avec son père, l'autre reste chez lui et nourrit un maître qui le guide dans ses études; un autre va à l'école de son village, de son arrondissement ou de sa province, suivant son âge et sa capacité, et ainsi le gouvernement n'a d'autres prétentions que de choisir, dans la masse des sujets qui se présentent, les hommes dont il a besoin. Il y a peu de villages qui n'aient leurs écoles particulières pour les enfants. La commune donne quelques champs aux maîtres qui viennent les tenir; de plus, chaque enfant doit fournir ce qu'on appelle « l'huile de la lampe, » c'est-à-dire une petite subvention, et ensuite les présents de premier de l'an et des autres époques, aussi bien que certaines corvées au besoin ; d'où il suit que ce pédagogue trouve une vie facile et honorable à peu près partout. Dans ces écoles, les enfants chantent à qui mieux mieux, tous ensemble et confusément, les morceaux qu'ils apprennent par cœur et qu'on leur fait écrire. C'est ce qui s'appelle étudier les « caractères », étude très longue, qui peut durer le plus grande partie de la vie d'un homme, et qui absorbe les vingt à trente premières années d'un lettré, avant qu'il soit à même d'apprendre quelque chose. Le but qu'on se propose n'est pas de donner aux enfants un enseignement scientifique et religieux, mais à peu près uniquement d'apprendre à lire et à peindre. Cependant il y a de bonnes sentences dans les livres élémentaires de la Chine, pour apprendre à respecter la majesté du roi et l'autorité des parents et de l'aîné ; pour inculquer la subordination, la retenue et la justice, et développer certains sentiments religieux qui indiquent l'existence de Dieu, l'immortalité de l'âme, la nécessité de faire le bien et d'éviter le mal, en vue d'une récompense et d'une peine...., la nécessité enfin d'une religion. A mon avis, l'éducation chinoise, basée sur l'étude des annales de l'empire, des quatre livres élémentaires, des cinq Kings, et dégagée de toutes les gloses impies, sophistiques et obscures qui les accompagnent, l'éducation chinoise, dis-je, ainsi comprise, est très propre à former l'esprit et le cœur, et cela est d'autant plus vrai qu'un certain milieu entre la grossière ignorance et les raffinements de la science et du goût est ce qui rend le plus heureux et tranquille un grand peuple. Confucius et les annalistes chinois supposent plutôt une religion qu'ils ne l'enseignent dans leurs livres. On ne doit guère y trouver à redire qu'au culte des ancêtres recommandé presque à chaque page par le grand philosophe. Ce culte, tel qu'il le décrit, ne peut éviter la tache de superstition, du moins d'après l'interprétation qu'en a fait actuellement partout l'usage, qui y a mêlé beaucoup d'absurdités. Le but que se proposait le grand moraliste était de faire une idole des parents, au sein de la famille, et des gouvernements, dans l'Etat, afin que la paix régnât partout, que l'on vît le bien se faire, le mal s'éviter, et que tout homme se rendît ainsi digne de la bénédiction du Ciel. Ce grand homme assurément n'était pas incrédule ; mais il était dans les ténèbres que sa profonde intelligence ne pouvait suffire à dissiper. Il éprouvait, sans doute, comme le dit Tertulien, que toute âme est naturellement chrétienne, c'est-à-dire portée vers Dieu, et inquiète quand elle ne sent pas sa présence ; et, jugeant les autres comme il se jugeait lui-même, il abandonnait au sentiment intime du cœur de chacun ce qu'il ne pouvait expliquer suffisamment, pour parler des conditions nécessaires d'une bonne vie civile et domestique. Mais, revenons à nos enfants annamites étudiant les « caractères » et les sentences chinoises.

Ils étudient pendant huit, dix et douze ans pour apprendre à lire et à écrire ; c'est pour pouvoir occuper plus tard quelques loisirs de leur vie, apprendre quelquefois un peu de médecine, ou même d'astrologie et de magie ; mais principalement, pour pouvoir se mêler aux affaires du canton et de la commune, y obtenir quelque place, savoir dresser les actes d'un procès et faire des contrats et un testament. Ils ont appris par cœur douze à quinze volumes des annales chinoises ; demandez-leur où est la Chine, ils n'en savent, ma foi, rien. Il leur reste un fonds de doctrine morale assez étendu ; mais demandez-leur compte de leur croyance, ils ne savent que répondre, et ils s'étonnent qu'on puisse penser à exiger une pareille exactitude et un esprit d'analyse aussi profond. Cela vient de ce que les maîtres n'enseignent jamais autre chose que la lettre et le gros sens littéral, et encore, pour cela, ils se servent d'un langage barbare et confus qui n'apprend rien d'ordinaire. Saint-Paul avait bien raison, en parlant de la science de son temps, de dire qu'elle enfle inutilement et que les généalogies et autres choses de ce genre ne servent à rien.

La première éducation terminée, pour les garçons, vient la corvée du village, et puis l'établissement, les fiançailles et le mariage. Les filles restent à la maison, aidant leur mère, soignant les petits enfants, labourant les champs et moissonnant leurs récoltes; nourrissant les vers-à-soie, cueillant le bétel et les arecs, tissant la soie ou le coton, allant au marché voisin avec leurs compagnes, cuisant le riz et apprêtant le repas de famille, et enfin faisant avec sollicitude ce qu'elles feront toute leur vie.

IX. Des mariages. — Parlons des mariages. Quand deux jeunes gens pensent à s'unir ensemble, c'est la bouchée de bétel, comme en toute autre circonstance, qui est choisie pour les premiers frais d'entrevue et pour le signe d'honneur de la demande et de l'acceptation. Un jeune homme aurait de la peine à demander à une jeune fille ou à ses parents si l'on veut bien de lui; il faut un usage qui, reçu partout, le dispense de dire peut-être des trivialités ou des maladresses, et qui, interprétant sûrement ses sentiments et sa position, lui fasse comprendre avec vérité ce qu'il a à espérer ou à craindre. Cet usage, c'est l'offrande et l'acceptation ou le refus du bétel, de l'arec et des accessoires ordinaires. Ces accessoires, pour deux jeunes gens pauvres et abandonnés qui s'aiment et qui se veulent, sont quelques paroles échangées et une promesse ; mais ordinairement ce sont des présents offerts aux parents ou à l'aîné de la jeune fille, aux principales époques de l'année, comme premier de l'an, cinquième jour du cinquième mois, jour anniverversaire des défunts, pendant quelquefois plusieurs années, ce qui s'appelle « làm-rê » ou faire à demi. Ces présents étant reçus, et la bouchée de bétel acceptée, le jeune homme est regardé comme serviteur de la maison; il doit y venir travailler aux semailles et à la moisson, et si on lui fait alors des questions sur sa position, il répond qu'il a mangé le bétel avec telle personne (an trâu càu), ou bien, s'il est riche, qu'il l'a achetée. D'après la loi, s'il vient à se désister il perd tous ses frais et le prix de ses peines ; mais si c'est la jeune fille qui revient sur sa parole donnée, ou si elle est coupable envers son fiancé, d'injures graves, alors elle doit rembourser les présents qu'elle a reçus, et qui sont estimés par arbitre, aussi bien que le travail fait par le jeune homme. Comme cela arrive quelquefois, il est bon d'avoir des témoins, et c'est pour cela que, quand le bétel pour les fiançailles est accepté, on va aussitôt saluer le village ou le fonctionnaire qui le représente. De ces formalités suit le mariage, et alors il faut que le jeune homme paie un tribut à la commune de sa future épouse et s'y fasse enregistrer ; cela s'appelle « nôp-cheo », cérémonie qui rend le mariage ferme et durable. Ce tribut est légalement de trois masses, ou six sous ; mais quand la fille doit quitter le village dont elle fait partie, la somme devient plus forte (10 et 20 francs souvent), parce qu'alors le village se dépeuple et qu'il y a lieu à compensation. Ce tribut, une fois payé, et l'enregistrement, fait par le maire ou le gardien des archives, terminé, on ajourne la cérémonie des noces, qui doit être plus ou moins brillante, suivant les moyens de chacun. La famille du garçon doit en faire les frais ; mais on s'arrange pour que tous les parents y contribuent un peu. Ces frais sont pour la conduite de la mariée chez son époux (le Dua-daû), pour les cadeaux (them) qu'on lui fait, et pour le repas qui termine le tout. Je ne vois rien de religieux dans tout cela, si ce n'est quelques offrandes envoyées au temple et les mets (cung) offerts aux ancêtres et aux génies de la famille, comme dans toutes les autres circonstances.

La loi ne permet pas les mariages clandestins, c'est-à-dire qu'il faut se faire enregistrer pour être vraiment marié. Il y a pourtant un grand nombre de pauvres gens qui n'ont leur cheo ou enregistrement nulle part, et cela n'est pas trop étonnant, dans un pays où l'on ne tient pas compte des naissances et des décès, et où, le plus souvent, les questions litigieuses sur la propriété, les héritages, sont résolues par arbitres.

La loi chinoise marque des empêchements de consanguinité et de deuil, qui sont de rigueur légale et qui sont très généralement observés, malgré quelques exceptions. Les communes tiennent beaucoup à leur observation, et je ne sache pas que le gouvernement en donne jamais dispense. Les empêchements de consanguinité sont pour les huit degrés de la ligne masculine, à partir de la souche et en la comptant. On distingue le Hô-nôï, ou parenté intérieure, du Hô-ngoai, ou parenté extérieure, c'est-à-dire la parenté paternelle et la parenté maternelle, les femmes étant la parenté extérieure. Ainsi, hommes et femmes ne peuvent se marier avec leurs consanguins des huit degrés du Hô-nôï ; mais on peut se marier avec ses plus proches parents du Hô-ngoai, parce qu'une femme, en se mariant, quitte sa famille pour appartenir à celle de son mari. Un jeune homme pourra donc épouser sa tante devenue veuve, ou la fille de sa tante, sans troubler l'ordre légal (si elle n'est pas une tante par alliance).

Les empêchements de deuil sont d'ordinaire un grand obstacle au mariage, et un grand défaut, une grande exagération de la loi chinoise. J'ai vu nombre de personnes être obligées d'attendre trois, six et huit ans pour pouvoir se marier, après une parole déjà donnée. Le deuil est de trois ans pour les père et mère, soit naturels, soit adoptifs, pour les nourrices et pour les ascendants; il est de un an, six mois et trois mois, pour les autres parents. Ainsi, quand on n'a pas eu le temps de se marier avant leur mort, il faut attendre le temps prescrit; l'avenir est compromis, et l'on ne voit aucun avantage réel sortir clairement de cet usage sévère et outré. Heureusement que, dans certains cas, les communes, quand elles ne craignent pas un délateur, font un procès-verbal qui antidate le cheo, de manière à ce que les parents soient censés morts après le mariage de leurs enfants; mais ce procès-verbal est difficile à obtenir, parce que tout le village est alors impliqué dans l'affaire, et qu'il peut en résulter, de la part des mandarins, des vexations souvent très onéreuses.

En fait de contrat des biens qu'apportent à la communauté les deux conjoints, je n'en vois point de traces, si ce n'est que dans les testaments on fait mention des biens d'acquêts de la communauté et de chacun avant son mariage. Du reste, le chef de la famille administre comme il l'entend, le bien qu'il a entre les mains, et les enfants héritent suivant la loi et les dispositions testamentaires. Je ne vois point de dot comme chez nous, qui soit inaliénable, et en général, au Tòng-king, les époux s'entendent ensemble du mieux qu'ils le peuvent, et les femmes gardent l'administration des biens qu'elles peuvent avoir, parce que, sans doute, le mari est censé n'avoir acheté et épousé que leur personne.

Enfin les mariages se sont faits, au milieu souvent de grands obstacles et de grandes traverses. Il s'agira bientôt des enfants. Ces enfants, dont la bonne moitié est emportée par la petite vérole, grandiront comme ils pourront au sein de la pauvreté de leur famille, qui les aime et les chérit. Mais outre ces enfants de nature, on voit chez les Annamites, dans presque toutes les maisons un peu à l'aise, des enfants d'adoption qui sont soumis à toutes les règles de la législation et de la coutume pour les propres enfants, et qui jouissent également des mêmes privilèges. Ils doivent donc soumission et obéissance à ceux qui les ont achetés ou adoptés, aussi bien qu'à ceux qui les remplacent, et ils ont part à l'héritage de leur nouvelle famille. Ces enfants sont achetés à des parents pauvres ou pris à des père et mère insolvables, ou demandés à des amis, connaissances, dans la gêne et le besoin. Cette coutume est sage et d'une haute portée pour le bien-être d'une immense population comme celle de ce pays, et elle a des résultats très heureux.

X. *Funérailles et deuil légal.* — Mais passons à la mort et à l'enterrement des gens de ce pays ; nous avons à y remarquer la sépulture, le deuil, l'élection de l'aîné et les anniversaires.

Quand quelqu'un vient à rendre le dernier soupir, on lui ferme les yeux, on lui couvre la figure avec une feuille de papier, et l'on apporte des matières odorantes et aromatiques, ou simplement des feuilles de thé, pour brûler dans sa couche ou près de lui. On avertit la commune, qui fait battre le gros tambour pour avertir tout le monde du décès de la personne, et cela fait, on pense à ensevelir le mort. Pour cela, on lui lave quelquefois le corps avec du vin, et on le revêt, s'il est riche, de ses plus beaux vêtements et d'autres encore que l'on fait faire à la hâte ; s'il est pauvre, on lui coud un habit de coton blanc que l'on met par dessus ses habits ordinaires, et on l'enveloppe ensuite d'une natte. Il y a peu de gens qui soient enterrés sans bière. Les maîtres de lettres et les vieux parents ont soin de s'en faire donner longtemps à l'avance par leurs élèves ou par leurs enfants ; c'est le présent qu'ils estiment le plus et qu'ils aiment à mettre en évidence dans le lieu le plus apparent de la maison, d'autant que c'est un meuble de beau bois et souvent il est laqué, doré et orné de figures emblématiques. On est flatté de penser qu'ayant trouvé pendant sa vie l'habitation dans sa famille, on ne manquera pas de demeure après sa mort. Si le défunt n'a pas de bière ainsi préparée, on fait venir un charpentier pour en faire, ou mieux encore on va s'en procurer chez le médecin de la localité, qui en fait le commerce tout en vendant ses drogues. C'est encore un usage où personne ne trouve rien à redire.

Le corps une fois mis dans la bière, si l'enterrement est solennel, on entend les joueurs d'instruments de deuil faire retentir leurs airs funèbres, et les apprêts de la sépulture ont lieu. On demande à la commune son brancard ; le village désigne la corvée des porteurs et le maître de cérémonie. On prépare sur le chemin de petits reposoirs et des offrandes, et l'on dispose de tout ce qui est d'usage pour un grand repas. Il n'y a point de police dans le royaume qui prenne officiellement acte du décès et qui règle le laps de temps à s'écouler entre la mort et l'enterrement, ou qui s'occupe du lieu et de la manière où et dont il se fera. Il y a des peuplades voisines de la plaine, où on laisse les morts deux, trois et dix ans dans la maison, jusqu'à ce qu'on ait le moyen de faire les frais de la sépulture et du repas exigé par le village. J'ai habité, dans les montagnes du Làc-thô, une chambre où il y avait un mort depuis plus de quinze ans. Il était mis dans un arbre creusé et hermétiquement fermé à l'ouverture ; sur le milieu, il y avait un bambou creux qui communiquait à l'intérieur de cet arbre, et qui, s'élevant jusqu'au-dessus du toit, dégageait peu à peu les exhalaisons putrides de la décomposition du cadavre. Cependant les Annamites enterrent toujours les morts, après un, deux ou trois jours. Mais ont-ils des cimetières comme les Mahométans, ou même comme les Chinois, leurs voisins, pour les enterrer ? Non. On ne voit nulle part de cimetières proprement dit ; mais on voit partout des tombeaux isolés, sur le bord des routes, sur la rive des fleuves, au milieu des champs, autour des haies de bambou du village, dans les halliers déserts, sur le versant des petites collines et dans les jardins. L'Annamite tient à être enterré sur sa propriété ou dans les lieux indiqués, par leur position et leur conformation, comme prospères à l'avenir des familles. On croit à l'existence d'un grand dragon ou d'une grande veine terrestre indiquée par le site des collines et des vallées. Il faut un astrologue pour en juger et choisir le tombeau, de manière que la prospérité de la famille en dépende et que ses membres puissent sortir de l'obscurité vulgaire. Quand on voit, après quelques années, qu'on s'est trompé, il faut alors changer les tombeaux et c'est ce qui fait que beaucoup de gens riches se ruinent en frais de sépultures et de superstitions qui occasionnent toujours des festins et des repas coûteux; car, pour les tombeaux eux-mêmes, il n'y a jamais un grand luxe ; ce sont simplement des relevés de terre ayant six à sept pieds de long sur deux ou trois de large, et un et demi à deux de hauteur.

Ces relevés doivent être entretenus et soignés tous les ans aux époques des anniversaires ; mais il y a une chose à remarquer ici, c'est que, quand ils sont plus longs que larges, ils indiquent une date de décès récente, et quand ils ont uniquement un petit monticule rond et conique, ils marquent que c'est une sépulture déjà ancienne ; car on distingue : coucher les morts, les asseoir et les mettre debout.

On ne connaît point les monuments en bâtisse, les dalles ni les pierres à inscriptions ; je n'en ai vu nulle part et il n'y en a pas ; seulement, pour les personnages un peu marquants dans la contrée, on élève un petit hangar sur la tombe du défunt et on l'entoure d'une palissade jusqu'au temps du troisième anniversaire, qui est la fin du deuil.

La grande cérémonie de l'enterrement consiste surtout dans la conduite que fait le village. Pour cela, chaque commune fait les frais d'un brancard, qui est d'ordinaire très soigné. Dans les communes riches, il y en a plusieurs pour les différents degrés de solennité. Ils se composent d'une maisonnette superposée à deux ou quatre bras sculptés par le bout en forme de tête de dragon, le tout laqué et doré sur vermillon. On les orne de bandelettes ou de drapeaux de soie de différentes couleurs ; un maître de cérémonies règle la marche, qui est toujours excessivement lente et mesurée ; la représentation de la commune est en deuil, c'est-à-dire en habits blancs, et marche devant sur deux lignes, après les insignes, les tambours et les instruments d'usage ; enfin, la foule marche derrière ou sur les côtés, laissant la parenté suivre du plus près possible le brancard.

Après avoir porté solennellement le défunt au lieu de sa dernière demeure, les parents, revêtus d'habits de deuil et échevelés, se prosternent contre terre et font entendre de grands cris de désolation et des phrases, chantées d'un ton plaintif, qui expriment leurs regrets. Les jours du premier de l'an et de l'anniversaire, on les y retrouve encore à la même place et dans la même position ; souvent encore, ils viendront en particulier et comme à la dérobée ; aussi, plus d'une fois, on est surpris d'entendre, du milieu de la campagne ou de la haie qui environne le village, les désolations d'une mère ou d'une épouse, ou les plaintes d'un fils abandonné et orphelin. Ce mélange de tristesse, à la joie ou à l'indifférence de ceux qui paraissent vivre en paix au milieu de leurs occupations ordinaires, excite alors un sentiment de mélancolie dont il est difficile de se défendre et qui paraît toujours nouveau.

Le deuil prescrit par la loi chinoise est de trois ans pour les père et mère et ceux qu'on leur assimile, comme les maîtres de lettres, la nourrice, les parents adoptifs. Ce deuil consiste à s'abstenir pendant tout ce temps des repas et des cérémonies brillantes, à ne pas se marier, à faire les anniversaires et à porter un habit blanc, qui, la première année, ne doit point avoir d'ourlet à ses extrémités, et qui, le jour de l'enterrement et des premiers anniversaires, doit être d'un tissu clair et ressemblant à nos toiles de canevas de tapisserie. Ce deuil est d'une grande rigueur ; il a force de loi partout, et ses différentes prescriptions sont toutes sauvegardées par des clauses pénales, au moins dans la pratique.

Pour ce qui est des anniversaires, par là même qu'ils font partie essentielle du deuil, ils sont aussi exigés légalement, et l'aîné d'une famille est chargé d'en faire les frais et de convoquer d'autorité sa parenté pour y contribuer. Cette charge de l'aîné donne lieu aux majorats, c'est-à-dire à une part prélevée en grand sur l'héritage, part qui s'appelle huong-hoa (ou encens et feu). C'est un dixième des immeubles. Ce dixième, ou droit d'aînesse, est inaliénable, il ne peut être ni vendu ni acheté ; seulement, on peut quelquefois l'engager pour quelques années, suivant les dettes ou les besoins dont on est onéré.

L'aîné, dans une famille, est choisi par le rang de naissance, jusqu'au huitième degré de mâle en mâle mais quelquefois aussi, il est choisi parmi les enfants adoptifs ou parmi les enfants qui sont plus aptes à en remplir les charges ; il faut pour cela une lettre visée par le mandarin du lieu et un présent ou un repas à la commune ; c'est ce qui s'appelle « Lâp-tu » (fonder une lignée). Dans les écoles, c'est le premier étudiant par ancienneté qui est le « truong-trang » ou l'aîné, et qui a la charge de convoquer ses condisciples aux anniversaires du maître décédé, et d'exiger d'eux les contributions nécessaires pour en supporter les frais ; car celui-là n'a pas de majorat en biens-fonds. Ce droit de convocation et de perception qu'ont les aînés, soit dans leurs familles, soit parmi leurs condisciples, est un des usages qui a le plus d'inconvénients graves, tant il est vrai qu'il y peu de bonnes choses qui n'aient leur mauvais côté.

Soit dans les sépultures, soit dans les anniversaires, quoiqu'on n'y voit pas de bonzes ou autres prêtres du paganisme, il y a toujours un grand nombre de superstitions, de manifestations, de croyances absurdes, d'offrandes et de sacrifices qui sont réprouvés par la froide raison. On ne se réunit pas seulement en mémoire des parents défunts, mais on se réunit encore pour faire des choses insensées qu'un esprit et un cœur droits ne peuvent admettre. Les aînés, quand ils ne sont pas obéis, même avec l'aide du rotin, vont se plaindre au mandarin qui, heureux de trouver occasion honorable de se faire un bénéfice à peu de frais, défend leurs droits avec beaucoup de sollicitude et d'empressement. Il en est de même pour les anniversaires communs du village, où le maire et le gardien des archives tiennent lieu de l'aîné, et obligent, bon gré mal gré, tous ceux qui sont de leur ressort, à honorer les défunts par la contribution et les cérémonies de coutume.

Outre les deuils et anniversaires des villages, des écoles et de la famille, il y a encore les deuils et anniversaires de la famille royale et des mandarins.

Quand un roi ou un membre important de la famille royale vient à mourir, le deuil est annoncé dans toutes les provinces, et il consiste, dans tout le royaume, à s'abstenir des festins, des vêtements de soie rouge et des comédies. Pour le roi, il dure trois ans. Les mandarins s'habillent de blanc et il y a des cérémonies funèbres dans tous les chefs-lieux de département, auxquelles sont invités tous les fonctionnaires qui en ressortissent. A la capitale, on fait au roi défunt des obsèques presque fabuleuses, tant il y a de dépenses faites inutilement et sans autre but que la magnificence. Des richesses immenses sont englouties dans la mer, dans les fleuves et dans le mausolée où les milliers de femmes du précédent règne sont enfermées à vie. Un appareil pompeux se développe sur tous les points, et un cortège immense des enfants de la cour, de la parenté royale, des mandarins de tous grades et de l'armée, accompagne et relève la cérémonie.

Comme dans chaque commune il y a un temple qui sert aux anniversaires, de même à la cour et dans la localité d'où la famille royale tire son origine (Bai-den, en Xu-thanh), il y a un Tu-miêu qui sert à l'adoration et aux sacrifices de tous les défunts de la dynastie régnante. C'est là que doivent venir rendre leurs hommages tous les lettrés qui veulent devenir mandarins et entrer en charge. Les licenciés et les docteurs doivent y venir en droit, tandis que les grades inférieurs des Tu-tai n'y viennent que volontairement.

Le roi oblige les mandarins à venir à son temple des ancêtres; les communes obligent leurs habitants à venir à leurs anniversaires et à y contribuer, aussi bien que les aînés d'une famille ou d'une école obligent leurs subordonnés. Ce n'est pas tout: les mandarins font aussi des anniversaires particuliers auxquels les chefs de canton, les gros particuliers qui ont de l'autorité dans le pays, voyant que l'exemple est bon à suivre, font aussi des « giô » ou anniversaires ; de sorte que ce culte des ancêtres devient un réseau immense qui couvre tout le pays, et un fléau partout.

XI. *Etat politique.* — On peut déjà juger par ces détails, ce que sont, en grande partie, les institutions civiles et religieuses de la nation annamite.

Dans un article à part, je parlerai du gouvernement. Je me contenterai de remarquer ici que s'il y a du despotisme et de la tyrannie dans la législation et dans l'accomplissement de certains usages, cependant l'esclavage est inconnu et la servitude est en horreur. Aussi, la plus grande égalité règne parmi tous les citoyens. Tout Annamite peut aspirer aux emplois, tout Annamite peut posséder, tout Annamite peut se plaindre aux mêmes tribunaux, et la justice n'a de privilèges pour personne. L'Annamite obéit au roi, aux mandarins et aux autres employés subalternes qui administrent la chose publique ; il paie le tribut des terres qu'il possède et il fait la corvée ; mais voilà tout. Il ne voit de distinction que celle que donne l'autorité officielle ; il ne connaît d'autres seigneurs que les mandarins en place. La dynastie royale est pour lui quelque chose de sacré, comme garantie contre les révolutions et les changements ; mais il ne connaît point d'autres titres héréditaires, et tout mandarin qui revient dans ses foyers est peuple comme avant.

Toute la population du royaume est sur ce pied de droit et de devoirs, d'usages et de coutumes, les peuplades soumises comme la nation dominante. Il n'y a point de parias dans cette société, et je ne vois de distinction, par rapport à la législation, que pour les « ngu-cư », les « thůy-cư » et les lépreux.

Les ngu-cu sont les étrangers qui viennent s'établir dans un village sans appartenir à une famille qui ait un nom officiel ; les thuy-cu sont les gens qui vivent sur les barques, qui ont en possession un fleuve ou une partie du fleuve et qui ne peuvent bâtir sur terre. Cependant, tous ces gens peuvent jouir de tous les avantages de la législation, à la réserve d'un ou deux points désignés ; ils ne sont point esclaves et ne sont en aucune façon mis hors la loi.

Le régime de cette société est donc un régime monarchique de liberté, d'égalité et de propriété, qui est très bien compris et qui fait qu'on se tromperait en pensant qu'on pourrait dépayser l'Annamite pour le soumettre au régime brutal de nos colonies. On pourra, comme du Chinois, peut-être, en faire un bon fermier, mais jamais un esclave qu'on fait lever, manger, travailler et se coucher à telle heure, soit pour toute la vie, soit seulement pour dix ans ou moins de temps encore.

XII. Religions. — Pour ce qui est des institutions religieuses, il faut remarquer tout d'abord que la liberté n'est pas complète comme je l'ai déjà fait sentir.

Il est vrai qu'en général, on peut croire, adorer et pratiquer ce que l'on veut ; mais il y a une exception pour la religion chrétienne, qui est prohibée partout, sous les peines les plus sévères, soit que cette religion s'oppose à plusieurs points de la législation, en ce qui regarde la polygamie, le culte du deuil et l'adoration des génies, soit qu'elle provienne d'une prédication d'étrangers.

Ensuite chaque commune est obligée d'avoir un temple pour les ancêtres, chaque province, chaque arrondissement, chaque canton sont soumis à un chef qui oblige à certaines cérémonies. Chaque membre d'une famille ou d'une école est sous la juridiction d'un aîné pour le culte des défunts.

Le roi n'admet personne aux charges sans un sacrifice préalable au *miêu* royal et à Confucius ; de plus encore, en ce qui regarde la religion bouddhiste, le roi donne des diplômes à tous les *esprits* que doivent adorer les différentes communes, et confère de temps à autre de nouvelles dignités à ces génies, sujets du fils du Ciel, et il faut bon gré mal gré que l'on reçoive avec respect ces patentes royales, et qu'on les conserve avec soin, sous peine d'être coupable d'injures envers le roi. Ainsi donc les consciences sont violentées en plusieurs manières, et une population libre est humiliée de se voir soumise à des prescriptions qui ne regardent pas un gouvernement civil, indifférent pour tout ce qui ne compromet pas la morale publique et la santé commune, et qui doit se montrer d'autant moins exigeant qu'il a moins de moyens de s'assurer qu'il est en possession de la vérité.

Le P. Alexandre de Rhodes distingue chez les Annamites, comme en Chine, trois sortes de religion :

Celle du roi et des nobles, qui adorent le Ciel et les astres, et font pour cela quatre autels aux quatre coins d'un tertre réservé pour le ciel, le soleil, la lune et la terre ; c'est la religion officielle ;

Celle des idolâtres, qui adorent certains dieux particuliers, autrefois des rois, des grands hommes, comme Confucius, etc. (c'est celle des bonzes);

Et enfin celle des sorciers qui sont, dit le R. Père, en grand nombre et fort méchants. Pour moi, je distinguerais autrement les quatre religions qui sont reconnues ou tolérées par le gouvernement, et qui sont établies partout et d'ordinaire pratiquées confusément ensemble :

1° Celle qui ressort des livres de Confucius, interprétés comme ils le sont à présent; elle consiste à adorer le ciel et la terre au printemps et à l'automne (*xuân thu nhi ky*), sans doute pour avoir un bon gouvernement; Confucius, pour avoir sa science infuse et devenir un grand lettré ; enfin les ancêtres, pour avoir une bonne postérité;

2° Celle de Phât ou Fo, qui est le bouddhisme; mais dont on retranche chez les Annamites la plupart des croyances, des pratiques et toutes les abstinences, ne conservant que ses temples et, en quelques endroits, ses prêtres ;

3° Celle des esprits, hommes, animaux ou choses, reconnus pour merveilleux : c'est l'idolâtrie proprement dite.

4° Enfin celle des sorciers, qui adopte tout, qui fait brûler du papier-monnaie, qui fait des évocations, des sortilèges, et qui fait de l'astrologie pour choix de terrains convenables aux habitations et aux tombeaux, qui fait enfin de la bonne aventure pour choix de noms heureux, pour direction de rencontres ou de sentiers propices, etc.

Partout ces religions sont mêlées ensemble, observées à la fois, et c'est un dédale immense où personne ne peut se reconnaître. Les lettrés les plus instruits, les mandarins les plus élevés en charge, la cour elle-même, tout en se piquant de ne suivre que la droite raison et méprisant tout ce qui n'est pas convenu dans les livres classiques de la haute antiquité, tous, dis-je, suivent le torrent de la pratique et font venir, dans les principales circonstances de la vie, des jongleurs et des magiciens pour se guider et se conformer à l'usage. C'est un signe de la richesse et du haut rang que tout le monde regarde, et une occasion de faire des repas. Or, on peut dire des Annamites, en fait de religion, ce que disait Saint-Paul des Crétois : « leur Dieu, c'est leur ventre, *quorum Deus, venter est.* »

En somme, ils ne croient à rien, ils font un festin. Ces festins, outre qu'ils satisfont à la gourmandise, marquent la hiérarchie d'un village ou d'un canton ; il y a tables supérieures, tables inférieures ; il y a morceaux de tête, morceaux de pieds, morceaux d'épaules et morceaux de reins. Il est donc immanquable qu'on estime par-dessus tout ces hiérarchies gastronomiques, pour s'inquiéter peu si c'est d'un tombeau ou d'un temple qu'il soit question. L'important est qu'il y ait une raison d'être à ces repas. Aussi, si l'on fait une contribution pour bâtir ou réparer un temple, la plus grande partie sera convertie en *viandes* et en *vin* ; s'il s'agit d'autres cérémonies religieuses, comme enterrements, anniversaires, processions pour la pluie, destruction de sorts, etc., etc., c'est toujours la même chose, et peu importe que ce soit un ancêtre ou un génie, une brute ou un animal que l'on adore. Le ventre est satisfait *(phi bong phi da)* : la religion est excellente.

Aussi les chrétiens désignent toujours les païens, au milieu desquels ils vivent, par ces mots très expressifs et très vrais : *nguoi vô dao, ké ngoai dao*, sans religion, en dehors de la religion ; c'est l'appellatif d'usage. Cependant, il faut bien le remarquer, on entend partout répéter ces mots : *va phuc tai troi*, la peine et la récompense viennent du ciel. Et dans les malheurs, ils s'écrient toujours : *Troi oi! cha oi! me oi!* Oh ciel! oh père! oh! mère! C'est l'expression d'un sentiment inné à tout homme, celui de l'existence d'un être suprême, créateur, rémunérateur et vengeur. Dans les grandes calamités publiques, on voit aussi des sentiments d'une vraie piété se manifester souvent ; c'est que l'homme malheureux a besoin d'une religion. Mais chez les Annamites, comme chez tous les peuples païens, c'est plutôt un mauvais génie qu'il s'agit de conjurer et d'apaiser, qu'une divinité bonne et compatissante à supplier, honorer et aimer.

Pour les femmes, qui n'assistent point aux festins et qui n'y ont de part que par certaines contributions qu'elles sont obligées de donner ou qu'elles donnent volontairement, on remarque chez elles plus de sentiments religieux que chez les hommes, et un sentiment pieux provenant tantôt de la crainte, tantôt de l'espérance, au sujet de la perte ou de la conservation de leur famille, semble les affecter plus puissamment. Aussi on les voit avec plus d'assiduité faire des offrandes aux idoles, consulter les sorts, et observer une foule de prescriptions de la sorcellerie et des différents cultes en vigueur. Elles exigent souvent de leurs maris des actes religieux ; elles se plaignent qu'ils soient indifférents et insensibles. Elles les excitent quelquefois à faire de grandes dépenses et même à se ruiner pour prévenir certains malheurs que des signes, comme chants d'oiseaux, pattes de poules, rencontres, etc., etc., désignent comme certains. Enfin, ce sont elles qui sont le principal soutien d'un amas d'observances et de superstitions dont le détail serait immense et que l'on retrouve partout. Aussi, dites à un homme instruit et sensé que vous êtes étonné de lui voir pratiquer tant d'absurdités, il vous répondra qu'il est obligé de le faire à cause de sa femme et de ses enfants qui ne lui laisseraient pas de repos si quelque malheur arrivait. Voilà donc comment, dans les mauvaises religions, comme dans la bonne, l'homme, plus livré à ses passions, est en général impie ou indifférent, tandis que la femme est pieuse et craintive.

Je ne vois pour ainsi dire point de prêtres païens, comme on en voit à Siam, dans l'Inde et même en Chine. Il y a quelques bonzes dans les provinces du Nord qui avoisinent le Yun-nan ; il y en a aussi quelques-uns près de quelques temples bouddhistes du Midi; mais la plupart des provinces n'en ont pas qui méritent une mention quelconque.

Ils sont rares partout, et, en effet, à quoi bon tant d'austérités pour dire des sottises que presque personne ne croit. L'Annamite trouve, tout aussi bien que le prêtre de sa commune, pour les cérémonies dont il a besoin pour faire quelques extras, soit un vieillard de l'endroit qui, trop vieux pour remplir des fonctions civiles, a cependant encore assez de force pour porter le bonnet à lisières, pour offrir le petit plateau de parties nobles de l'animal égorgé, brûler l'encens des vases de l'autel, faire les saluts et les prostrations pendant que l'on verse les libations de vin, et enfin, manger le plat d'honneur.

Il est tout consacré par son âge et ses cheveux blancs, et peu importent du reste sa conduite et ses principes. Les tambours et les cymbales feront du bruit, toute l'assistance des hommes, en tenue cérémoniale, se prosternera; le repas aura lieu avec l'ordre prescrit et une bonne partie des contributions pour la fête ira enrichir les plus huppés de l'endroit. Que peut-on voir de mieux ?

Pour le culte officiel du gouvernement, ce sont les mandarins et le roi qui sont les prêtres ; pour les anniversaires des familles, ce sont les aînés. Ce n'est donc que par luxe et étalage que quelquefois on voit des bonzes ou des sorciers figurer dans des fêtes religieuses. Les époques principales des solennités, outre celles des anniversaires dont j'ai parlé, sont le premier de l'an, les commencements du printemps et de l'automne, et les jours du 1er et du 15 de chaque lune. A toutes ces époques, on entend la nuit les gros tambours de chaque localité battre d'une manière prolongée et en mourant (*decrescendo*), pendant l'espace d'environ trois minutes et à plusieurs reprises ; on entend aussi quelques cloches ou quelques cymbales des temples. Ces sons ont leur charme.

Quand il y a des sécheresses trop prolongées et trop menaçantes, des processions sont indiquées et toutes les communes d'un canton doivent apporter le brancard qui représente leur génie particulier. On a soin de faire ces processions quand on aperçoit un changement de temps, et on bat alors le tambour jusqu'à ce que les nuages se crèvent en eau. Si la pluie tombe pendant la cérémonie ou aussitôt après, le génie du canton reçoit une récompense pécuniaire du roi, que l'on va immédiatement chercher au chef-lieu de l'arrondissement. S'il n'y a rien, on injurie le ciel et les génies, on renverse leurs brancards, on leur jette de la terre et de la boue et tout le monde s'en amuse ; ils ne sont pas « thieng » ou spirituels, et voilà de la religion païenne libre, facile et amusante.

Au premier de l'an, le roi fait la cérémonie du Tê-giao, qui consiste à aller en grande solennité et porté sur un brancard au temple du Ciel et de la Terre, où il fait lui-même les sacrifices, comme Thiên-tu (fils du Ciel). C'est la seule fois dans l'année qu'il sorte de son palais pour se montrer à tout son peuple prosterné de tous les côtés sur son passage, et n'osant mettre de la témérité à le regarder, même à la dérobée.

Il y a peu de prêtres proprement dits : il y a, comme le dit le P. de Rhodes, une foule de sorciers et de magiciens qui prennent le nom de Phu-thuy, Phap-mon, de Thây-dia-ly et de Ba-cot. C'est pour faire des « Pha-nguc » ou destruction de l'enfer, des « Phan-ac et On-dich » qui tourmentent les vivants ou délivrent d'une épidémie, des « Vang-ma » pour envoyer de la monnaie aux défunts, ou bien c'est pour appliquer l'observation des astres à la bonne aventure pour les maisons, les objets perdus ou volés, les sentiers, etc., comme le « Thieu-van-da-ly, le Boi-koc, le Xem-so-xem-tuong » ; ou bien encore pour appliquer « l'Hô-Cay-nen, Cô-hòn, ou Vun-bép » (perche rappelant le combat de Bouddha avec le diable et qui s'élève dans chaque maison au premier de l'an ; support pour les vases du foyer), ou bien encore pour régler les cérémonies qu'on doit observer à l'égard des différents génies les plus en vogue, comme :

Thai cuc ;	Lao tu ;
Muc mui ;	Ngoc hoàng ;
Bàn cô ;	Truong nghi ;
Tam hoang ;	Tiên su ;
Mi oa ;	Thành hoang

Thuong dòng ;	Thổ chu ;
Ly ông trang ;	Hà ba thuy quan ;
Vua trinh ;	Pham nham ;
Thiên lôi ;	Etc., etc.
Diêm vuong ;	....
Thổ công ;	....

et des choses inanimées, et des animaux, et des hommes, et des prostituées que l'on adore.

J'ai vu en Xu-thanh un grand village où l'on adorait un voleur et où, la veille de sa fête, chacun des habitants, petits et grands, devait aller voler quelque chose, si peu que ce fût, sous peine d'une amende. J'ai vu un autre village jeter son génie à la mer parce que beaucoup d'enfants étaient morts de la petite vérole, et quelques jours après porter en triomphe un mât de navire chinois jeté par la tempête sur le rivage, et qu'on avait fait laquer, peindre et dorer pour remplacer le dieu noyé.

CHAPITRE IV.

SAVOIR, INDUSTRIE, OCCUPATION DES LOISIRS

Il nous reste à voir ce que fait cette population annamite comme travail, comme industrie et comme occupation de ses loisirs. Il faudra pour cela classer des groupes et parler tour à tour des lettrés et des fonctionnaires, des médecins, des artisans et des laboureurs ; mais commençons par ce qu'il y a de commun à ces diverses classes, comme occupation des loisirs.

J'ai parlé des fêtes religieuses et des repas, qu'on doit plutôt considérer chez les Annamites comme de simples distractions que comme l'expression d'un sentiment pieux profondément senti. Malgré la tenue grave et guindée qu'on y remarque quelquefois, on n'y voit ordinairement point de croyance, point de conviction. C'est seulement une forme qu'on a reçue de la coutume. J'ai donc à dire quelque chose de la comédie et des jeux.

I. Théâtre. — La comédie se joue dans toutes les grandes communes aux époques solennelles de l'année. Il y a des troupes de comédiens qui sont appelées à cet effet et pour lesquelles on fait d'énormes contributions, vu la pauvreté des habitants.

Ces troupes sont de deux sortes : les Phuong-nha-tro et les Phuong-cheo. Ces derniers sont des bouffons, des magiciens, des gens de toute sorte qui se réunissent afin de gagner quelque argent en amusant le bas peuple par des représentations ordinairement burlesques et grossières, pleines de mots à double sens ou de chants érotiques entremêlés du son des tambours ; c'est à peu près le charlatanisme de nos foires et de nos places publiques. Les hommes qui en font partie sont des gens assez mal famés partout et qui sont susceptibles de faire tous les métiers, au besoin. Une fois, j'en ai fait jouer devant moi la représentation de Mo-cua-ai ou Phong-vuong (couronnement du roi par les ambassadeurs chinois), et quoique la pièce fût bonne, cependant, soit à cause de la musique, soit à cause de la figure des acteurs, je n'ai jamais rien vu qui me donnât mieux l'idée d'une scène infernale.

Mais les phuong-nha-tro sont des comédiens patentés et titrés par le gouvernement. Ce sont des villages entiers, hommes, femmes et enfants, qui ont un territoire et qui forment une commune à la charge de fournir au roi, tous les ans, un nombre de sujets voulu pour le théâtre de sa majesté. Par là, ils ont le droit et le monopole de la comédie dans un arrondissement ou une province, et ils peuvent prétendre à donner seuls toutes les grandes représentations qui ont lieu dans les localités de leur ressort. Ils sont enrégimentés avec des grades de capitaine, de nhât-am, 1er et 2e son, de cai et de bep (fourrier, sergent), comme dans l'armée. Ils passent leur vie à labourer leurs champs, à s'exercer à jouer des instruments et au débit

Comme instruments, ils ont le thap-luc-uyên, ou instrument à seize cordes en métal sur des chevalets en bois sonore, en ivoire ou en corne. Ces chevalets se disposent sur un tronc creux, long de quatre pieds et large de sept à huit pouces, à l'une et l'autre de ses extrémités, à la longueur des cordes et suivant les airs que l'on veut jouer. Ces cordes se touchent au moyen d'un ongle en fer adapté à l'index ou au pouce. Le son de cet instrument est des plus agréables et ressemble au son argentin du clavecin ; il se prête admirablement à la déclamation des morceaux de poésie dans ces langues monosyllabiques et chantées. Après lui, vient le nhi-uyên ou violon à deux cordes, ayant un long manche monté sur un morceau creux de corne ou de bambou en forme de pavillon et garni, du côté où s'appliquent les deux cordes, d'une peau de serpent.

On joue avec l'archet entre les cordes, qui sont de soie. Les sons, moins forts peut-être que ceux du violon d'Europe, sont cependant agréables et pénétrants.

Ensuite, on voit le tam-uyên, à trois cordes, monté aussi sur peau de serpent et qu'on pince comme la guitare pour marquer la mesure ; le son en est très fort et très raide. Puis, la guitare grande et petite, qui est à peu près comme la nôtre.

Enfin, le monocorde ou dan-bau, fait d'un gros bambou coupé par la moitié et à l'un des bouts duquel passe un manche, tandis qu'à l'autre est une corde d'acier qui va se nouer jusqu'à l'extrémité de ce manche, devenu là très flexible, et qu'on agite légèrement au moyen de l'ouverture calculée des doigts pendant qu'on touche la corde avec une cheville en bois. Le son de cet instrument est très touchant et très délicat; il se prête parfaitement à l'imitation des vagissements d'un enfant ou des soupirs d'une mère attristée, et la nuit, en voyageant, on aime à entendre le lettré ou le laboureur qui veille dans l'obscurité de sa demeure et qui en joue pour se distraire un peu.

Pour les instruments à vent, on ne voit que la flûte en roseau. Comme complément de l'orchestre, il y a des tambours, dont une espèce est longue et se touche avec les mains (trong-cam); les castagnettes, les trac ou bois sonores et les vergettes à sapèques pour la mesure. Mais, en général, les Phung-nha-tro ou comédiens titrés ne jouent que des instruments à cordes, qui sont les seuls instruments nobles, dont ils se servent pour accompagner le débit de leurs morceaux poétiques.

Outre le son des instruments, ils y ajoutent encore la gesticulation avec un éventail, qui ne manque pas de faire un très bel effet, quand elle est bien comprise. Dans cette gesticulation, on voit des poses et quelques pas de danse très modérés et très rares; car les Annamites, comme les Chinois, méprisent la danse proprement dite, et l'amiral Laplace a eu tort de rouver en Cochinchine des bayadères, comme on en voit dans l'Inde. Ce n'est plus cela.

Mais quelles pièces représentent d'ordinaire ces *phuong-nha-tro?* Je n'en sais vraiment rien, si ce n'est que j'ai entendu quelquefois des récits, soit en langue du pays, soit en chinois et le plus souvent mêlés, qui étaient très bien dits et très bien chantés: c'est un ivrogne qui a fini par mettre le désordre dans sa famille; c'est une mère qui a perdu son enfant et qui le retrouve; c'est un lettré qui parvient aux charges après mille soucis, beaucoup d'inconvénients, et ne trouve point de compensation à ses peines; ce sont des parents qui quittent le lieu de leur naissance pour aller vivre dans les forêts et trouver le moyen d'y élever leur nombreuse famille, etc., etc. En résumé, le théâtre annamite est bien inférieur au théâtre chinois, mais il a son mérite, et il passionne singulièrement tous ceux qui ont le moyen d'en payer les frais, je veux dire d'en payer les acteurs, car je ne vois point de décorations qui en vaillent la peine.

Quand un mandarin, ou un village, ou un riche particulier veut se donner le plaisir de la comédie, il reçoit les acteurs dans une grande pièce où il y a des nattes pour s'asseoir, un tambour et des cymbales pour marquer les passages brillants ou la fin des phrases; enfin, des planches de différentes hauteurs pour les personnes invitées, et de la lumière, s'il fait nuit; voilà tout. Les acteurs ont des vêtements de soie et quelques habits brodés sur laine; ils se fardent la figure et je ne vois rien de plus.

II. Jeu. — Un autre délassement des Annamites est le jeu des cartes chinoises, qui est, comme partout, une des grandes plaies de la population. Les hommes en place et les jeunes gens jouent avec passion, et se ruinent presque toujours. Il y a dans presque tous les villages des maisons d'usuriers qui exploitent les joueurs en leur prêtant de l'argent avec une retenue d'un dixième, sans compter le payement de la soirée et le bénéfice de ce qu'on appelle la soucoupe, c'est-à-dire les arrhes de chaque partie. Ils sont le fléau des familles, et ils ruinent des villages entiers, dont ils accaparent les champs et les maisons jusqu'au temps d'un payement presque toujours impossible.

Le *xuc dia* ou jeu d'une sapèque tournée dans un vase couvert, pour avoir « marqué » ou « non marqué, » est aussi terrible que le jeu de cartes, et on parle de personnes qui ont gagné 40 et 50,000 francs, ou perdu autant à ce jeu là. C'est énorme pour un pays où 100 francs en valent 1,000 de chez nous, relativement. L'Annamite ne conçoit pas que l'on puisse jouer aux sapèques tournées ou aux cartes sans l'intérêt de l'argent. Il y met une telle passion qu'il oublie tout alors, même de manger et de dormir, et qu'il compte pour rien d'y perdre jusqu'à ses dernières ressources, jusqu'à ses derniers habits; et cela existe, en général, parmi les vieillards, parmi les jeunes gens et les plus petits enfants, parmi les mandarins, les lettrés, les gens riches, comme parmi la classe la plus pauvre. De là, la désolation de tant de familles; de là, les vexations de tant de gens en place; de là encore les bandes de brigands qui infestent tous les ans le pays.

Il y a une autre sorte de jeu appelé « co » *(Ludus latrunculorum)*, qui ressemble à notre jeu d'échec, mais qui se joue différemment; c'est le même que celui des Chinois. Dans les grands jours de fête, au 1er de l'an surtout, il se joue *vivant*, si je puis parler ainsi; c'est-à-dire que deux communes jouent ensemble, l'une devant fournir des jeunes filles et l'autre des garçons. Ces jeunes filles et ces garçons se placent dans une campagne, comme les pièces d'un échiquier, et les chefs des deux localités, assis sur des estrades, indiquent devant toute la populations des environs, alors réunie, les diverses mutations du jeu, qui est d'ordinaire très brillant, très goûté, très joyeux, et sujet, comme on le pense, aux plus graves inconvénients.....

Pour les autres délassements et occupations de loisirs, je n'en vois pas de bien remarquables, si ce n'est quelques scènes de sauteurs de corde, faiseurs de tours de force et de gymnastique, jongleurs qui ne sont pas forts, et les joûtes au bâton ou au sabre, auxquelles s'exercent tous les garçons des villages ; enfin, les combats de coqs, surtout en Cochinchine, et le jeu innocent du cerf-volant au Tonkin, On est étonné de voir, dans chaque village, pendant la mousson S.-O., les hommes les plus sérieux et les plus âgés, s'amuser à lancer dans les airs, pendant des journées et des nuits entières, ce morceau de papier, monté d'un tube qui siffle et bourdonne. C'est une préoccupation de toute l'année pour monter ce joujou, de manière à ce qu'il soit, sinon le plus beau de la contrée, du moins le plus remarquable de la localité. Tant il est vrai qu'on peut s'amuser souvent à bon marché à tout âge.

III. Science des lettrés. — La science proprement dite, ne fait pas l'occupation des Annamites. Il y a un gros savoir répandu partout, un même degré d'instruction, une même routine, mais je ne vois nulle part de la science. En philosophie, en théologie, en mathématiques, en astronomie, je ne trouve aucune méthode, aucun travail d'analyse, aucun principe avéré, aucune recherche. En physique, en histoire naturelle, c'est la même chose, à part quelques recettes traditionnelles qui n'ont pris aucun développement ; en géographie et en histoire, les lettrés et les fonctionnaires ne savent même pas où est l'Empire Céleste. Ils comptent 18 royaumes pour toute la terre, et le reste est repaire de pirates et de forbans. Or, ces 18 royaumes sont les 18 provinces de l'empire, dont ils connaissent plus ou moins militairement l'histoire, sans s'occuper de leur position respective. Ils ne se doutent nullement de l'existence de nos atlas, qu'ils mépriseraient, du reste, n'en connaissant pas l'importance et le but. Pour l'histoire de leur pays, elle est purement traditionnelle; elle n'a aucun monument écrit, si ce n'est un amas de fables compilées du temps de Minh-mang et maintenant retirées de la circulation. Pour la jurisprudence, il y a les douze volumes de la loi chinoise, dont je ne connais pas de commentaires; il est défendu au peuple de se les procurer, et les mandarins les lisent à peine.

Je parle de la science et non de l'éducation, du haut savoir et non de l'étude. L'éducation première est très répandue partout, et un assez grand nombre de gens lettrés étudient dans toutes les provinces du royaume ; on s'applique à connaître les caractères e le style des livres chinois, pour pouvoir écrire facilement, soit en vers soit en prose, sur un sujet de littérature. On recherche de plus, dans l'étude des lettres, la clarté d'idées, la sagacité et l'adresse suffisantes pour éviter d'être trompé, et plus souvent encore, pour tromper ses semblables et pour arriver à des fins lucratives qu'on se propose presque toujours. Le lettré est un type de fourberie, de politesse et de pédantisme remarquable; il n'est pas savant, mais il est adroit, subtil et beau parleur ; il n'est pas riche d'ordinaire, mais il a des formes pour tous les actes de sa vie ; il met son turban de telle manière, il a une figure amaigrie par les veilles, mais des yeux perçants; il soigne le peu de barbe qu'il peut avoir, et il s'épile avec soin ; il laisse pusser de grands ongles, comme marque de ses occupations habituelles ; il tient à la main un éventail qu'il sait agiter à sa façon ; il s'asseoit avec distinction, se lève et salue de même, en baissant les yeux pour regarder ; il marche avec emphase et a toujours l'air de composer des vers ; il ne rit qu'avec calcul, et il craint toujours d'être en contravention avec quelques rites et cérémonies ; sa prononciation est légère et recherchée ; s'il satisfait ses passions, ce n'est qu'avec délicatesse, et s'il est mandarin et qu'il veuille vous voler, ce sera avec politesse et égards ; aussi les lettrés et les mandarins sont-ils craints, comme des sépulcres blanchis qui ne renferment que des germes de maladies ; mais cependant on les honore, parce qu'on a besoin d'eux et que dans un royaume d'aveugles un borgne peut être roi.

Le lettré a grandi, et de petit écolier qu'il était, il est devenu quelque chose : poète, beau parleur, pédant, maître de procès, hommes d'affaires ; mais, en fait de principes, il ne sait guère plus que les enfants, les artisans et les laboureurs de son pays. Il a trouvé dans les livres qu'il y a un fluide suprême, qu'il y a deux éléments : « âm et duong, » l'un d'action et de force, l'autre de repos, de faiblesse et d'inertie ; que ces deux éléments, en s'unissant ensemble, ont produit tous les êtres, qui se réduisent en général à cinq : « Thuy, Hoa, Moc, Kim, Tho » ; l'eau, le feu, le bois, le métal et la terre, et qui sont aussi cinq planètes ; qu'il y a trois chaînes de l'ordre social (tam-cuong) et trois grands corps : le soleil, la lune et la terre ; quatre points cardinaux et quatre saisons ; cinq choses ordinaires, cinq actions : du roi, des sujets, des époux et parents, des enfants aînés et cadets, des amis ;

qu'il y a six principales artères et six périodes de temps (luc-giap); sept hop ou unions : est, ouest, nord, sud, dessus, dessous, milieu ; huit divisions lunaires ; neuf ordres de dignités (cuu-pham) ; dix-huit royaumes et vingt-huit constellations ; il trouve en outre quelques sentences de sagesse et de bon ordre pour une société; voilà tout. Dans le gouvernement, il n'y a point de concours autres que les concours de littérature pour le baccalauréat. Il n'y a point d'académies ; il y a seulement, dans les ministères, une commission nommée pour l'édition du calendrier qu'on envoie chaque année à tous les maires de villages et à tous les fonctionnaires. Cette commission adapte le calendrier chinois aux exigences du lieu et prédit quelquefois des éclipses, en même temps qu'elle donne les années de la période des cycles décimal et duodénaire, et qu'elle indique les jours fastes et néfastes.

Ce calendrier donne l'année lunaire, qui commence avec la lune de mars, et il marque les mois intercalaires, qui ont lieu tous les trois ans, pour l'excédant des onze jours de chaque année sur la marche du soleil.

Du reste, le système du cycle, des mesures, des poids, des monnaies et de la numération est le même qu'en Chine et au Japon. Le cycle de la période de soixante ans se forme de la combinaison de deux nomenclatures: l'une de dix lettres et l'autre de douze. En accouplant la première lettre de la nomenclature de dix, qui est *giap*, avec la première lettre de la nomenclature de douze, qui est *ti*, et en épuisant la combinaison jusqu'à ce qu'on revienne à cette première jonction, on a soixante unions de lettres et six fois la lettre giap, ce qui fait qu'on appelle cette période luc-giap ou six fois giap.

1. Giap.	—	Ti.	12. At	—	Hoi.
2. At.	—	Suu.	13. Binh	—	Ti.
3. Binh.	—	Dan.	14. Dinh	—	Suu.
4. Dinh.	—	Meo.	15. Mo	—	Dan.
5. Mo.	—	Thin	16. Ky	—	Meo.
6. Ki.	—	Ti.	17. Canh	—	Thin.
7. Canh.	—	Ngo.	18. Tan	—	Ti.
8. Tan.	—	Mui.	19. Nham	—	Ngo.
9. Nham.	—	Than.	20. Qui	—	Mui.
10. Qui.	—	Dau.	21. Giap	—	Than.
11. Giap	—	Tuât.	22. At	—	Dau.
			Etc., etc.		

Les lettres du cycle duodénaire sont :

Ti (rat).
Suu (bœuf).
Dan (tigre).
Meo (lapin).
Thin (dragon).
Ti (serpent).

Ngo (buffle).
Mui (chèvre).
Than (singe).
Dau (poule, coq).
Tuât (chien).
Hoi (porc, sanglier).

Et celles du cycle décimal :

Giap.
At.
Binh.
Dinh.
Mo.

Ki.
Canh.
Tan.
Nham.
Qui.

dont je ne connais pas la signification, si ce n'est qu'on dit que les Japonais les regardent comme le dédoublement des cinq éléments : l'eau naturelle et l'eau à l'usage de l'homme, le feu latent et le feu allumé, le bois en général et le bois façonné, l'élément métallique et le métal travaillé, la terre inculte et la terre labourée, ce qui donne matière à dix lettres. La nomenclature de douze lettres sert aussi à mesurer le temps du jour et de la nuit, qui sont de deux heures chacun et qu'on appelle « canh ». De onze heures du soir à une heure, c'est l'heure de ti ou du rat; de une à trois, celle du bœuf; de trois à cinq, celle du tigre; de cinq à sept, celle du lapin; de sept à neuf, celle du dragon; de neuf à onze, celle du serpent; de onze heures à une heure de l'après-midi, celle du buffle, etc., etc., etc. Dans tous les chefs-lieux de canton, il y a des tambours qui marquent, depuis le coucher du soleil jusqu'au matin, les veilles de la nuit; ce sont les «trong-canh,» et ils suivent d'ordinaire les signaux donnés par les forts du roi, où l'on se sert de clepsydres à eau pour compter les heures.

Les lettres du cycle sont très anciennes et on les fait remonter aux « bat-quai » ou grandes divisions de Phuc Hi. Pour ce qui est de la période de soixante ans, le tribunal des mathématiques de Pékin a décidé, en 1684, que cette année-là était la première de la soixante-septième période, qui a fini en 1743; la soixante-huitième a donc été de 1743 à 1803, et nous sommes dans la soixante neuvième qui doit se terminer en 1863. Cette année (1858), nous avons Mô-ngo; il nous restera ki-mui, canh-than, tan-dau, nham-tuât et qui-hoi; alors, on recommencera giap-ti.

Les autres mesures de temps, chez les Annamites, sont les règnes des différents rois: « Minh-mang thap-tu-niên » (quatorzième année de Minh-mang); «Thiêu-tri that-niên » (septième année de Thiêu-tri); « Tu-duc nguyên-niên (première année de Tu-Duc), par exemple (1).

Les années, les mois, les jours, les heures sont divisés en hôn, trung et mat: commencement, milieu et fin; les heures sont divisées en khac, espèce de

---

(1) Soit, respectivement, les années 1833, 1847, 1848.

quart-d'heure de dix-huit à vingt minutes, en giay (moment) et en phut (minutes). Les années communes ont douze lunaisons et trois cent cinquante-quatre jours ; celles qui ont un mois intercalaire en ont donc trois cent quatre-vingt-quatre, et celles qui en ont deux, quatre cent quatorze.

Les mois commencent de la lune de mars et se divisent en deux dénominations comme il suit :

1	{	1ᵉʳ de la lune.	21 février, vu thuy, *aqua pluvia*.
	{	15ᵉ jour.......	6 mars, kin trâp, *motus reptilium*.
2	{	1ᵉʳ de la lune.	22 mars, xuân phân.
	{	15ᵉ jour.......	6 avril, thanh minh, *limpida claritas*.
3	{	1ᵉʳ de la lune.	22 avril, côt vu, *frugum pluvia*.
	{	15ᵉ jour.......	7 mai, lâp ha.
4	{	1ᵉʳ de la lune.	22 mai, tieu man, *parva clavis*.
	{	15ᵉ jour.......	7 juin, mang chung.
5	{	1ᵉʳ de la lune.	22 juin, ha chi.
	{	15ᵉ jour.......	8 juillet, tieu thu.
6	{	1ᵉʳ de la lune.	21 juillet, dai thu.
	{	15ᵉ jour.......	9 août, lâp thu.
7	{	1ᵉʳ de la lune.	24 août, xu thu, *finis caloris*.
	{	15ᵉ jour.......	9 septembre, bach lo, *ros albus*.
8	{	1ᵉʳ de la lune.	24 septembre, thu phân.
	{	15ᵉ jour.......	9 octobre, han lò, *frigidus ros*.
9	{	1ᵉʳ de la lune.	21 octobre, suong giang.
	{	15ᵉ jour.......	8 novembre, lâp dong.
10	{	1ᵉʳ de la lune.	23 novembre, tiêu tuyêt, *parva nox*.
	{	15ᵉ jour.......	8 décembre, dai tuyêt.
11	{	1ᵉʳ de la lune.	22 décembre, dông chi.
	{	15ᵉ jour.......	6 janvier, tiêu han.
12	{	1ᵉʳ de la lune.	21 janvier, dai han.
	{	15ᵉ jour.......	5 février, lâp xuân.

Comme on en peut juger par le climat désigné et le réel, ce ne sont pas les Annamites qui ont composé ces éphémérides; elles viennent évidemment de Pékin.

IV. *Poids et mesures.* — Les autres mesures sont :

Pour les capacités : le hoc (charge de riz pour un homme); le luong, mesure d'environ deux pieds de long sur un de large et un demi de profondeur ; le bat, ou écuelle suffisante pour nourrir un homme dans sa journée, et le dau, qui est la moitié et qui est seulement une mesure populaire.

Pour les longueurs : le thuoc ou pied, plus grand d'un pouce que notre pied de roi ; le tac ou pouce, dont il faut douze pour faire un pied ; le ngu de cinq ou de sept pieds, et le truong de dix ; le dam, distance à laquelle on aperçoit à peine un buffle ; le ly ou la dixième partie d'une lieue de vingt-cinq au degré, et le cung, qui est la marche de deux ou trois bonnes heures et qui vaut certainement trois à quatre lieues de poste.

Pour les champs, il y a le mâu ou cent pieds carrés, qui vaut dix sao ou trente ngu carrés, ou neuf cents ngu de surface. Le sao se divise en dix mieng, le mieng en than, le than en un ngu carré ; ensuite, vient le ghe, qui a un pied carré.

Je ne connais point de mesure pour les liquides; seulement, pour la profondeur d'un fleuve ou de la mer, ils ont le say ou brasse, dont ils se servent pour mesurer les ondulations du sol.

En fait de poids on a le nên ou livre de 10 onces, ou 390 gram. 05 ; le yên de 10 livres ou 6 kilogr. 248; le binh de 50 livres ; le ta de 100 livres et le quan de 500 ; puis la livre de 16 onces ou 624 gram. 08, qui excède notre livre française de 4 onces 3 drachmes et 27 grains, ou 9.53 ; l'once qui est de 39 gram. 05 ; le dông ou 3 gram. 905 ; enfin, les phan, ly, hao, thiêt, qui sont des dixièmes de l'once ou des dixièmes de dixième.

Les balances sont réglées d'après le système décimal, comme en Chine depuis si longtemps, comme Nen-dong, Phan-ly-hao. Ces balances sont une vergette pointée pour faire courir le poids de plomb qui est l'unité, et une petite soucoupe en cuivre suspendue à son pied ; elles sont très bien faites et très sensibles. Pour le poids spécifique, il est à peine connu, si ce n'est celui qui consiste à peser à sec, à peser dans l'eau et à prendre la différence.

Les monnaies sont le nên-trung-binh et tu-ma, différant tant soit peu de pesanteur, ou 10 onces chinoises ; il vaut 81 fr. 57 cent. Pour l'argent, il y a quatre-vingt-quinze parties pures et cinq d'alliage ; le thoi, dont le poids n'est pas déterminé ; le dinh ou dixième partie du nên et qui vaut 8 fr. et quelquefois 10 ; le tam de Minh-mang, imitation de la piastre espagnole, mais qui, sur deux cent quarante parties d'argent, en a quatre-vingts de cuivre ; elle n'est plus dans le commerce et elle sert seulement de récompense aux vieux chefs de canton ou aux vieux capitaines. Enfin, la sapèque de zinc de quarante à quarante-deux grains, la masse de soixante sapèques et la ligature de dix masses ou six cents sapèques ; elle pèse environ un kilogramme. Ces monnaies sont de zinc, d'argent ou d'or. Il n'y en a plus de cuivre depuis Gia-long, parce que les navires européens s'en emparaient pour y trouver un bénéfice considérable.

Pour la numération et l'art de calculer, les Annamites ont la nomenclature de leurs voisins et le fameux banh-tinh ou tablette à boules, d'un rang de deux en haut et de cinq en bas, sur sept à huit lignes que forment les vergettes de fer qui passent par le milieu de ces boules. La nomenclature donne un, dix, cent, mille et dizaine de mille ou « van » ; ensuite dizaine de van, centaine de van, millier de van ou «uc,» enfin dizaine d'uc, millier d'uc ou « binh, » etc., etc.

Il y a dans le pays des livres de calcul, comme le sach-thong-tong, et d'arpentage, cuu-chuong ; ils sont assez peu lus, mais les Annamites s'exercent beaucoup à compter sur la tablette chinoise, ou au moyen de petites chevilles faites exprès, ou même avec des sapèques ; on en trouve un assez grand nombre qui ont de grandes dispositions pour le calcul, et nous avons été étonnés souvent de les voir résoudre les problèmes les plus difficiles sans nous rendre compte de la méthode qu'ils employaient. Ce peuple a beaucoup de bon sens et de subtilité dans l'esprit, par conséquent une grande aptitude à toute chose.

V. Musique.—J'ai parlé plus haut, à l'occasion de la poésie, de la musique ; j'ajouterai ici que si les Annamites sont passablement poètes, ils ne peuvent pas se vanter, pas plus que les Chinois, d'être musiciens.

Ils parlent des huit sons et leur orchestre s'appelle aussi ba-tam (huit sons) ; on ne sait ce qu'ils veulent dire par là. Un thème chinois appelé « o-xe-xang » est exécuté partout, comme la base de ces huit merveilles, et on n'entend que ce morceau avec quelques accompagnements dans les provinces du royaume et partout. Le reste est débit, déclamations ou imitations de la nature. Ces langues ayant des tons tout faits, la musique doit s'y adapter et ne pas prétendre que des phrases aillent à un air fait d'avance ; aussi, quand ils entendent un Européen chanter et qu'on leur demande s'ils trouvent un air beau, ils vous répondent simplement qu'ils ne comprennent pas ; alors, tout est fini. Ils n'ont pas l'idée de nos tons et demi-tons, de nos gammes majeures et mineures ; ils sont très loin de s'en douter le moindrement. Parlons donc de la médecine et des médecins.

VI. Savoir des médecins. — Les livres chinois, traitant de la médecine et de l'histoire naturelle des plantes, ne sont enseignés officiellement par personne et ne donnent lieu à aucun concours public. Le fils étudie avec son père, le neveu avec son oncle, et quelques sujets chinois avec le praticien qui s'est fait la plus grande réputation dans l'endroit. De même que maître d'école, l'est qui veut, de même aussi est médecin et docteur qui prétend en faire son métier.

Et pourquoi, en effet, celui qui a un talent, soit naturel, soit acquis, pour être utile à ceux qui l'entourent ; pourquoi, dis-je, serait-il obligé de se faire approuver par le gouvernement comme ne pouvant guérir qu'avec les drogues en ...*ates* ou en ...*ures* d'une académie ? Mon talent peut tuer quelqu'un, mais il peut aussi le guérir. Est-ce un diplôme qui le changera beaucoup ? On a confiance en moi ; je la mérite probablement, cette confiance, et si je ne la mérite pas, est-ce le gouvernement qui me la fera mériter davantage ? Enfin, ce qu'il y a de bon chez les Annamites, comme chez les Chinois, c'est que personne ne croit empiéter sur les droits d'un autre en fait de médecine ; c'est que personne ne se doute qu'il empêche quelqu'un d'avoir une clientèle, et puis encore, c'est que tout médecin est peuple comme le peuple.

Ce n'est point un seigneur d'une ou deux communes, qui ait besoin de se faire payer les frais de son éducation, le train d'une grande maison, ses chevaux, sa voiture et l'avenir brillant d'une famille. Il y a partout des médecins, et en grand nombre ; l'émulation leur fait une nécessité d'étudier, de s'instruire, de se conduire d'une manière digne de leurs fonctions, et le peuple les voit se multiplier avec la plus grande satisfaticon.

« On se moquera, dit le P. de Rhodes, de ces peu-
« ples, si je dis que se fait médecin qui veut, et on
« croit qu'il ne fait pas bon se fier à des gens qui se
« doivent bien jouer des malades ; mais pourtant,
« moi, qui ai été entre leurs mains et qui suis témoin
« de ce qu'ils savent faire, je puis dire qu'ils n'en
« cèdent point à nos médecins et que même, en quel-
« que chose, ils les surpassent. Il est vrai que parmi
« eux il n'y a point d'université où l'on apprenne la
« médecine, mais c'est une science qui s'enseigne de
« père en fils. Ils ont des livres particuliers qui ne
« sortent jamais des familles, ou sont les secrets de
« l'art qu'ils ne communiquent à personne. Ils excel-
« lent particulièrement dans la science du pouls, où
« ils doivent apprendre tous les secrets de la maladie.
« Aussitôt que le médecin vient voir le malade, il lui
« prend le pouls et demeure plus d'un quart-d'heure
« à le considérer ; puis il est obligé de dire au malade
« en quel endroit il a mal et tous les accidents qu'il a
« eus depuis sa maladie. Ils divisent le pouls en trois
« parties et disent que la première répond à la tête,
« l'autre à l'estomac et la troisième au ventre ; aussi

« le touchent-ils avec trois doigts, et, à dire vrai, ils
« le connaissent fort bien. Ils ne purgent jamais aux
« fièvres intermittentes, mais ils donnent seulement
« quelques médicaments qui corrigent le tempéra-
« ment des humeurs ; j'ai expérimenté moi-même
« qu'avec cela ils chassent la fièvre, pour le moins
« aussi souvent que l'on fait en Europe avec tant de
« purgations, de lavements et de saignées. »

Le P. de Rhodes achève ce récit en disant que les médecins ne sont payés qu'après la guérison du malade et que sa mort les prive de toute rétribution. C'est la coutume et c'est une garantie de ses soins et de son savoir. En général, ce qu'on donne au médecin est facultatif, sauf le prix des potions qu'il donne, dont tout le monde connaît le prix et qu'ordinairement on achète soi-même aux marchés chinois du pays. On loge et on nourrit le médecin pendant qu'il soigne le malade de votre maison ; on lui fait un présent quand il s'en va, et au premier de l'an et au jour des anniversaires, on ne manque pas d'aller le saluer et de lui offrir quelque chose. Il y a cependant des médecins qui, pour les pauvres gens, reçoivent consultation et fournissent, au détail seul de la maladie, les médecines convenables ; alors ils se font payer la peine de couper, de laver, d'arranger ces médicaments, et ils trouvent ainsi un petit bénéfice suffisant pour vivre ; ce sont nos droguistes d'autrefois, et ils ne jouissent pas d'une grande réputation comme savants et hommes capables.

Le P. de Rhodes, dans le passage cité plus haut, semble n'avoir en vue que la médecine du pays proprement dite, quand il dit que les Annamites ont des livres particuliers qui ne sortent jamais des familles...

mais il est bon de distinguer ici la médecine chinoise de la médecine annamite, le thuoc-bac du thuoc-nam ou gia-tuyên. La médecine annamite se compose d'une foule de recettes traditionnelles, basées sur l'usage de simples feuilles, fleurs, fruits et racines que l'on trouve dans le pays même et qu'on ne soumet pas aux procédés de la pharmacie ou droguerie chinoise. Elles ont souvent de très heureux effets, mais elles ne jouissent pas d'une grande réputation, parce qu'elles sont vulgaires et sans une théorie bien travaillée. La science médicale proprement dite, c'est la science des livres chinois qui en traitent ; c'est la science, par exemple, du fameux ban-thao ou table des herbes, livre très étendu, très précieux, très savant, et jouissant d'une égale réputation en Chine, au Japon et en Annam.

C'est encore la science du y-hoc et de plusieurs autres ouvrages indiquant les signes des maladies, les différences des tempéraments... et la composition des potions diverses qui leur doivent convenir ; enfin, c'est la connaissance des traités sur le pouls ou sur la mesure des articulations pour l'application du moxa. Le pouls est fait pour indiquer le degré de bonté ou de corruption, le degré de chaleur ou de froid, le degré de circulation ou d'obstruction du sang; sa surabondance ou son défaut d'équilibre avec les humeurs. Il indique par-là l'affection des principaux organes du corps humain, et la théorie chinoise, fondée sur des appréciations déjà très anciennes et vérifiées tous les jours par les faits, est digne, je crois, de la plus grande attention. Le moxa ou brûlure d'absinthe sur les différentes articulations du corps, à certaine distance de tel ou tel organe, suivant les maladies, est un remède qui a des effets puissants pour toute maladie qui est à l'état chronique; mais son application demande une grande attention et une grande pratique. La mesure des articulations doit être faite, et il faut qu'elle soit bien exacte, autrement le moxa produit les plus fâcheux effets.

La science médicale de tous ces pays se borne à la connaissance de la vertu des simples, à la destruction des diverses maladies par l'étude des principaux organes; à la préparation des médecines naturelles sans changer leur état primitif (c'est-à-dire sans en tirer simplement la quintessence) et à la composition des potions. On ne fait pas une science de l'anatomie détaillée, et on n'emploie jamais la chirurgie, pas même pour faire vivre un enfant qui est dans le sein de sa mère qui vient d'expirer. Toutes les maladies se traitent par l'intérieur, aussi bien les lésions d'organes que les lésions proprement dites. Cela fait, qu'en général, nos médecins d'Europe méprisent la Chine et la regardent comme incapable de fournir à la science des données remarquables; mais je crois qu'ils n'ont pas raison. Il ne peut se faire qu'un grand peuple qui existe depuis plus de 4,000 ans n'ait pas eu et n'ait pas de bons médecins et des théories suffisantes pour la guérison de nos maladies.

Il n'est pas besoin d'être si grand anatomiste, si fort chimiste, si fort érudit dans les nouvelles nomenclatures de l'histoire naturelle, ou si habile chirurgien pour être un bon médecin. Le talent de faire de la médecine est un talent naturel, qui se développe avec une certaine application, un certain soin et une certaine pratique, et qui ne suppose, je crois, que des données générales et peu nombreuses. Il me semble que l'on naît médecin comme on naît poète ; Hippocrate était apparemment un bon médecin, et cependant il n'avait, avec la grosse science d'alors, que sa profonde sagacité et son tact extraordinaire. Je serais tenté d'affirmer qu'en Chine, on trouvera plus qu'on n'a trouvé dans Hippocrate et nos plus célèbres médecins pratiques. La théorie chinoise est peut-être ce qu'il y a de plus simple et de meilleur, et ses indications pour potions fortifiantes ou potions à guérir ont toujours des résultats heureux entre les mains d'un homme habile. Chez les Annamites, comme chez les Chinois, le défaut de concours publics (qui pourraient avoir lieu sans qu'on obligeât tout médecin à y venir, pour exercer son art, pour avoir un privilège), le défaut de concours, dis-je, qui donneraient lieu à des grades honorifiques et à l'émulation, fait qu'il y a peu de bons médecins dans la grosse masse de ceux qui exercent la médecine, du moins pour ce qui est de la connaissance du pouls et de l'application du moxa; mais enfin il y en a.

Les Annamites ne s'occupent guère de la pharmacie. Les Chinois ont le monopole, peu disputé, de la préparation de toutes les médecines désignées dans les livres classiques, et ce monopole est l'objet d'un grand commerce qui leur donne des bénéfices suffisants pour payer à peu près tout ce qu'ils achètent dans le pays. Je ne puis donner d'autre raison de cela que celle de l'aptitude plus grande qu'ont les Chinois pour tout ce qui demande beaucoup de temps et beaucoup de soins.

Les potions se composent ordinairement de sept à huit simples que l'on taille assez mince, et que l'on met à macérer, de manière à avoir un « thang », c'est-à-dire une eau bien imprégnée, que l'on doit boire à deux reprises différentes. Elles ne sont presque jamais nuisibles ; elles demandent souvent un long temps avant d'opérer un grand changement, mais elles y parviennent presque toujours quand elles sont faites avec soin.

Pour ce qui est des maladies, elles sont, en général, ce qu'elles sont partout, c'est-à-dire affections ou lésions de nos organes. On remarque au Tonkin des coliques suivies de cholérine et de peste ; des fièvres, dont l'une qu'on appelle « luoï-dèn » (langue noire) est terrible : c'est l'équivalent de la fièvre typhoïde ; des maladies de poitrine ; des coups de sang, que les gens appellent coups de vent (phai-gio) ; des surdités, des cécités et enfin la petite vérole. On voit peu d'estropiés ou d'individus contrefaits. Je ne me rappelle en avoir vu nulle part. Cela tient probablement à la manière dégagée et libre qu'adoptent les femmes pour se vêtir et pour élever leurs enfants. qui restent nus jusqu'à l'âge de trois, six et dix ans.

La petite vérole est un fléau qui emporte chaque année le tiers au moins des enfants, et il y a une chose remarquable ici, c'est que nous n'avons jamais pu conserver le vaccin qu'on nous envoyait de France, malgré tous les renseignements possibles et toutes les précautions que nous avons prises. Nous n'avons pu, non plus, nous en procurer dans le pays ; nous avons vacciné pendant cinq à six mois, renouvelant avec précaution le virus et le conservant avec la plus grande sollicitude. Tout à coup, nous nous sommes trouvés, sur différents points et à une même époque, privés tous ensemble de ce qui faisait l'objet de notre plus grande espérance, pour la conservation des enfants ; ensuite, tous nos essais subséquents ont été infructueux et sans aucun résultat. L'inoculation est connue en Chine, mais je doute qu'elle soit pratiquée, car dans ce pays on ne peut faire tout ce que nous faisons en Europe.

L'anatomie et la chirurgie donneraient lieu à toute espèce de calomnies et de vengeances ; il en est de même à peu près de l'inoculation. Comme elle produit la maladie, quelquefois assez forte pour donner la mort, un médecin ne s'exposerait pas à s'en servir. Aussi, la petite vérole est-elle traitée par le moyen de potions et de certains palliatifs ; peu de médecins réussissent à la traiter efficacement.

Pour les maladies qu'on appelle du haut-mal et de la lèpre (sot-mau, tat-phung), elles sont, comme partout, sans remède. Du reste, il y en a peu dans le pays, eu égard à la population. Il n'en est pas de ces maladies comme de la gale ou autres maladies de peau. La gale est plus facile à guérir que les dartres, qui résistent ordinairement à tout traitement et durant toute la vie, soit d'une manière continue, soit d'une manière périodique. Il y a médecines chinoises, médecines malaises, médecines annamites pour la traiter ; c'est inutile. Mais la gale ne résiste pas aux préparations de soufre. Quand elle se déclare bien, elle est un brevet de santé, et il est à remarquer qu'elle se communique plus difficilement qu'en Europe.

VII. Art et métiers. — Des lettrés, des médecins et des maladies, nous passons aux artisans, aux arts et aux métiers, à l'industrie, en un mot. Je l'ai fait entendre plus haut, le despotisme de la cour et des mandarins étouffe le talent et l'adresse naturels de ce peuple. Aussitôt que quelqu'un se distingue par quelque travail bien fait ou par quelque heureuse découverte, il doit craindre d'être envoyé à la capitale ou au chef-lieu de son département pour y passer sa vie, pour y être souvent enchaîné, pour ne point recevoir de salaire, et pour laisser mourir chez lui de faim et de misère sa femme et ses enfants. Aussi ne voit-on guère d'industrie chez les Annamites que pour ce qui regarde les nécessités de la vie domestique, et encore en Cochinchine, dans les provinces qui avoisinent la capitale, on n'en voit pas. D'ailleurs les Annamites, en fait d'arts et métiers, sont infiniment au-dessous de la Chine, qu'ils ne copient que de très loin. Ce qu'on admire chez eux, ce sont : la dorure sur bois et vermillon par l'application de feuilles d'or ; l'incrustation de la nacre sur bois et de l'argent émaillé sur cuivre ; la teinture noire des cotonnades et la fonte de différentes espèces de cymbales. Pour tout le reste, à part encore certains tissages de soie, on voit à peine quelques peaux de buffles tannées pour en faire des sandales. On ne voit point de porcelaines autres que celles que les chinois importent par leurs navires. On voit seulement quelques poteries de terre argileuse, où aucun vernis n'est en usage, si ce n'est peut-être celui des vases à chaux qu'on remarque dans chaque maison pour la manducation du bétel, et qui est vert-clair. La peinture est à son état primitif, et les peintres, très ignorants de la perspective, bornent leur talent à faire quelques illustrations où figurent toujours les quatre animaux symboliques : le dragon, le sphinx, la tortue et l'aigle ; ou à imiter quelque scène de la vie champêtre.

Les charpentiers, tourneurs et graveurs, font au besoin quelques découpures d'assez bon goût, pour le luxe, mais peu nombreuses. Le travail des métaux est des plus pauvres qu'on puisse voir. Il donne du fer et des outils grossièrement forgés, quoique de bonne trempe ; des objets en cuivre pour le ménage, qui n'ont rien de bien remarquable, des bijouteries d'argent, d'or ou de cuivre, soit noir, soit blanc, qui ne sont que peu de chose, comme les garnitures de plateaux et de tasses à thé ; enfin des alambics en plomb, étain et zinc pour faire les liqueurs, et des fils de laiton, d'argent ou d'or. C'est là tout le savoir-faire du pays, et il serait inutile d'y chercher de grandes manufactures, de grandes fabriques ; tout se fait en petit et d'ordinaire dans le secret. Les ouvriers se déplacent souvent et parcourent le pays pour n'appartenir autant que possible à aucune localité qui soit responsable de leur talent, et à part quelques villages qui sont obligés d'en fournir au roi, comme condition de leur existence, on n'en trouve nulle part que par occasion.

Laissons donc les artisans, avec leur adresse naturelle et leur peu de moyen de faire de grandes choses ; occupons-nous des laboureurs, des pêcheurs et des chasseurs. Les laboureurs sont la grande classe de la population : riches et pauvres, hommes et femmes, vieillards et enfants ; il n'y a, à proprement parler, que les mandarins et quelques lettrés qui ont des diplômes, ou qui ont acheté aux communes des titres d'exemption, qui ne soient pas laboureurs.

Tout le reste du peuple sait tenir la charrue, semer, planter et moissonner, et tout le monde s'en fait un besoin et un honneur. La culture, du reste, est à l'état de simplicité la plus parfaite. C'est à peine si elle se sert des engrais comme moyen de production, et elle consiste dans le simple labour à la bêche ou à la charrue, avec les observations de temps et de saison les plus communes et les plus universelles. Cette culture suffit dans un pays aussi fertile, et elle donne abondamment aux besoins de la vie de cette grande population ; elle fournit même au commerce étranger une quantité considérable de plusieurs denrées dont ont besoin Haï-nam et Canton.

Pour ce qui est de la pêche, elle donne sur toute la côte et dans les fleuves du pays, du moins au Tông-king, les plus abondants produits, comme je l'ai déjà dit, au sujet de la géographie. Les pêcheurs font donc une partie considérable de la population ; il y en a qui habitent la mer avec toute leur famille : ce sont les « Tâu-ô » si redoutés dans le pays, parce qu'ils font la piraterie ; mais c'est le petit nombre. Les pêcheurs de la côte ont le droit de posséder une terre, et ils forment des communes ayant un territoire, comme les gens de l'intérieur. Les pêcheurs des fleuves ont cela de particulier qu'ils ne vivent que sur leurs barques et que le roi leur partage des étendues de fleuves plus ou moins considérables, suivant les lieux et suivant leur importance de population. Par là, ils possèdent les fleuves dont ils paient le tribut ; mais ils n'ont pas le droit d'habiter à terre.

La chasse est peu connue dans la plaine du Tông-king ; mais dans les montagnes on voit les villages se réunir pour chasser le tigre, le cerf, le sanglier et le paon. Comme les armes à feu et les piques sont défendues, ils se servent alors de pieux ferrés et de filets. Ils partagent leurs gens en trois bandes : l'une qui tient les filets dans les passes, l'autre qui attend pour piquer l'animal quand il s'engage dans les filets, et la troisième enfin qui bat les fourrés. L'animal pris sert sur place de régal à tous les invités ; mais il est à craindre, si c'est un cerf qui ait cette corne gommeuse dont j'ai parlé plus haut et qui s'appelle « nhung », que le mandarin ne le sache ; si c'est un tigre, on ne pourra guère se dispenser non plus d'aller lui porter la fourrure et les pieds. Du reste, les os de tigre et les bois de cerf servent à faire deux bonnes médecines très recherchés, qui se vendent très cher partout ; c'est le cao-hao-côt et le cao-ban-long. C'est une râpure très fine que l'on fait consommer et agglutiner de manière à former des tablettes gélatineuses excellentes pour les maladies de la moelle épinière et de la poitrine. Les Annamites se servent aussi, comme les Malais, de trappes et de lacets aux aréquiers ou à de forts bambous, pour détruire les bêtes féroces qui rôdent autour de leurs villages. Pour les oiseaux, ils ont aussi les filets, l'arquebuse à flèche et les gluaux.

CHAPITRE V

CONCLUSIONS.

I. Remarques sur le caractère des Annamites. — Tous les détails que je viens de donner pourraient suffire, je crois, pour donner une idée assez complète du caractère des Annamites, de leur civilisation, de leur bien-être et de l'importance qu'on doit leur donner comme nation civilisée. Je parlerai dans un article spécial du gouvernement et de l'histoire du pays, et l'on verra bien, je m'imagine, qu'après la Chine et le Japon, il n'y a pas de peuple, dans tout cet Extrême-Orient, qui mérite davantage l'attention du voyageur.

« Les Annamites, dit le P. de Rhodes, sont moins « orgueilleux que les Chinois et ils sont plus terribles « et meilleurs soldats. » Ajoutons que les qualités de l'Annamite sont la sagacité, un grand fonds d'intelligence et de discernement et un tact remarquable ; voilà pour l'esprit ; une grande générosité et un fidèle attachement ; voilà pour le cœur. L'Annamite est méfiant, et en général il n'aime pas les nouveautés; mais il les accepte, quand il en voit bien la raison. Il a des superstitions auxquelles il se livre souvent sans frein, mais il n'est pas fanatique ; il craint les étrangers, mais il ne les hait pas. Il se soumet volontiers à la plus grande tyrannie et aux plus pénibles travaux de la corvée, pour le bon ordre et le bien public, mais il a en horreur l'esclavage. Enfin, il est timide, mais de cette timidité, je dirai bretonne, qui résiste peu à peu et longtemps à la force brutale qu'il ne peut affronter en face. Son cœur est bon et compatissant, et pour lui, l'homme sans affection (vô-tàm) est un monstre (nguoi-vô-la) : quand il a prononcé cette expression de nguoi-vô-tàm, c'est le dernier terme de son mépris.

Les défauts de ce peuple sont la légèreté, et la vanité qui en est la source. Il aime le brillant, il aime à se vanter, à être brave quand il n'y a pas lieu de craindre. Aussitôt que la peur a pénétré dans le cœur d'un Annamite, au lieu d'être comprimée, elle prend de l'extension et de la force, et tout est à peu près fini. Après cela, il revient et reprend les choses comme avant.

Je ne vois que la population de Hà-nôï, au Tôngking, qui offre cette solidité de caractère qui tient un bon milieu entre la trop grande crainte et la trop grande confiance, et qui adopte la ligne de conduite à toute épreuve. Les autres défauts proviennent de la pauvreté, qui engendre la ruse, et le mensonge, la gourmandise, le jeu et l'ivrognerie, une certaine rapacité et l'esprit de vengeance.

J'ai lu quelque part, des Birmans, que « c'est un « axiome de vanité nationale d'affirmer qu'ils sont sans « égaux dans leur adresse à cacher la vérité. La sin- « cérité et la franchise leur sont inconnues, l'expé- « rience leur apprend de bonne heure à être prudents, « et ils pratiquent la dissimulation dans toutes les

« actions de leur existence. Heureux ou malheureux,
« leur physionomie ne trahit ni la joie, ni le chagrin.
« Questionnés sur le sujet le plus insignifiant, ils vous
« font une réponse indirecte. Leurs promesses sont
« vaines, leurs protestations d'amitié sans valeur ; ils
« ont recours à la haine et à la fraude, comme à des
« moyens légitimes d'arriver à leurs fins, et ils les
« regardent comme si nécessaires, que l'homme qui
« ne saurait employer ni l'imposture, ni le stratagème
« pour atteindre son but, passerait à leurs yeux pour
« un imbécile. »

Ce portrait, trop chargé pour les Annamites, leur est cependant applicable dans une certaine mesure. Le régime de vexations auquel ce peuple est soumis a mis partout une habitude de détours et de fraudes qui est partout regardée comme honorable. Cependant elle ne provient pas d'une nature sournoise, âpre et insensible, comme chez les Birmans. Les Annamites sont menteurs et froids par forme. Aussi ils distinguent toujours ce qu'ils appellent la raison et la réalité (ly, tinh), c'est-à-dire qu'ils ne sont menteurs que quand ils voient trop d'inconvénients à dire la vérité, et que la sagesse doit faire accepter comme vraies des raisons plausibles qui répondent suffisamment à des questions trop embarrassantes. C'est comme une affaire de convention, et l'habitude fait vite reconnaître ce qu'il est de la réalité. Ils font en cela parade de sagacité et de savoir-faire, et ordinairement ils ont assez raison, parce que personne ne s'y trompe.

Pour la gourmandise, le jeu et l'ivrognerie, ce sont dans ce pays de grands fléaux. L'Annamite, à son ordinaire domestique, est très sobre ; il ne mange presque jamais de viande, il ne boit presque jamais de vin, mais les repas publics sont multipliés par les affaires de la commune et du canton, par les constructions ou réparations de maisons, par les anniversaires et fêtes religieuses, par les mariages et les enterrements, et alors on voit des populations entières perdre le bon-sens et la raison. On ne va nulle part sans voir de nombreux ivrognes, et, comme partout, je crois, ils sont incorrigibles. Ils ne croient pouvoir traiter une affaire sans être à même de dire des sottises au besoin ; ils n'ont pas l'intelligence libre si le sang ne leur monte pas à la tête, et ils ne pensent pas à se présenter devant un mandarin ou un homme en place, sans s'être fouetté la bile avec au moins 30 sapèques de vin de riz.

L'envie d'avoir est aussi une passion très prononcée chez eux ; mais il ne faut pas croire que ce soit précisément pour s'enrichir et accumuler un trésor ; non, c'est pour jouer et s'enivrer sur place. L'Annamite aime la pauvreté dans son ménage, et il la pratique parfaitement. Rarement l'industriel, le voleur porte chez lui le fruit de sa maraude ; rarement le mandarin devient opulent dans ses charges : il retourne au foyer à peu près comme il en était sorti, c'est-à-dire sans le sou. Il se fait alors maître de procès ou médecin pour gagner sa vie. Que sont donc devenues toutes les sommes qu'il a prises ici et là, aux communes et aux particuliers de sa juridiction ? Il a joué, il s'est fait faire la comédie, il a fumé de l'opium et il s'est enivré ; c'est une des grandes pages de son histoire.

Le sentiment de la vengeance est fortement exprimé dans le langage du pays, mais il se produit par peu de faits bien graves dans les mœurs générales. Les querelles, les imprécations et malédictions sont très vives ; mais les voies de fait, les meurtres, les incendies, etc. sont excessivement rares. La grande vengeance consiste à maudire une famille et tous ses ancêtres, à exciter les enfants à profaner un tombeau, et à susciter des procès qui n'ont pas, d'ordinaire, d'autres conséquences que les coups de rotin et la perte d'un peu d'argent. L'Annamite est colère, mais il n'est pas vindicatif.

Je remarquerai enfin, pour achever ce portrait des mœurs du pays, que, malgré une bonne vie de famille et une grande retenue prescrite par les usages sévères des polices communales, il y a un dévergondage de paroles impures, soit comme imprécations, soit comme simples joyeusetés, qui surpassent tout ce qu'il est possible d'imaginer ; cela ressort presque nécessairement du paganisme et des défauts que j'ai suffisamment mentionnés.

II. Ressources du pays sous les rapports financier, commercial et militaire. — Il s'agit, d'après ce titre, de l'impôt, du commerce et de l'armée ; ce que j'ai à en dire ne peut être bien long ; il me suffit d'en parler de la manière la plus élémentaire possible.

1° Impôts (1). — Il y a quatres sortes d'impôts différents: l'impôt sur les immeubles, soit en nature, soit en argent ; l'impôt personnel ou taxe ; l'impôt sur le commerce, qui est perçu aux douanes ; et une sorte d'impôt appelé « thuc-san, » qui est particulier à certains villages devant livrer aux rois certaines pro-

---

(1) Voir la 2ᵉ partie, n° VI. *Assiette des impôts.*

ductions ou certaines choses rares qu'ils peuvent et qu'ils doivent se procurer.

Après ces impôts viennent les réserves royales, sur la cannelle, le bois de fer, la cire, l'ivoire, les jeunes pousses gommeuses du cerf (loc-nhung), les éléphants, les argus (cam-ke), les nids d'hirondelles, les pierres précieuses et les mines, tous objets qui sont interdits au peuple plus ou moins sévèrement. Le roi confie aux Chinois la culture de la cannelle, comme il leur confie l'exploitation des mines. C'est à Thuong-dong et à Trinh-van, dans les montagnes de la province de Thanh-hoa, que se trouve la cannelle la plus renommée. Celle de Cochinchine que l'on désigne sous le nom de « qua-quang », est en plus grande quantité au Tông-king ; mais elle lui est très inférieure ; aussi la trouve-t-on assez facilement dans le commerce.

La cannelle dont je parle, comme réserve royale, vaut 80 et 100 francs l'once, c'est-à-dire à peu près le prix de l'or non forgé, quand elle est de première qualité ; mais on en trouve à 15, 20 et 30 francs. L'amiral Cécile, en 1847, avait demandé à Mgr Retord, quelques plantes de cette fameuse cannelle pour la transplanter à Bourbon ; on a pu, avec les plus grandes peines, s'en procurer cinq pieds, qui n'ont pu supporter la mer et qui sont devenus par conséquent inutiles. Cette cannelle a des effets prodigieux dans toutes les maladies d'épuisement, pour les tempéraments qui peuvent la supporter ; mais pour s'en servir il faut la connaître parfaitement, et quoi qu'on s'exerce beaucoup à cette connaissance, peu de gens réussissent.

L'impôt sur les immeubles est différent suivant les terrains, qui sont de trois sortes : terrains quan-diên ou royaux ; terrains susceptibles de passer en héritage et de former des majorats (tu-diên) et terrains de montagnes, de rivages, terrains vagues. Les terrains de 1re classe paient 3 francs l'arpent de 100 pieds carrés ; ceux de 2e de 1 fr. 50 à 2 fr. De plus, ces deux catégories paient une redevance en riz, qui est à peu près la charge d'un homme par arpent.

Pour les autres terrains, il n'y a rien de bien fixe, et ils paient d'ordinaire, *in globo*, pour l'étendue concédée dans le décret de donation, et le plus souvent même ils ne paient rien. L'impôt en nature approvisionne les greniers du roi, qu'on voit dans tous les chefs-lieux de province et sur quelques autres points de territoire. On dit que le roi a encore pour vingt-cinq et trente années de réserve, de quoi nourrir son armée et tous ses fonctionnaires. Mais pour se faire une idée du chiffre qu'atteint le tribut en argent de tous les immeubles, il faudrait connaître la superficie en arpents de tout ce qui est cultivé dans tout le royaume, ou bien encore mieux l'effectif marqué dans les différents titres de donation pour chaque commune. D'après la géographie de Minh-mang, il y a en tout 14,013 communes ; mettons qu'en moyenne chaque commune paie l'impôt à 3 francs de 200 arpents de terre, cela donne 8,407,800 francs. Pour le tribut en nature d'une charge d'homme, c'est-à-dire de 1 fr. 50 cent. par arpent, nous avons 1,682.560 francs ; ce qui fait en tout 10,088,360 francs. Avec l'organisation actuelle, ce résultat n'est peut-être pas éloigné de la vérité, car le peuple cultive plus de la moitié, plus des deux tiers de ce qui est marqué dans lesdits titres de donation.

On compte ordinairement 600,000 noms du catalogue

royal pour la milice : comme la taxe personnelle est de 1 franc, nous n'avons pas une somme bien considérable à enregistrer.

Pour ce qui est du revenu des douanes, il est difficile de l'apprécier sans renseignements officiels, parce que ces douanes sont affermées à des particuliers, pour une somme qui varie suivant l'importance des lieux.

Le grand mandarin Thuong-giai a d'ailleurs obtenu du jeune roi qui règne actuellement, qu'on en diminuât le nombre. J'en connais bien une dizaine au Tông-king qui ont été achetées de 60 à 100,000 francs, et qui paient en outre, annuellement, une certaine somme, mais je ne puis faire une appréciation à ce sujet. Ces douanes sont une des calamités du pays, par leur puissance et la corruption de leurs employés, qui font partager leurs profits aux mandarins locaux, et qui rançonnent impitoyablement le pauvre peuple, malgré les tarifs, qui ne sont connus de personne.

Le « thuc-san » et les réserves pour bois de fer, nids d'hirondelles, nhung et certains fruits, pierres précieuses et mines, doit fournir au roi d'immenses richesses, qui le rendent un des plus riches princes de l'Asie, sans compter qu'il y a encore le tribut des gens de barque et la corvée pour les travaux publics, qui se fait aux frais et dépens des communes, sans compter encore le travail des ouvriers charpentiers, fondeurs, forgerons, ébénistes, brodeurs, imprimeurs, qui sont fournis par différents villages, comme charge obligée, et qui travaillent à peu près gratis pour les plaisirs de Sa Majesté. Le roi, en fait de charges, n'a que le paiement de son armée d'environ 50,000 hommes, ce qui fait 50,000 francs par mois, soit 600,000 francs par an; le paiement de ses mandarins, mettons 1.500,000 francs ; l'entretien de ses navires, de ses forts, de ses greniers, au plus 1,000,000 ; enfin, ses femmes, qui ont toutes une trentaine de suivantes et qui forment un effectif de 5.000, dit-on ; soit pour les frais qu'elles occasionnent, 500,000 francs ; cela ne ferait à mon estime que 3,600,000 francs de dépenses. Mettons de plus 500,000 francs pour les femmes de son père, nourries dans le mausolée, et pour les enfants de la famille royale, qu'on appelle « duc-ông », dont il reste encore 90 de Minh-mang, son père ; cela fait en tout 4,000,000. Il doit donc y avoir des trésors immenses, amassés chaque année, si on en juge par ce tableau approximatif, et par les réserves du riz dont il y a encore pour vingt-cinq et trente années, toute son armée et le personnel de son gouvernement et de sa famille étant nourris au courant. Aussi enterre-t-on avec le roi décédé des sommes immenses, et dans le palais du roi vivant on enfouit continuellement de l'or et de l'argent, dans des pièces de bois de fer creuses. Je crois qu'en s'emparant du royaume, et en fouillant les tombeaux et les jardins de la cour on trouverait de quoi entretenir la fortune d'un grand royaume.

Que sont devenus les trésors de la famille Lê et tant de contributions des peuplades soumises et du peuple annamite depuis déjà des siècles ? Assurément ce n'est pas le peuple qui les a repris, et ce ne sont pas les travaux publics qui les ont absorbés, pas plus que les présents faits à des particuliers ou encore les subventions accordées dans les grands fléaux qui ont ravagé le pays. C'est donc le roi qui en jouit seul ; c'est donc lui qui s'en regarde comme seul responsable. Il est certain que l'usage qu'il en fait ne peut le ruiner. Le dernier vice-roi du Tông-king, Thuong-giai, était effrayé partout de la misère du peuple, et disait hardiment au roi qu'il fallait fouiller ses trésors et les répandre au milieu de ses sujets; mais ses paroles n'ont eu d'autre effet que de lui attirer la défiance, et le peuple est resté pauvre comme il l'était auparavant, et le royaume est aussi nul en fait de monuments, d'établissements, de travaux d'utilité publique, qu'il l'est à présent (1).

2° Commerce. — Le roi Minh-mang faisait à lui seul le commerce de l'extérieur et la plus grande partie du commerce de l'intérieur de son royaume. Il avait réussi à chasser la majeure partie des Chinois établis au Tônk-king et en Dông-naï; ses navires faits à l'européenne et ses jonques de guerre allaient à Singapore, à Manille, à Batavia et à Macao, pour y vendre, à son compte, le plus de riz, de bois d'ébène, d'ivoire, d'écorces colorantes, de cornes de cerf, de cannelle de calambac, d'ambre, de sucre, de soie, de laque, d'huile et de pierres précieuses qu'ils pouvaient. Il vendait de plus, à son peuple, aux navires européens et aux Chinois ces mêmes matières, en se servant de ses soldats pour recevoir ce qu'il livrait, bon gré mal gré, à ses acheteurs, qu'il mettait en prison, qu'il faisait battre de verges, qu'il forçait à signer des contrats pour les faire rendre quelquefois,

---

(1) Voir la 2° partie, n° VII. *Population et finances de l'Annam.*
Lorsqu'on arrêta, à la fin de 1888, l'ex-roi Hàm-Nghi dans son refuge de Ta-Bao, on trouva sur lui de nombreux papiers importants, notamment un indiquant l'emplacement de dix cachettes dans lesquelles des trésors ont été enfouis, à Hué, dans la citadelle royale.

qu'il trompait, enfin, d'une manière infâme. On l'a vu faire porter par ses soldats des charges de tuyaux de pipe, portés à dos jusqu'à 59 et 60 lieues, et par conséquent brisés et mis hors d'état de servir à quelque chose; ces tuyaux de pipe devaient être imposés à tous les marchands des chefs-lieux d'arrondissement et payés argent comptant. On l'a vu fréter un navire de Bordeaux, de la maison Balguerie et Vannier, capitaine Borel, pour lui apporter de France 6,000 ou 12,000 fusils et je ne sais combien de canons; le marché fut écrit et signé, mais quand ces objets arrivèrent, le roi fit rendre le contrat par toutes sortes de moyens violents, puis il essaya les armes, et ne crut devoir payer que celles qui, chargées jusqu'à la gueule, n'éclataient pas; enfin, pour le tiers de la somme, qui devait être payé en argent, il donna la monnaie de zinc du pays, à la moitié de la valeur intrinsèque (elle fut jetée à la mer par le capitaine); pour le 2e tiers payé en sucre, on n'eut guère que du sable, et pour le 3e des denrées plus ou moins bonnes.

De plus, c'était Minh-mang le grand acheteur du royaume, et tout ce que les Chinois ou les navires étrangers apportaient du dehors, lui seul pouvait l'acheter; et le même système de fourberies et de fraudes avait lieu, en toute occasion et partout.

On conçoit, par là, combien le commerce du pays a dû souffrir de cet état de choses, et combien peu de commerçants ont dû être tentés de s'exposer à des avanies à peu près certaines et irréparables. Aussi on pourrait se demander si c'était un but politique que Minh-mang se proposait, afin d'isoler son peuple, le plus possible, des autres nations et de régner en maître sur un trône qui chancelait encore. Quoiqu'il en soit des rigueurs de Thiêu-tri et de Tu-duc, ce système de trafic n'a plus lieu, et si l'on ne voit pas les nations d'Europe profiter des bénéfices que peut procurer abondamment le commerce de ce royaume, du moins on voit partout les Chinois revenir en grand nombre et user largement de leurs privilèges. Il est encore défendu aux Annamites de sortir du royaume, sous peine de mort; mais dans l'intérieur de leur pays ils ont une assez grande étendue de territoire, une suffisante abondance de productions diverses pour satisfaire les premiers besoins des diverses populations, et ils sont libres d'aller où ils veulent et de vendre ou d'acheter ce qui leur convient; aussi les marchés sont très multipliés partout, et ils donnent une vie très active et très animée à toutes les provinces.

D'après ce que j'ai dit au sujet de la géographie proprement dite du pays, on peut juger suffisamment de l'objet de ce commerce, soit chinois, soit purement annamite. Je n'en parlerai pas davantage, si ce n'est d'une manière générale. Les Chinois importent du thé de luxe, des médecines, de l'opium, des porcelaines, des étoffes de laine, et surtout nos cotonnades d'Europe ou d'Amérique, avec quelques objets de curiosité qu'ils achètent à Hong-kong, comme horlogerie et verroterie; ils exportent du riz, du rotin, de la laque, de l'huile, du vin de riz, du sel, de la soie, de la cire, des médecines brutes, des métaux, des pierres précieuses, des bois de teinture, des ignames, des porcs. Malgré les défenses sévères du gouvernement, on voit tous les ans une assez grande quantité de barques du Dông-naï et de la moyenne Cochinchine faire le commerce à Singapore et à Siam; elles y portent du riz, de l'ivoire, de l'ébène, des dents de crocodile, des écorces, du camphre et les autres objets que j'ai mentionnés pour les Chinois. On serait tenté de croire ces barques très pauvres et très dénuées de tout, en ne jugeant que par les apparences, mais je les crois très riches et bien munies d'objets de prix qui ne se vendent qu'en secret et en cachette.

Au Tonkin, je ne vois pas d'autre commerce annamite que celui de la côte sur le riz, les arecs, le sel et le condiment « nuoc-mam », dont j'ai parlé précédemment. Les arecs et le sel, sont de première nécessité pour le pays, et le commerce qu'on en fait est lucratif, mais moins que celui du riz, qui rapporte d'ordinaire cent et quelques pour cent. Les barques vont le porter à Lapau, ou en Xu-thanh et Xu-nghê. Elles l'achètent sur le pied de 1 franc les 36 et 40 mesures, et au bout de 15 jours, un mois, elles le revendent au même taux les 15, 18 ou 20 mesures. C'est énorme et c'est assurément un défaut dans le gouvernement, pour une matière d'aussi grande et d'aussi nécessaire consommation. Le commerce des fleurs, et surtout celui des bois de construction, du bambou, des feuilles à toiture et de la poterie, n'est pas très considérable; mais par là même enrichit ceux qui ont le courage d'affronter la vie des forêts, et l'adresse de ne pas se laisser voler par les mandarins.

Maintenant sur quelles données doit-on baser l'importation et l'exportation des différents produits? Je ne puis en rien dire absolument. Les Chinois ont une cinquantaine de grandes jonques de 150 à 200 tonneaux, qui, chaque année, viennent dans le pays, et une centaine de barques de moindre grandeur.

Pour les Annamites, ils n'ont que des barques de pêche, dont les plus grandes peuvent jauger de 60 à 100 tonneaux ; en porter le chiffre à 600 serait, je crois, beaucoup trop ; que ferait en effet ce peuple, de tant de barques ? Les plus grandes traversées ne durent que 7 à 8 jours, et c'est à peine si l'on voit les barques du Tonkin venir en Cochinchine, et les barques de Cochinchine au Tonkin, si ce ne sont celles du roi, ou celles des particuliers frétées par le roi pour aller chercher le tribut. — Le grand commerce se fait à pied, par l'intérieur, du Yun-nan à Ké-cho, de Ké-cho à Hué, et de Hué à Dông-naï. Tout le reste n'est, pour ainsi dire, qu'un accessoire. Ainsi il est impossible, je crois, de donner même des approximations raisonnables de l'écoulement et de la consommation des productions du pays.

3° Armée. — Les officiers français qui vinrent, à la suite de Mgr d'Adran, aider Nguyên-anh à reconquérir son royaume, organisèrent à l'européenne une armée de 6.000 hommes, et depuis on a voulu conserver le mode de cette organisation. On a fait des fusils de munition français, on fait de la poudre et des cartouches ; quelques compagnies s'exercent dans les départements à faire l'exercice de la charge en douze temps ; les soldats ont des habillements en laine et des parements de différentes couleurs pour les distinguer du peuple et de régiment à régiment ; mais voilà à peu près tout ce qu'il y a d'européen dans l'armée annamite. Tout le reste est à la chinoise, c'est-à-dire à peu près comme chacun l'entend, pour l'ordre et la discipline. Il y a des régiments de 5 à 600 hommes ; ceux de la Cochinchine s'appellent « Vê, » et ceux du Tonkin « Co » ; un « dôï, » capitaine, est à la tête de 50 hommes, et sous lui, il n'y a point d'officiers, si ce ne sont des grades ou fonctions qu'il donne à sa volonté. Il y a un général et un sous-général, « linh-binh » et « pho-linh » (qui s'appelle aussi pho-vê ou pho-co).

Ainsi l'état-major n'est composé que de trois grades officiels, ce qui simplifie beaucoup les choses. Les capitaines vont ordinairement à la tête de leur compagnie, indépendamment de leur régiment, et ils dépendent à peu près autant des mandarins du département que de leur général. Ils vont garder les « dôn » ou forteresses dont chaque province a un plus ou moins grand nombre, surtout sur la ligne de la route royale ; ils vont garder les greniers du roi et surveiller les distributions de riz qui s'y font pour le service du gouvernement ; ils restent auprès des mandarins de chaque « phu », ayant alors un commandant qui prend le titre de « tri-phung », ou auprès de leur général qui réside au chef-lieu de département ; enfin ils font la patrouille à chaque fin d'année, et ils obtiennent des mandarins l'ordre écrit d'aller visiter les différents villages, pour aller chercher les malfaiteurs, mais surtout pour avoir ce qu'ils appellent les présents du premier de l'an.

Le général est ordinairement chargé de surveiller quelques grands travaux qui ont lieu dans certaines localités, comme construction de navires, canalisations, chargement des barques qui portent le tribut. Et voilà à peu près ce que c'est que l'armée du roi en temps de paix. S'agit-il de la guerre ? Alors un des grands mandarins de la cour ou des départements est nommé à cet effet. — Il organise alors de son mieux l'armée qui doit combattre sous ses ordres, prenant dans les provinces, et surtout en Cochinchine, tout ce qu'il peut y prendre, et tâchant de s'entourer de volontaires et de gens qui lui soient attachés. Ainsi Thuong-giai, envoyé ces dernières années contre les bandes qui venaient du Quang-si pour ravager le pays, a réussi, dans l'espace d'environ quatre mois, à se former une armée de 15,000 hommes, des prisonniers, non condamnés à mort, dont il avait demandé au roi l'élargissement. Avec cette armée, il a réussi à se faire craindre, et à dissiper les brigands qui, maintenant, amassent l'or à pleines mains dans les montagnes du Son-tây.

Dans le pays on dit que le catalogue du roi a 600,000 noms susceptibles de la milice. Ces noms doivent donner de 1 sur 7 pour le Tonkin, et de 1 sur 3 pour la Cochinchine; il devrait donc y avoir, en prenant une moyenne de 1 sur 5, dis-je, 120,000 hommes sous les armes. Les mandarins, certainement, font fournir au roi du riz pour une armée de ce chiffre, si elle existe d'après les catalogues ; mais, en fait, je ne pense pas qu'il y ait une armée de plus de 15 à 20,000 hommes de troupes réglées, et de 25 à 30,000 de troupes ordinaires sous les armes dans les départements ; soit 50,000 hommes. A la capitale, il y aurait encore 10,000 hommes, au plus 15 ; cela ferait en tout 60 ou 65,000 ; je ne crois pas me tromper beaucoup. Les mandarins renvoient chez eux le plus de soldats qu'ils peuvent, afin de s'emparer de la portion de riz et de la paie d'argent qu'a chaque soldat par mois. Les soldats ne sont pas fâchés de pouvoir vivre tranquilles au sein de leur famille, d'autant qu'ils sont tous mariés; alors ils briguent cette faveur, et font encore pour l'obtenir, des présents considérables.

Tout cela fait que l'armée, qui devrait être de 10,000 hommes dans un département comme Hà-nôï, par exemple, n'est pas de 5,000 ; et moins le département est important, plus la fraude est considérable.

J'ai dit que dans ce royaume il y avait des fusils de munition français, mais ce n'est que pour un petit nombre de soldats d'elite. L'armée, en général, n'est pourvue que de sabres et de piques ; et comme les sabres sont très rares, la pique est l'arme obligée. Le soldat annamite porte un petit chapeau en bambou, en forme de cône aplati et surmonté d'un bouton en cuivre ; il a un bouclier en rotin qui couvre plus de la moitié de son corps, et qui est très pesant et très embarrassant ; un sabre, si on lui en donne, et une pique garnie de fer, qui peut avoir 6 à 7 pieds de hauteur. Comme complément obligé, il faut encore un sac de chevilles de bambous aiguisées par le bout, pour planter le soir autour de son campement, afin d'empêcher l'ennemi d'approcher. Avec tout cela, le guerrier annamite, comme le cipaye du Bengale, va nu-pieds, et comme ordre de marche, à l'imitation de la Chine, il n'en a pas ; c'est au premier rendu et au plus habile à se débrouiller. On les voit s'exercer à la joûte du sabre et du bâton, et vraiment ils y mettent une prétention infinie. On a une bonne récréation de voir leurs poses, leurs postures martiales et exagérées, aussi bien que leurs contorsions comiques.

Dans le cas où la côte serait menacée par l'ennemi, je puis dire, par ce qui se passe journellement, que personne ne paraîtrait y faire beaucoup attention. On attendrait les événements, et si l'ennemi se retirait, alors on ferait beaucoup de tapage et de bruit ; les mandarins feraient des rapports au roi, pour lui dire qu'ils ont chassé les brigands, et le roi ferait un édit à tous ses sujets pour se glorifier des victoires remportées et de la valeur de ses armes. En 1846, quand les Anglais sont venus jusqu'à l'embouchure du grand fleuve du Tonkin, poursuivre les navires chinois qui s'y étaient réfugiés, ils en ont coulé au moins 60 ; les mandarins annamites, qui avaient laissé pénétrer les pirates jusqu'au cœur de leur ville, firent croire au roi qu'ils les avaient chassés et détruits, et comme pièces de conviction, ils envoyèrent les débris de voiles et d'armes, aussi bien que la tête des cadavres flottant sur l'eau qu'ils purent recueillir facilement. Ils en furent récompensés, et le plus effronté d'entre eux devint alors grand mandarin.

En 1845, lorsqu'une frégate américaine (*la Constitution*), passant par Touranne, réclama Mgr Lefebvre, alors prisonnier à Hué, le roi refusa de rendre Sa Grandeur à d'autres qu'à des Français ; mais comme le commodore, en se mettant sous voiles, fit tirer à la fois ses deux bordées de batteries, comme salut menaçant et fait pour étonner, il y eut alors un édit pour toutes les provinces, afin de manifester la haute clémence du souverain qui, par amour de son peuple, avait été obligé de chasser du royaume, des barbares qui étaient venus mettre le désordre dans les ports de la mer qui lui étaient soumis.

Mais si l'ennemi tenait sur la côte et commençait des opérations de campagne, que ferait alors le gouvernement, avec l'armée dont j'ai parlé, les quelques vaisseaux à l'européenne, et les quelques barques royales qui sont çà et là dans les ports ? Je pense que si le roi avait bien à cœur de se défendre contre une invasion étrangère, il pourrait réunir sur un point, dans l'espace d'un mois environ, un effectif de 15 à 20,000 hommes qui pourraient tenir tête à des Chinois et à des Siamois, comme ils l'ont toujours montré, mais qui ne pourraient pas se défendre contre un régiment français muni d'une artillerie de campagne.

L'affaire qui eut lieu en 1847, sous le commandement de MM. Lapierre et Rigault de Genouilly, peut donner une idée assez exacte de l'état actuel des forces du pays et des moyens de les réunir. Treize corvettes à l'européenne, de 6 à 800 tonneaux, furent réunies dans la passe ou en dehors de la passe de Touranne, avec une trentaine de grandes barques armées en guerre; il devait bien y avoir, sur tous ces navires, de 4 à 5,000 hommes; le roi avait fait un édit à tous les mandarins de provinces, pour que, dans l'espace de temps le plus court, ils eussent à exécuter ses ordres. Il mit un mois à réunir les 10,000 hommes qui devaient garder le port, et à amasser les quantités de bambous, de paille, de résine, de graisse et de peaux de buffle, dont il voulait se servir pour incendier les deux navires.

En deux heures de tir, la *Victorieuse* avait coulé les 5 navires de la passe, dont les équipages se jetaient à la mer, désespérés, et devant les 10,000 hommes de troupes d'élite, on dressait, le soir, sur le rivage, des tentes pour soigner les blessés.

Deux cents hommes auraient alors marché sur Hué, avec une pièce de canon, que le roi eût, je crois, quitté sa capitale, et qu'on aurait obtenu de lui toutes les conditions que l'on eût désirées (1).

(1) Voir la 2ᵉ partie, nᵒ VIII. *Lois militaires comprises dans le Code annamite.*

DEUXIÈME PARTIE.

APPENDICE.

« Un Etat qui en a conquis un autre le traite d'une des quatre manières suivantes : il continue à le gouverner selon ses lois et ne prend pour lui que l'exercice du Gouvernement politique et civil ; ou il donne un nouveau gouvernement politique et civil ; ou il détruit la société et la disperse dans d'autres ; ou enfin il extermine tous les citoyens.

« La première manière est conforme au droit des gens que nous suivons aujourd'hui ; la quatrième est plus conforme au droit des gens des Romains ; sur quoi je laisse à juger à quel point nous sommes devenus meilleurs. «

(Montesquieu. — *L'Esprit des lois*, livre X, chap. III).

..... « Dans ces conquêtes, il ne suffit pas de laisser à la nation vaincue ses lois ; il est peut-être plus nécessaire de lui laisser ses mœurs, parce qu'un peuple connaît, aime et défend toujours plus ses mœurs que ses lois.

« Les Français ont été chassés neuf fois de l'Italie, à cause, disent les historiens, de leur insolence à l'égard des femmes et des filles. »

(Idem. — Livre X, chap. XI).

I

ANNAMITES, TONKINOIS ET COCHINCHINOIS.

Depuis que les Européens s'occupent des pays de l'Indo-Chine, la plus étrange confusion règne dans les noms adoptés par les voyageurs et les écrivains pour désigner les Etats, les villes, les fleuves, etc., de cette région ; il en est résulté des erreurs ethnologiques contre lesquelles on a souvent essayé de réagir, mais sans grand succès, d'ailleurs, auprès de la masse des lecteurs.

En dépit des meilleures raisons de toute sorte, on voit souvent l'habitude s'établir et triompher ; c'est ainsi que le plus grand Empire du monde a été, successivement, pour les Romains : *la Sérique;* pour les Indous : *Tchina;* pour les Arabes : *Thsin;* pour Marco Polo, le *Cathay* ou *Khitaï;* pour nous : la *Chine* ou le *Céleste Empire;* tandis que les principaux intéressés, les indigènes, appelaient leur pays, selon l'époque : *Tchoung-Kouë* (Empire du milieu), ou *Ta-Thsing, Ta-Minh, Ta-Thanh Kouë,* du nom des dynasties régnantes.

En ce qui regarde les pays de l'Indo-Chine orientale, dont nous nous occupons ici, une confusion pareille s'est produite, d'autant plus grande que nous les connaissons moins peut-être ; l'on en est venu jus qu'à y voir deux peuples, — Tonkinois et Annamites, — très différents, ennemis, les premiers vaincus et asservis par les seconds depuis Gia-Long (1802), et l'on entend parler couramment d'un *royaume du Tonkin*, qui comprendrait les territoires au Nord de la province de Thanh-hoa, — d'un *Annam proprement dit*, s'étendant du Thanh-hoa au Binh-Thuân inclusivement, — et de la *Basse-Cochinchine*, formée des pays au Sud du Binh-Thuân jusqu'aux royaumes du Cambodge et de Siam.

Il est possible, évidemment, il peut être utile même à des vues politiques de remanier la carte de l'Empire d'Annam, de changer les divisions administratives et d'imposer des dénominations nouvelles, sans trop se préoccuper des droits de l'histoire; mais des actes officiels, des traités même eussent-ils défini ces règles nouvelles d'une manière claire et précise, il serait encore permis, intéressant au moins, de rechercher et de montrer, preuves en main, quels noms ont appartenu ou appartiennent encore à ces différents pays et répondent mieux aux données historiques ou aux usages locaux.

C'est ce que nous allons essayer de faire ici, en en appelant aux témoignages d'un certain nombre de savants, qui ont, à diverses époques, traité de l'histoire de l'Annam ou en ont visité les diverses parties.

L'origine de la race annamite est mal connue; d'après sa langue elle paraît à M. Philastre « être un rameau de la même souche que les Chinois » (1). Le même auteur ajoute que, d'après ses annales, elle est venue des montagnes vers la mer et du nord au sud;

---

(1) *Le Code annamite*, nouvelle traduction complète, par P. L.-F. Philastre. Paris, 1876. *Avertissement.*

elle a traversé la partie de la Chine qui forme aujourd'hui les provinces du Quang-Tây (Kouang-Si) et du Quang-Dông (Canton), et c'est après des guerres et des envahissements successifs qu'elle a peuplé le Tonkin et la Cochinchine centrale. Enfin la conquête de la Basse-Cochinchine, enlevée, province par province, aux Cambodgiens, n'a commencé que depuis trois siècles et demi environ. Bien que cette dernière conquête soit relativement très moderne, il ne reste plus un seul Cambodgien, dans les trois premières provinces conquises (Bien-hoà, Saïgon, Mytho) et ce n'est que dans la partie occidentale et méridionale de la quatrième province, en allant du nord au sud (Vinh-Long, rive droite du Bassac) qu'on commence à retrouver la population conquise.

M. Philastre conclut de ce fait que la race annamite est essentiellement destructive dans ses conquêtes, qu'elle ne s'assimile que peu et difficilement les races qu'elle subjugue, et que, par suite, elle a pu se maintenir dans un état relatif de pureté. Mais pendant qu'elle s'étendait vers le sud, elle était elle-même souvent attaquée, refoulée et subjuguée, au nord, par des invasions chinoises et, à diverses reprises, pendant de longues périodes, elle a été vassale de l'Empire chinois. C'est peut-être encore plutôt à la première de ces deux causes qu'à la seconde qu'il faut attribuer la presque identité des notions et des idées fondamentales des Annamites avec celles des Chinois.

G. Janneau (1), lui aussi, admet comme établi que

---

(1) *Essai sur l'origine de la langue annamite*, par G. Janneau. — Bulletin de la Société des études indo-chinoises de Saïgon, année 1883. — Saïgon, 1884.

la nation annamite a eu autrefois son autonomie, qu'elle n'est devenue chinoise que par une conquête qui a eu lieu il y a plus de 4000 ans et dont l'influence a été radicale et décisive pour les vaincus. Législation, coutumes, littérature, tout est devenu presque entièrement chinois chez le peuple d'Annam, et il n'est guère que deux éléments susceptibles d'observation qui aient échappé, dans une certaine mesure, à une absorption aussi complète; ce sont les caractères physiques de la race et la langue vulgaire, qui attestent l'originalité de l'annamite actuel; encore faut-il remarquer que le type et la langue parlée sont aujourd'hui bien différents de ce qu'ils ont dû être avant l'invasion chinoise. Les mélanges avec des individus de race chinoise, avec des Cambodgiens, des Malais, des Siamois et autres, qui s'accomplissent d'une façon continue, depuis tant de siècles, permettraient difficilement de déterminer la part d'altération du type primitif, due à chacun de ces divers peuples et de retrouver, par l'étude anatomique du type annamite actuel, les caractères du type autochthone. Un seul de ces caractères subsisterait encore, dans lequel on reconnaîtrait le signe le plus persistant de la race primitive; c'est l'écartement remarquable du gros orteil, qui a donné lieu à cette dénomination de *Kiao-Tchi (Giao-Chi)*, employée primitivement dans les annales chinoises pour désigner le peuple autochthone de l'Annam; mais aujourd'hui ce signe ne se présente bien nettement que chez de rares individus, n'appartient point réellement à telles ou telles familles et ne se produit, on peut dire, que par un effet d'atavisme.

L'opinion que soutient Jeanneau avait trouvé déjà,

il y a vingt-six ans, un défenseur éclairé et convaincu en M. Léon de Rosny. Dans son livre sur l'Indo-Chine (1), livre si remarqué en son temps et qui nous a été si utile aux premiers jours de l'occupation de la Cochinchine, nous relevons ces conclusions, que les découvertes qui ont suivi n'ont pu infirmer, pensons-nous :

« 1° La principale race autochthone de l'Annam doit être nettement distinguée de la race chinoise proprement dite.

« 2° Cette race, tout en possédant des caractères communs aux différentes populations tartares, offre un type qui la sépare des Tartares mandchoux et mongols de l'Asie centrale, et aussi, bien qu'à un moindre degré, de la nation thibétaine.

« 3° Elle présente des traits communs avec les tribus qui habitent les montagnes du Yun-Nan, et quelques affinités singulières, mais inexpliquées, avec les indigènes du Kouang-Toung et du Foh-Kien.

« 4° La nation cochinchinoise actuelle semble être le résultat d'un double mélange : 1° de l'élément autochthone avec un élément de provenance chinoise ; 2° de ce même élément autochthone avec un élément de provenance hindoue (?), ce dernier dans une proportion relativement assez faible.

« 5° La linguistique confirme la non-parenté des autochthones de l'Annam avec les Chinois.

« 6° L'ethnographie des régions intérieures de la Cochinchine, bien qu'à peine abordée, laisse soupçonner cependant l'existence d'une population malaise

---

(1) *Tableau de la Cochinchine*, par MM. E. Cortembert et Léon de Rosny. — Paris, 1862.

dans cette contrée, à une date sans doute antérieure ou contemporaine de la première émigration chinoise. »

Ces données, surtout si l'on considère qu'ici Cochinchine est mis pour Annam, nous semblent peu contestables, et, partant de là, nous admettrons avec Luro (1), que les ancêtres de la nation annamite doivent être recherchés parmi ces tribus que l'histoire chinoise, à partir du moment où elle présente quelque certitude, désigne sous le nom générique de *Kiao Tchi*. et qui formèrent, dès l'année 2879 avant Jésus-Christ, un État comprenant la région montagneuse du Tonkin actuel, le sud du Yun-Nan, la partie sud-ouest de la province de Canton et le midi de celle de Kouang-Si.

Il ne s'agit point ici, évidemment, d'un Etat compacte, homogène, comparable à nos nationalités modernes; sous la pression de l'influence chinoise, les tribus *Kiao-Tchi*, que les annales appellent aussi *Peh-Youë* (« Ba Viêt, ou les 100 familles au-delà des frontières»), ne formèrent sans doute qu'une sorte de confédération politique, sous l'autorité d'un prince chinois, et les dénominations variées que nous voyons employées, touchant cette époque, dans l'histoire annamite : — *Man-Viêt, Au-Viêt, Lac-Viêt,* etc. — ne sont que des noms donnés à des tribus occupant des territoires distincts, quasi-indépendantes, bataillant entre elles, et dont l'ensemble est appelé *Nam-Viêt, Viêt-Nam, Viêt thuong, Nhât-Nam, Giao-Nam,* ou, par une expression plus générale, *Nam-Chiêu,* nom qui restera plus tard au royaume de *Nan-*

---

(1) *Le pays d'Annam*, par E. Luro. — Paris, 1878.

Tchao (1) (*Yun-Nan*, capitale Talifou), quand le rameau qui devait fonder l'Empire d'Annam se sera séparé pour marcher vers la mer et descendre au sud.

On trouve ces noms usités dès le premier volume des *Annales chinoises* et dans l'histoire des premières dynasties. Les tribus *Kiao-Tchi*, à l'époque de Chun et de Xuyên-Huc (2,285 av. J.-C.), sont déjà indiquées au nombre des quatre peuples barbares (Tu Dzi) établis sur les limites de l'Empire, au sud, depuis le Yun-Nan jusqu'à Canton.

Dans les légendes annamites on retrouve, sous des formes fabuleuses, la trace de faits historiques dont les dates sont assez difficiles à déterminer, mais qui, dans tous les cas, remontent à des époques extrêmement reculées. D'après ces récits, le premier qui put réunir les *Ba-viêt* sous son autorité fut un descendant de Chin-Noung, empereur de la haute antiquité chinoise, cité par Confucius dans la seconde partie du *Hi-Tse* et que les auteurs font vivre entre le trente-troisième et le vingt-huitième siècle avant notre ère (2).

---

(1) M. Léon de Rosny, dans l'ouvrage cité ci-dessus, dit que, dans l'antiquité, d'après les auteurs chinois. (Tai Tsing yih-toung chi, livre CCCXXII, p. 1), la *Cochinchine* formait le pays de *Nan-Kiao*. Elle est mentionnée sous ce nom dans le chapitre *Yao-Tien*, du Chou-King.

Sse-ma-tsièn en parle également dans ses *Mémoires historiques* (*Sse-Ki*) ou livre consacré à l'empereur Chun (Yao, 2,357 ; — Chun, 2,285 av. J.-C.). Sous les Tchéou (1184 à 256 av. J.-C.) cette région formait le pays de *Youeh-Chang-Chi* ; en 249 on appela *Peh-Youeh* (Ba Viêt) les tribus du Tonkin, et la Cochinchine *Lin Yih*, du nom de sa capitale.

Dans la *géographie de la dynastie es Tsin*, en parlant de l'expédition de Ma Youen (Ma-Viên des Annamites), sous le règne de Kouang-Wou, on dit que la *Cochinchine* portait le nom de *Siang-Lin* et dépendait de la principauté de *Jih-Nan* (Nhât-Nam des Annamites). Il est bon de faire remarquer qu'ici M. de Rosny entend par *Cochinchine* l'Annam tout entier.

(2) M. Léon de Rosny, op. cit. p. 143, — d'après le P. Marini.

Son petit-fils, Dê-Minh, établit son fils cadet, nommé Lôc-Tuc, comme roi des pays du sud (appelés alors *Xich-Qui*, Diables rouges), avec le titre de Kinh-Duong-Vuong, pendant que l'aîné, Dê-Nghi, gouvernait les pays du nord (2878 av. J.-C.)

Plus tard, Lac-Long-Quân, fils de Lôc-Tuc, étant allé à la cour impériale, épousa la fille de l'empereur Dê-Lai, et conséquemment sa parente, ou, selon d'autres, enleva une femme du harem. Il en eut 100 fils, raconte la légende; mais plus tard, il dut s'en séparer : « Tu es de la race des génies, lui dit-il, et moi de la race du dragon ; comment pourrions-nous vivre d'accord? Séparons-nous (1). » Ils se partagèrent leurs fils et les territoires ; d'où la fondation du royaume de *Van-Lang*, sur le littoral, et de celui de *Ba-Thuc* (actuellement Cao Bang). Par la suite, *Van-Lang* se subdivisa en deux gouvernements : *Son-Tinh*, région des montagnes, et *Son-Thuy*, région maritime ; la capitale de ce dernier se trouvait à la montagne de Tân-Viên, dans la province actuelle de Nghê-An.

A l'occasion du mariage d'une fille de Ly-Thê, roi de *Van-Lang*, une guerre s'éleva entre les princes de *Son-Tinh* et de *Son-Thuy* ; le roi de *Ba-Thuc* en profita pour attaquer *Phong-Châu* capitale de *Van-Lang*. — Ly-Thê, surpris, se suicida; les populations se soumirent et les deux royaumes furent réunis en un seul, — *Au-Lac*, — dont la capitale fut établie dans le *Viêt-Thu'o'ng* et appelée *Lao-Thanh (Tu-Long* ou *Côn-Lôn)*. M. Le Grand de la Liraÿe assure que les

---

(1) *Cours d'histoire annamite*, par P,-J,-B. Truong-Vinh-Ky. — Saïgon, 1875.

ruines de cette immense place se voient encore sur la lisière des forêts septentrionales du Tonkin et qu'il en est fait mention chaque année sur la carte de l'empire chinois imprimée dans le calendrier officiel (1).

Cette fusion des royaumes de *Van-Lang* et de *Ba-Thuc* en un seul, formé d'ailleurs de tribus de même race, eut lieu en 257 av. J.-C.

D'autre part, le « Livre sacré des Annales » dit qu'en 1110 av. J.-C., sous Tching-Wang, des Tchéou, une ambassade vint de *Youë-Tchang* apporter le tribut ; pour son retour, le ministre Tchéou-Koung lui fit présent de boussoles ou chars magnétiques. Le *Youë-Tchang* comprenait, selon G. Pauthier (2), le Siam, le Laos et la Cochinchine actuels ; mais F. Garnier est d'avis que *Youë-Tchang* est, pour les Chinois, *Lao-Tchoua*, et ce serait de ce nom que ceux-ci désigneraient encore le royaume laotien de Luang-Prabang et Vien-Chan, qui s'appelait jadis Muong-Choa.

Sous l'empereur Thsin-chi-hoang-ti (246 à 210 av. J.-C.), l'ensemble de ces territoires était appelé *Tân-tuong-dia*, terre à éléphants des « Tân. »

G. Pauthier rapporte que Thsin-chi-hoang-ti, le Napoléon chinois, ayant rétabli la paix à l'intérieur et sur les frontières du nord, pensa à conquérir et à soumettre de nouveaux peuples (213 av. J. C.). Ce furent les pays de *Nan-Youë*, de *Siang-Kiun*, de *Nan-Haï* (mer méridionale), tous situés au midi de la Chine d'alors et que l'on désignait sous le nom de *Ji-Nan*, pays au sud du soleil (Nhât-nam des chro-

---

(1) *Notes historiques sur la nation annamite*, par le P. Le Grand de la Liraÿe. — Saigon, 1865.
(2) *La Chine*, par G. Pauthier, p. 84. — Paris, 1837.

niques annamites, Gannan des jésuites). L'émigration d'abord, la conquête ensuite, réduisirent donc à l'obéissance les tribus *Giao-Chi :* leurs chefs héréditaires furent reconnus par la Chine et reçurent le titre de *Quân,* sous l'autorité de commandants militaires chinois ; plus tard on en vint à diviser le pays en préfectures, en réunissant ensemble un certain nombre de tribus, sous les dominations territoriales de *Nam-Việt, Nam-Binh, Annam,* etc. (1).....

Le général chinois qui subjugua les Ba-việt profita des troubles qui suivirent la mort de Thsin-chi-hoang-ti et entraînèrent la chûte de la dynastie des Thsin, pour se déclarer souverain indépendant des territoires conquis (209 av. J.-C.) ; il prit le titre de Vo-Dê, son royaume fut appelé *Youĕ-Nan* (Việt-Nam), et il en étendit les limites vers Canton et Fokien au nord, jusqu'au *Truong-Quân* dans les montagnes du sud-ouest, et aux dépens du *Lin-Y* (Lâm-âp) dans le sud jusqu'à Touranne. — En 197, il divisa le Việt-Nam en deux gouvernements : *Giao-chi* et *Cu-u-châu,* ayant chacun un seigneur particulier.

La nouvelle dynastie impériale (Hàn), impuissante à le faire rentrer dans l'obéissance mais voulant conserver au moins une apparence de suzeraineté, lui envoya l'investiture avec les insignes royaux et le titre de *roi d'Annam,* dit M. Truong-Vinh-Ky (2). C'est la première fois qu'on voit ce vocable, — *Annam,* midi pacifié, — appliqué au pays des *Ba-Việt ;*

---

(1) D'après le P. Amiot, l'Empire de Thsin-chi-hoang-ti s'étendait, de l'est à l'ouest, depuis la Corée jusqu'au royaume d'Ava, « englobant le Ji-Nan (sud du soleil), formé de Nan-Youĕ, de Siang-Kioun, et de Nan-Haï, »

(2) P.-J.-B. Truong-Vinh-Ky, op cit.

mais il faut dire que l'on verra encore, postérieurement, les Annales chinoises l'appeler plus volontiers *Viêt-Nam*, et lorsqu'il retombera sous le joug des empereurs, il sera partagé à des chefs chinois, par seigneuries ou préfectures, sous un gouverneur général de *Giao* (1).

En 227 de notre ère, la Chine étant divisée en trois États (période des *Tam-Quôc*), Ngô centralisa à Hiêp-phô les deux gouvernements de *Giao-Châu* et de *Quang-Châu* ; en 263 on nomma un « Maréchal commandant de l'Annam » (Annam tuong quân dô dôc). — Ce fut la première fois, selon M. Le Grand de la Liraÿe, qu'apparut dans les titres le nom d'*Annam*, et il est à remarquer que cette fois encore la cour impériale entra en composition afin de conserver une apparence de suzeraineté ; d'ailleurs, que ce soit à cette époque ou 460 ans plus tôt, il suffit de constater l'antiquité de la dénomination et de reconnaître qu'elle s'ajoutait au titre du chef gouvernant la région que nous appelons aujourd'hui *Tonkin*.

En 541, un indigène, Ly-Phi, se proclama empereur du Midi (Nam-Dê), après avoir chassé le gouverneur chinois de *Giao* ; il s'installa dans Long-Biên, la capitale, adopta le chiffre Van-Xuân, et, trois ans

---

(1) Ce fut l'empereur Hiao-Où-Ti (140 à 87 av. J.-C.) qui mit fin à l'état indépendant de *Nam-Viêt* qu'avait fondé ce général chinois (Triêu-Da des auteurs annamites ; Tchaoto des notices historiques publiées par les Missionnaires jésuites au dix-huitième siècle ; — *lettres édifiantes et curieuses*, tome IX). Le *Nam-Viêt* fut alors divisé en trois départements : *Kiao-Tchi*, capitale Kiao-Tchéou (Hà-Nôi) ; *Kieou-Tching* dont la capitale était dans le pays de Tsing-hoa-fou de la carte des Jésuites ; — *Jih-Nan* (Gannan de la même carte, 1320), capitale Kouang-Nan-fou. — C'est au sud de cette dernière ville qui se trouvait, en l'an 25 de l'ère vulgaire, la limite du Tonkin et de la Cochinchine.

après, changea son titre pour celui d' « empereur de *Nam-Viêt*. » Mais, en 602, l'autorité de la Chine y fut rétablie, et le pays de *Giao* fut ainsi divisé : *Hoàn-Châu* (Nghê-An), *Viêt-Thuong* (Tonkin méridional) et *Jih-Nan* (Nhât-Nam) sur le littoral du golfe du Tonkin. — Vingt ans plus tard, *Giao* fut érigé en protectorat de tout le midi, sous le vocable « Annam dô hô phù » ; il comprenait les préfectures de *Giao-Châu*, 8 huyêns ou arrondissements ; *Luc-Châu*, 3 huyêns ; — *Phong-Châu*, 5 huyêns ; — *Aï-Châu*, 6 huyêns ; — *Hoàn-Châu*. 4 huyêns ; — *Truong-Châu*, 4 huyêns ; — *Phuoc-Lôc-Châu*, 3 huyêns ; *Thang-Châu*, 3 huyêns ; — *Chi-Châu*, 7 huyêns ; — *Vo-Nga-Châu*, 5 huyêns ; — *Diên-Châu*, 6 huyêns ; — *Vo-An-Châu*, 2 huyêns ; — et *Duc-hoa-Châu* ou préfecture des Meuongs. — L'organisation, comme on voit, se dessinait de plus en plus ; un essai de centralisation fut tenté en 758. Minh-hoang-ti voulut faire de *Giao* une simple province ou gouvernement de l'Empire, mais en 768 on dut revenir à l'ancienne forme, sous la dénomination d'*Annam*.

Au neuvième siècle, l'histoire nous montre l'Annam disputé à ses maîtres chinois par les armées de *Nan-Tchao*, à l'ouest, et celles de *Lin-Y*. Les chefs de *Lin-Y*, (*Lam-Ap* des annamites, « campements forestiers ») avaient envahi *Aï-Châu* et *Hoàn-Châu* (Nghê-An), qui leur avaient été précédemment enlevés, d'ailleurs, et y avaient fondé un royaume que les Annales chinoises appellent *Bi-Thê* ou *Tey*.

Jusqu'au milieu du troisième siècle de l'ère vulgaire, *Lin-Y* avait été compris dans le *Ji-Nan*; il était borné à l'est par la mer, à l'ouest par Trao-Khué, au sud par Chan-Lap (Cambodge) et au nord par l'Annam. En 358, le gouverneur de Giao y porta la guerre et s'empara de plus de cinquante villes ou forteresses. C'est la première fois que les Annales chinoises parlent de *Lin-Y*, et une note dit que le pays s'appelait *O-Ly* dans le nord et *Thabé* dans le sud. Il s'agit évidemment ici, selon nous, d'un Etat différent de celui que nous appelons l'ancien royaume de Ciampa, attribuant ainsi à un vaste territoire le nom d'une capitale (Nagara-Campa, Campapura) et considérant comme un seul empire l'ensemble des petits Etats Tchams qui se partageaient le littoral, depuis le sud du Tonkin jusqu'aux bouches du Mé-Kong.

Le peuple annamite, dit M. Abel Bergaigne (1), part du Tonkin, descend le long de la côte orientale de l'Indo-Chine, s'étendant aux dépens du peuple tcham, qu'il finit par subjuguer entièrement. — L'empire tcham s'appelait d'un nom dont l'orthographe sanscrite est *Campa*; Marco Polo l'appellent *Zyamba*. Les anciens auteurs japonais qui ont écrit sur leurs relations avec les pays de l'Indo-Chine parlent du *Champan*, qu'ils appellent aussi *Rin-yu* (Lin-Yi des Chinois) ou villages en pays de forêts, et *Sen-Jiyo* (Chan-Yu), qu'ils placent au sud de l'Annam (2).

Quoi qu'il en soit, le gouverneur général de Giao marcha contre les envahisseurs de *Lin-Y*, reprit les préfectures d'Aï et de Hoàn, qu'il mit à feu et à sang; les troupes de *Lin-Y* furent si bien écrasées et repoussées si loin qu'elles perdirent leur propre capitale et durent en fonder une nouvelle plus au sud, à Tcheng, « port de mer voisin de la ville de *Tcheng-Tching*,

---

(1) *L'ancien royaume de Campa*, par Abel Bergaigne. — *Journal asiatique*, 1888.
(2) Léon de Rosny, op. cit.

qui a donné son nom au royaume » (808) (1). Les historiens faisant remonter à cette époque la fondation de la ville de Hué (2), nous nous croyons d'autant plus autorisé à identifier Tcheng-Tching avec cette dernière localité que, lorsque Nguyên-hoàng constitua en gouvernement distinct du Tonkin les provinces du sud (Quang-Nam ou Chàm et Thuân-Hoa (Hué actuel), il établit sa capitale où se trouvait précédemment celle du royaume de Tcheng-Tching (Chiêm-Thành des Annamites), et l'on sait que les Nguyên, jusqu'à ce jour, n'ont pas déplacé le siège du gouvernement.

Quant à *Nan-Tchao* (*Nam-Chiêu* des Annamites), si ce nom a pu être attribué, dans des temps très antérieurs, à tous les pays immédiatement au sud de la Chine, il n'en était plus ainsi en 862, année de l'invasion de l'Annam : *Nan-Tchao* constituait alors un état indépendant, organisé en une forte confédération de tribus, dont la principale aurait été appelée du nom de *Muong-Xa* (3). Ce nouvel afflux du torrent humain qui, du centre asiatique oriental, roulait vers le littoral, s'empara de l'Annam ; repoussé par les forces *chinoises* (car il est à remarquer que les indigènes ne firent aucune résistance, et pour cause, sans doute), il revint par trois fois à la charge, et ce ne fut qu'après plus de dix ans d'efforts que les *Huinh-Dâu* (têtes jaunes) réussirent à le refouler définitivement vers sa source, où il formait encore, à

---

(1) Notices historiques. (*Lettres édifiantes et curieuses*, tome IX.) — Nous pensons plutôt que *Tcheng* devint *Tcheng-Tching* (Thành, place forte, cité) à partir du moment où elle fut érigée en capitale.

(2) Léon de Rosny, op. cit.

(3) Il existe encore des Muongs-Xa dispersés par groupes au Tonkin, dans la région du haut fleuve Rouge.

la fin du neuvième siècle, un royaume puissant, comprenant presque tout le Yun-Nan actuel, une portion du Koueï-Tchéou et du Su-Tchouen, enfin de grandes surfaces dans le Thibet, l'Ava et jusqu'au Bengale. Ta-li-fou était sa capitale, et ses armées formidables et aguerries combattirent longtemps contre les Thibétains et les Chinois ; aussi l'Histoire a-t-elle inscrit *Nan-Tchao* au nombre des « quatre fléaux de l'Empire. » (1)

Comme il n'entre pas dans notre sujet d'écrire autre chose que ce qui a trait aux différentes dénominations appliquées aux pays de l'Indo-Chine française, nous clorons ici ces digressions pour reprendre notre rapide revue de quelques pages de l'histoire d'Annam.

Année 968. — Dinh-bô-Linh, fondateur de la première dynastie annamite du moyen âge, donna au royaume qu'il créa, sur les ruines du gouvernement général de Giao, le nom de *Dai-Cu-Viêt;* en 975, il nomma son fils *roi de Nam-Viêt* (Vuong, roi subordonné). Cet dignité lui fut confirmée par la cour impériale.

986. — Lê-Hàng, chef de la deuxième dynastie annamite, décerna des titres royaux à chacun de ses douze fils et les établit en différents points du territoire, sous des titres variés, tels que « Roi du culte au Ciel, Roi de la ville de l'Est, Roi du Sud », etc. Les historiens appellent cette période le temps des douze *Su-quân*; — la Chine avait envoyé au dernier rejeton de Dinh-bô-Linh l'investiture comme *Roi de Giao-Chi* (Quân-Vuong).

---

(1) *Lettres édifiantes et curieuses*, op. cit.

1054. — Ly-thanh-Tông, troisième roi de la dynastie Ly (indigène), changea le nom de *Giao-Chi* pour celui de *Dai-Viêt*,

1186. — L'empereur Hiao-Tsoung (des Soung) envoya à Ly-cao-Tòng, septième souverain de la dynastie annamite Ly, le titre de *Roi d'Annam* (Annam quân vuong), mais toujours « roi subordonné, tributaire », — Kiun Wang, — et c'est le même titre qu'obtint de la cour impériale, en 1230, Trân-Canh, premier souverain de la dynastie Trân. Les *notices* des Jésuites disent *Gan* ou *Ngan-Nan*.

En 1402, l'usurpateur Hô-qui-Ly changea le nom d'*Annam* pour celui de *Dai-Ngu* ; mais l'Empereur Yong-Lo, lui accordant l'investiture l'année suivante, maintint le vocable d'Annam et, lorsqu'après la chûte de l'usurpateur le pays retomba encore une fois, — la dernière, — sous le joug chinois, on vit reparaître dans les actes officiels l'ancienne dénomination de *Kiao-Tchi*. — Selon un mémoire et la carte présentés à l'Empereur par le général Tchang-Pou, à son retour de l'Annam, la région désignée sous ce nom comptait alors 3,120,000 familles, et mesurait 1,760 *lis* de l'Est à l'Ouest, — 2,800 *lis* du Nord au Sud, les distances estimées (à raison de 280 à 300 *lis* pour un degré) par journée de marche de l'armée, ce qui expliquerait les dimensions quelque peu exagérées données à l'Annam de l'époque.

Le grand événement de la restauration et de l'indépendance annamite date de 1428. « Nous devons, dit M. le Grand de la Liraÿe, le considérer comme le dernier affranchissement de la nation et comme son émancipation la plus complète possible de la Chine. Déjà, à plusieurs reprises, l'Annam a secoué le joug chinois ; mais le souvenir du Grand-Empire régnait toujours dans les idées du peuple et, dans les jours d'exaspération, on recourait à l'Empereur comme à l'arbitre-né de tous les différends. Cette fois, les derniers liens se brisent, ce semble, pour toujours ; la nation annamite conserve de la Chine ce qu'elle en a reçu pendant tant de siècles : l'éducation, la langue, la littérature, la religion, la législation, la médecine et les arts ; elle continue à avoir avec elle des rapports respectueux ; elle envoie des embassades ; elle fait reconnaître ses souverains à leur avènement ; elle donne droit d'aînesse et de bourgeoisie à tous les Chinois qui viennent commercer chez elle ; mais elle se sent assez forte pour se gouverner d'elle-même et par elle-même ; elle vit enfin d'une vie qui lui est propre et qui n'accepte aucun contrôle. Cet état de chose dure depuis lors jusqu'à nos jours (1). »

Obligée d'accepter les conséquences de la révolution de 1428, la cour impériale, toujours soucieuse de « sauver la face », ne reconnut à Lê-huy-Loï que le titre de gouverneur héréditaire de *Giao-Chi* ; et ce dernier, tout en prenant celui de *Dê* (Ti) pour affirmer son indépendance, voulut que sa capitale *Thang-Long* (Hànôï de nos jours) fût appelée *Giao-Chi-Dông-Kinh* (Kiao-Tchi-Tông-Tou des Chinois) par opposition à *Tây-Kinh* (capitale de l'Ouest, Ly-Tou des Chinois, située à Tsing-hiao-fou de la carte des Jésuites), et c'est pour cette raison, disent ces derniers, que depuis ce temps on donne au royaume de *Gan-Nan* le nom de *Tông-King* ou *Tonkin* (2).

---

(1) Le Grand de la Liraÿe, op. cit.
(2) *Lettres édifiantes et curieuses*, op. cit.

Dès cette époque, *Tcheng-Tching* n'est plus capitale d'un Etat malais, mais elle est voisine d'un de leurs avant-postes fortifiés, car les Malais ont été repoussés, dans le sud, jusqu'aux environs du cap Choumay, et c'est sans doute à la ligne de fortifications qui les séparait des territoires conquis récemment par les Annamites que la région, devenue plus tard provinces de Quang-Nam et de Quang-Nghia, dut le nom de *Cô-Luy* (1). Les annales annamites appellent alors *Xiêm-Ba* le royaume limitrophe de leurs possessions méridionales ; celui-ci tenta vainement de reprendre, en 1362, son ancienne capitale (Hué, appelée alors Hoà-Châu par les Annamites), revint à la charge obstinément, et Trân-duê-Tông se décida à porter la guerre par terre et par mer jusqu'à Thi-Nai (port du Binh-Dinh actuel), non loin duquel se trouvait la nouvelle capitale de l'Empire malais, nommée *Chà-Bàn* par les Annamites. Cette entreprise fut un désastre pour les Annamites (1377), et l'on voit les Ciampois continuer leurs incursions sur le territoire annamite. En 1384, ils vinrent dans le Thanh-hoà et s'avancèrent même jusque dans les environs de *Dông-Kinh* ; cependant, ils ne purent se maintenir sur leurs anciens territoires recouvrés, puisque nous voyons Hô-qui-Ly maître à Hoà-Châu (Hué) en 1393.

C'est au mois de septembre 1516 que Fernao Perez de Andrade, navigateur portugais, aborda, le premier, en Annam ; depuis l'année 1471 les Annamites s'étaient rendus maîtres de nouveaux territoires encore enlevés au Ciampa : la citadelle de Thi-Naï et Chà-Bàn, la capi-

---

(1) Cô-Luy, cédé à l'Annam en 1403, devint une principauté tributaire, divisée en deux arrondissements, — Thang-Hoa et Tu-Nghia, — sous un chef ciampois.

tale, avaient été prises et le pays divisé en trois principautés, sous des chefs ciampois soumis. C'est à cette époque, sans doute, que le royaume de Ciampa, ainsi diminué, transféra sa capitale au cap Padaran, à Panduranga — pura, où d'anciennes ruines ont été signalées par M. Aymonier (1).

Dès l'année 1552, les Portugais établirent un comptoir à Macao et commercèrent avec les pays voisins (2); Joao de Barros, qui écrivit à la même époque, employa le premier la dénomination de *Cauchy-China* : « En quittant ce royaume de *Cambodge*, dit-il, on entre dans un autre royaume appelé *Campa*..... il confine au royaume que nous appelons *Cauchy-China*..... » — Douze ou treize ans plus tard, le Camoëns faisait naufrage, durant la traversée de Macao à Goa et, se sauvant à la nage, abordait aux bouches du Mékong, élevant d'une main au-dessus de l'eau, rapporte la légende, ses *Lusiades*. — Au dixième chant de ce poème, nous voyons Camoëns s'écrier :

. . . .

« Vois se dérouler la côte appelée *Champa*, dont la
« forêt est embellie de bois odoriférants ; vois *Cauchi-*
« *china*, à peine connue encore, et *l'anse ignorée*
« *d'Ainao*...... »

Il n'est pas sans intérêt de citer encore d'autres noms des premiers Européens venus dans l'Annam,

---

(1) *Excursions et reconnaissances*, n° 24, — p. 225. — 1885 *L'ancien royaume de Campa*, par Abel Bergaigne, p. 52.
(2) Rappelons que Vasco de Gama aborda en 1497 sur les côtes ouest de l'Inde. — Diego Lopez de Sigueira toucha à Malacca en 1509 et Albuquerque envoya une ambassade à Siam en 1511. Fernand Mindez Pinto parcourut, en 1540, le littoral de l'Indo-Chine, depuis Poulo-Condore jusqu'à Haï-Nan ; mais il ne parla guère que du Tsiampa et de la Cochinchine (Cò-Tcheu-Tching).

ne serait-ce que pour mieux reconnaître l'origine de certaines appellations.

En 1595 arriva le missionnaire espagnol Diego Advarte. — Christoval de Jaque raconte (1606) que le capitaine Juan Xuares Gallinato, après avoir visité le *Kambodge*, se rendit au *Champa* et en *Cochinchine*. — Dans le Champa, dit-il, on pratiquait des sacrifices humains, on promenait le dieu dans un char garni d'épées, et les dévots se pressaient sur son passage afin d'être saintement mutilés ou mis en pièces (comme dans les solennités hindoues, à la grande pagode de Jaggernât). Une montagne fort élevée, qu'il appelle « Labarela » (Varela ?), séparait le Champa de la Cochinchine.

Pour arriver en Cochinchine, Gallinato suivit « la côte agréable des royaumes de Sinoa et de Cachan, qui formaient alors des Etats distincts. »

Le 18 janvier 1615, deux missionnaires, — Diego de Carvalho, portugais, et Buzomi, italien, — débarquèrent à Touranne avec des chrétiens japonais fuyant les persécutions. Depuis longtemps déjà les Japonais commerçaient librement avec les pays de l'Indo-Chine, et ces relations n'ont cessé qu'à la suite de l'édit de 1365, par lequel le Sho-Gun interdit aux Japonais de sortir de l'Empire. C'est alors, sans doute, que beaucoup de familles japonaises se fixèrent en Indo-Chine : les Hollandais en trouvèrent établies à la capitale du Tonkin et aussi à Touranne, dont ils font le port d'un royaume qu'ils appellent *Quinam* (Nam Ky) (1). Le Dr Maget a rencontré au Tonkin des indi-

---

(1) *Voyage du yacht hollandais Grol, du Japon au Tonkin, du 31 janvier au 8 août 1637*, par A.-J.-C. Geerts, conseiller au ministère de l'intérieur, au Japon, etc., etc. — *Excursions et reconnaissances*, n° 13. Saïgon, 1882.

gènes groupés par villages, qui ont tous le type japonais, ne se marient qu'entre eux et ont gardé le souvenir de leurs ancêtres du Japon; ils ont la spécialité de la fabrication de la porcelaine à dessins bleus, qui rappelle celle du Japon (prov. de Kizen ou Kin-Zin).

Leurs voyages dans le sud de la péninsule orientale ont laissé des traces dans les anciennes cartes, où l'on voit, dans le delta du Mé-Kong, la branche appelée aujourd'hui Cua-Tiêu (ou bras de My-Tho), désignée sous le nom de « rivière japonaise ». Les Japonais remontaient jusqu'à Phnom-Penh : nous avons, nous-même, trouvé enfouies en terre, dans cette dernière localité, des pièces d'un service de table de fabrication évidemment japonaise, et très anciennes, de la famille chrysanthèmo-pœonienne et portant sur les fonds en relief le Gukimon, c'est-à-dire la fleur de chrysanthème, armoirie de la famille qui, depuis 2,000 ans, occupe le trône du Japon. Il est vrai que cette céramique n'est pas datée.

Les anciens auteurs japonais, parlant de l'Indo-Chine, font remonter assez haut leurs relations avec ces pays. Selon le « Ko-Kou-Sen-Kuwa-Kagami » (miroir des monnaies anciennes de la Chine et du Japon), dès 1434 le Japon entretenait des rapports avec l'Indo-Chine. Le capitaine J.-M. James, « Narration of foreign travel of modern Japanese adventures », raconte l'histoire du fameux aventurier Yamada-Nagamasa, qui vint à Siam en 1615, y fut général, régent, vice-roi et y appela un grand nombre de ses compatriotes, des Samuraï sans emploi. Il y mourut empoisonné en 1639 (1). Ces mêmes auteurs se servent des expres-

---

(1) *Kaï Gai-i-den. — Histoire des voyages d'outre-mer*, par Saïto

sions suivantes pour désigner les différentes parties de l'Indo-Chine :

Ko-Tchi (Giao-Chi); *Nan-Sho* (Nan-Tchao, Nam-Chieŭ). — Selon la grande encyclopédie sinico-japonaise (« Wa-Kan-San-Zaï-dzu-yé », vol. XIII, p. 30), la capitale du Tonkin est appelée *Ko-Tchi*; mais plus tard ils l'appellent *To-Kiyo* (Dông-Kinh des Annamites, ou capitale de l'Est), et la distinguent de *Saï* ou *Seï-Kiyo* (Tây-Kinh, Tây-Dô des Annamites, ou capitale de l'Ouest).

Ils parlent aussi du *Jit-Su-Nan* (Jih-Nan des Chinois); mais sous le vocable d'*An-Nam*, ils réunissent ce que nous distinguons sous les noms de Tonkin, Cochinchine et Ciampa. S'ils ont parfois employé le nom de *Daï-Ri* (Ta-Li des Chinois), ce n'a été, sans doute, que pour se conformer à un usage chinois, qui consiste à désigner un empire par le nom de la dynastie régnante (les Ly postérieurs furent au pouvoir depuis 1010 de l'ère vulgaire jusqu'en 1234).

Pour le Cambodge, ils disent *To-ho-Saï*, *Katakana* ou *Kabochiya*; mais ils y distinguent la partie Nord, — *Shin-Ro* (Chen-La des Chinois).

Un français, le P. Alexandre de Rhodes, arriva en Annam en 1624, ou plutôt en 1627, s'il faut en croire la relation qu'il a publiée à Lyon en 1652 (1).

Masakani. — Tokio, 1850. *Excursions et reconnaissances*, n° 14, Saïgon, 1882. — *Transactions asiatic Society of Japan*, VII, 3ᵉ partie, p. 191. — 1879.

(1) *Tunkinensis Historia, libri II, quorum altero status temporalis hujus regni, altero mirabilis evangelicæ prædicationis progressus referuntur, ab anno 1627 ad 1646.* — Lugduni, 1652. In-4. — Dans une relation des *Divers voyages et Missions du P. Alex. de Rhodes en la Chine et autres royaumes de l'Orient*, etc. — 1653, — on trouve une carte du *Tumkin* et de la *Cochinchine*, qui ne se retrouverait pas dans les rééditions parues en 1666 et 1668.

Enfin, en 1692, le gouverneur portugais de Macao envoya une ambassade au roi de *Cochinchine*. En racontant comment cette ambassade fut reçue en audience publique et solennelle, et magnifiquement traitée par le souverain, qu'il appelle Joao Viçira, l'auteur (1) donne cette étymologie du nom de *Cochinchine* : « Les Portugais, entendant appeler la cour de ce royaume *Kecho* et remarquant que les naturels avaient une grande ressemblance avec les Chinois, firent, avec quelques corruptions, de *Kecho* et *China* le nom et le mot *Cochinchinois*. » Il y a dans cette simple phrase tout un bouquet d'erreurs, bien excusables sans doute si l'on se reporte au temps où elles furent commises, mais qui n'en sont pas moins regrettables puisqu'elles ont contribué à accréditer une confusion géographique et ethnographique que nous voyons subsister aujourd'hui encore : les indigènes de l'Annam n'ont point une telle ressemblance avec les Chinois ; si le lieu où fut reçue l'ambassade portugaise était appelé *Kecho*, c'est que les étrangers n'étaient regardés que comme des commerçants et reçus, à ce titre, dans les centres commerciaux (Ké-Cho', — le marché). Enfin, l'on peut constater encore une autre erreur, qui prouve que les Portugais de l'époque n'avaient pas une connaissance bien exacte des divisions politiques de l'Indo-Chine, ni de la configuration des côtes. Ne voyons-nous pas, en effet, le Camoëns, dans ses Lusiades, après avoir énuméré le Cambodge, le Ciampa et la Cochinchine, citer « l'anse inconnue d'*Ainao* » (Haï-Nan). Les navigateurs portugais ne

---

(1) *Noticias summarias das perseguicoes da Missam de Cochinchina,* etc. — Publié à Lisbonne en 1700, chez Miguel Marescal.

connaissaient donc pas, à cette époque, le détroit de Haï-Nan ; leurs navires, pour se rendre de Macao à Goa, contournaient donc alors, par le sud, la grande île de ce nom, et ils n'avaient pas exploré le fond du golfe du Tonkin ; ils abordaient aux côtes de la Cochinchine, qui se présentaient à eux dès qu'ils trouvaient la mer libre à tribord, mais ils paraissent avoir ignoré, au seizième siècle, que plus au nord se trouvait un état plus puissant et plus riche, dont la capitale, Dông-Kinh, s'appelait aussi *Kecho*.

Au dix-septième siècle, les Hollandais, mieux renseignés, vinrent au Tonkin (en 1637). D'après un manuscrit retrouvé par **M. A. J. C. Geerts** et inséré aux *Excursions et reconnaissances* (1), Karel Hartsinck quitta la rade de *Kout-chi* (où les Hollandais avaient un établissement à la pointe N. E. de l'île Hirado depuis 1609) le 31 janvier 1637, pour se rendre au *Tonkin*, dont il appelle la capitale *Cat-chiou* (Ké-Cho des Annamites. Prononcez : Ké-Tkieu). Il se rendit ensuite dans la Cochinchine (qu'il nomma Quinam comme les Japonais), notamment à Hué, l'ancienne Tcheng-Tching, qu'il distingue parfaitement du Tonkin. Karel Hartsinck revint en 1648 et fonda, pour le compte de la Compagnie hollandaise, un comptoir à Fo-yên (Phô-Hiên), situé, croit-on, sur l'emplacement de la douane de Phu-Ly, non loin du chef-lieu actuel de la province de Hung-yên, et qui fut abandonné en 1700 par Jacob van Loo.

Cette distinction, qu'établissaient les Hollandais entre le Tonkin et la Cochinchine et dont n'avaient pas parlé les Portugais, répond à des événements trop

---

(1) N° 13, 1882.

intéressants pour que nous ne nous y arrêtions pas un instant.

Le lecteur nous pardonnera de nous attarder ainsi sur cette nouvelle page de l'histoire de l'Annam en considération de la grande importance que présentent ces événements dans le sujet que nous étudions ici.

Le seizième siècle avait trouvé l'Annam en pleine anarchie ; des prétendants se levaient contre la famille régnante, et des généraux puissants, des familles Mac, Trinh et Nguyên, se disputaient le pouvoir, sous des fantômes de souverains sans force ni prestige.

En 1527, Mac-dang-Dong usurpa le trône d'Annam, après avoir fait mettre à mort le roi Lê-cung-Hoàng et ses partisans ; le général Nguyên-Cam (1) put échapper au poignard en s'enfuyant au Laos, où il recueillit le fils du roi Lê-chiêu-Tông, prédécesseur de Lê-cung-Hoàng.

En 1531 un corps de partisans des Lê s'avança sur le Sông-Ma (fleuve qui traverse la province de Thanh-hoa) et parvint, après quelques succès remportés sur les troupes des Mac, jusqu'à la capitale de l'Ouest (Tây-Do, en Thanh-Hoa). L'impéritie de son chef fut cause qu'il essuya alors une complète déroute ; mais

---

(1) Les ancêtres de Nguyên-Cam avaient joué depuis le dixième siècle un rôle important dans les affaires de l'Annam. L'histoire cite particulièrement Nguyên-Bac, qui fut l'un des principaux officiers de Dinh-bô-Linh, le fondateur de la première dynastie annamite du moyen âge (968 à 980) ; — en 1460, le roi Lê-thanh-Tông avait choisi son épouse dans cette famille, et le frère de la reine avait été élevé au rang de prince. Le fils de ce dernier, Nguyên-hoang-Du, avait commandé les armées du roi Lê-chiêu-Tông (1517 à 1523), et dès cette époque, les Nguyên s'étaient trouvés en rivalité avec les Trinh. — Ce sont les descendants de ces Nguyên qui occupent le trône d'Annam depuis le commencement du dix-neuvième siècle.

Nguyên-Cam en rassembla les débris au Laos, les grossit de nouvelles recrues et proclama roi le prince Lê-Ninh, fils et légitime héritier de Lê-chiêu-Tông (1533).

Il serait trop long de raconter ici les efforts extraordinaires que coûta au général Nguyên-Cam la restauration des souverains légitimes ; en 1540, il s'empara de la province de Nghê-An ; en 1541, le Thanh-Hoa et Tây-Do tombèrent en son pouvoir ; en 1545, il venait d'occuper la province de Son-Nam (Ninh Binh et Nam Dinh de nos jours) quand il mourut empoisonné.

Le roi regretta amèrement cette perte, et il conféra des titres élevés aux deux fils qu'il laissait, — Nguyên-Tông et Nguyên-Hoàng, encore en bas-âge ; — son gendre, Trinh-Kiêm, fut mis à sa place à la tête des affaires militaires et autres. Le siège du gouvernement des Lê fut établi alors à Van-Lai-Sach, province de Thanh-Hoa.

Trinh-Kiêm poursuivit, avec succès d'abord, l'œuvre de la restauration si bien commencée par son beau-père ; après avoir attiré dans son camp un grand nombre d'anciens partisans des Mac, il s'avança jusqu'à Dông Kinh en 1551, mais dut bientôt rentrer dans le Thanh-Hoa. Après des alternatives de revers et de succès il put reprendre l'offensive en 1559, et, tournant la capitale du Tonkin, il marcha par Bac-Ninh contre le siège de la puissance de ses adversaires.

Les Mac profitèrent de ce mouvement pour envahir le Thanh-Hoa ; ils purent s'emparer de la capitale des Lê, mais échouèrent devant An-Truong, où s'était concentrée la résistance de ceux-ci et, apprenant l'approche de renforts détachés de l'armée de Trinh, ils s'empressèrent de rentrer au Tonkin.

En 1562, Trinh s'établit définitivement dans le Son-Nam. En 1569, il fut élevé au rang de « Thuong-phu », le plus élevé après la dignité souveraine, qu'il transmit à son fils, établissant ainsi l'hérédité de sa charge.

Cette préoccupation de fonder une dynastie avait inspiré naturellement à Trinh-Kiêm des sentiments hostiles à ses deux beaux-frères, en qui lui apparaissaient des compétiteurs possibles.

Le fils aîné de Nguyên-Cam, — Uông, — étant venu à mourir, Trinh résolut de se débarrasser du plus jeune frère, — Hoàng, — en le faisant mourir à son tour. Celui-ci, prévenu par sa sœur, affecta de prendre un rôle modeste et de s'effacer ; il demanda et obtint le gouvernement des provinces méridionales récemment conquises (Thuân-Hoa et Quang-Nam) mais en partie occupées par les Mac. Pendant dix ans, de 1562 à 1572, il guerroya contre ces derniers ; un coup de main heureux, préparé par des intrigues féminines, lui valut enfin un succès éclatant, qui assura sa prépondérance dans le sud, et à partir de ce moment il travailla à s'isoler dans son gouvernement, pendant que les Trinh s'emparaient peu à peu du pouvoir effectif à la cour des rois Lê.

L'année 1593 fut marquée par d'importants événements : au premier mois, Trinh-Tông, fils et héritier de Trinh-Kiêm, remporta une victoire décisive sur les Mac, dont les principaux furent faits prisonniers et mis à mort ; trois mois après, le roi Lê-thê-Tông entrait en maître dans Hà-Nôï, l'ancienne Thang-Long et la Dông-Kinh de Lê-huy-Loï, dont la famille en avait été chassée soixante-six ans auparavant. — A cette nouvelle, Nguyên-Hoàng quitta son gouvernement et, à la tête d'une véritable armée, destinée selon lui à aider au complet écrasement des Mac, mais en réalité sa sauvegarde, il vint à la capitale saluer le souverain et lui offrir le tribut des provinces du sud.

Accueilli avec toutes les apparences des meilleurs sentiments, Nguyên-Hoàng fut employé par Trinh-Tông, pendant six ou sept ans, à combattre les derniers partisans des Mac, qui avaient reparu par bandes, dans les provinces de Haï-Dzuong et de Nam-Dinh; il réussit à les disperser et, en 1596, les Mac se trouvèrent refoulés dans les provinces de Thaï-Nguyên et de Cao-Bang, dont la possession leur fut reconnue par la cour de Chine. — S'attribuant tout l'honneur des succès de Nguyên, Trinh se fit décerner par le roi Lê le titre de « Prince de la paix » (Binh-an-Vuong) et, plus que jamais, il fit plier l'Etat sous sa main de fer.

Mécontent à juste titre, inquiété d'ailleurs par les intrigues qui s'agitaient autour de lui, Nguyên-Hoàng résolut de retourner dans son gouvernement du Sud chercher un abri contre les dangers qui menaçaient même sa vie à Hà-Nôï. Usant de ruse, il réussit à mettre à la voile, au 5e mois de l'année 1599, non sans laisser dans le camp des Trinh des germes de discorde, qui éclatèrent peu après et mirent ceux-ci à deux doigts de la perte, et rentré dans sa résidence, à l'abri derrière les montagnes de Touranne et de Hué, il prit alors lui-même le titre de prince (Tiên-Nguyên-Vuong), en 1600.

Il y eut, dès lors, rupture ouverte entre Nguyên et Trinh : le premier proclama son indépendance du second et prétendit traiter désormais avec lui sur le pied d'une complète égalité, sous l'autorité souveraine du roi Lê; le Tonkin, à partir de cette époque, est appelé *Dàng-Ngoaï* (voie extérieure, à cause de sa situation limitrophe de la Chine) et les provinces du sud *Dàng-Trong* (voie intérieure), — dénominations qui impliquent bien toujours l'idée d'un tout, mais divisé en deux portions absolument distinctes et jouissant, chacune, d'une sorte d'autonomie, qui s'accentuera de plus en plus par la suite.

Occupés à lutter contre de nouveaux et sanglants désordres intérieurs, d'un côté, et d'un autre côté contre de nouveaux efforts de la part des Mac, les Trinh parurent fermer les yeux sur la conduite des Nguyên; ceux-ci ne s'y trompèrent pas et, d'ailleurs, les Trinh tentèrent, et par les armes et par la trahison, de rétablir leur suprématie; cependant, ils avaient repris leurs rapports entre eux, car nous voyons Nguyên-phuoc-Nguyên (Saï-Vuong), fils et héritier de Nguyên-Hoàng, envoyer une ambassade porter à Hànôï des compliments de condoléance à l'occasion de la mort de Trinh-Tòng, en 1623. Cette ambassade fut bien accueillie; mais pour rappeler le gouverneur du Sud à ses devoirs de subordination, oubliés à tel point que, depuis des années, il avait cessé de fournir aucuns contingents militaires ni contributions d'aucune sorte, Trinh-Trang lui conféra le titre de « pho-Nguyên-Soai » (gouverneur en second), et l'invita à reprendre les envois d'impôts au Trésor royal. Cet avertissement, demeuré sans effet, fut renouvelé en 1625 et en 1626, et, décidé à user des moyens extrêmes, Trinh fit alors intervenir directement l'autorité royale: Saï-Vuong fut invité à envoyer à la cour de Hànôï son fils comme otage, plus 30 éléphants de guerre et 30 jonques. C'était un ultimatum; une guerre ouverte éclata alors entre le nord et le sud de l'Annam, et dans les premières rencontres, les armées de la

Cochinchine battirent celles du Tonkin, commandées par Trinh-Trang et le roi Lê-thân-Tông en personne. Des révoltes et un retour des Mac rappelèrent les forces tonkinoises sur les bords du fleuve Rouge ; mais on peut dire que, depuis cette époque, la lutte entre le nord et le sud ne fit que s'accentuer et s'aggraver. Pendant 15 ans, les Nguyên se tinrent avec succès sur la défensive ; mais en 1653 ils passèrent le fleuve Linh-Giang à leur tour et se rendirent maîtres de la partie septentrionale de la province de Bô-Chanh ; ils avaient poussé leur avant-garde jusqu'aux limites du Thanh-Hoa et lancé des émissaires jusque dans la province de Nam-Dinh quand la défaite de l'un de leurs généraux les obligea à battre en retraite sur le Linh-Giang.

Ils avaient cependant gardé le Nghê-An ; mais les populations, accablées d'exactions par les généraux du Sud, lasses aussi de voir leur territoire servir de champ de bataille à l'interminable querelle des Trinh et des Nguyên, se soulevèrent en masse et, en 1660, Hiên-Vuong, successeur de Saï-Vuong, se retrouva dans les anciennes limites du gouvernement du Sud.

L'année suivante, les Tonkinois reprirent l'offensive et passèrent de Linh-Giang ; vaincus, ils regagnèrent en désordre leurs positions primitives et, pour se garder d'un retour de l'ennemi, les Cochinchinois élevèrent alors cette ligne de fortifications que l'on voit tracée sur les cartes de l'époque, allant de Trân-Ninh à la mer et défendant ainsi les passages de la frontière (Bô-Chanh au nord, Quang-Binh au sud). On l'appelle « Luy-Sây » (palissade fortifiée). 1662. —

Pendant un siècle encore, on verra les forces de l'empire s'épuiser autour de cette muraille, dans des luttes fratricides, excitées par les seules rivalités de deux familles ; et, pour y mettre fin, il faudra que, dans un soulèvement formidable, le peuple lui-même intervienne et balaie tous ces rois et ces princes. Il ne saura, malheureusement, profiter de sa liberté conquise que pour s'offrir au joug de nouveaux maîtres qui, renversés à leur tour, céderont enfin la place à l'homme de génie qui sut, au commencement du dix-neuvième siècle, reconstituer l'Annam en un seul empire homogène, puissant et prospère.

Pendant que ces événements se déroulaient, les Cochinchinois combattaient aussi pour étendre leur puissance au sud, aux dépens du Ciampa ; en 1658, rendus au Phu-Yên actuel, ils envahissaient déjà, par infiltration, Baria (Môi-Xui) et Dông-Naï (Saigon) ; ils s'en rendirent maîtres par les armes peu après :

« L'an Mâu-tuât, 11ᵉ de l'empereur Thai-tôn (1658), pendant l'automne et au 9ᵉ mois, le roi du Cambodge, Néac-ông-Chan, viola les frontières annamites (1).

« Le gouverneur de la province du Trân-biên-dinh (actuellement Phu-yên), nommé Yên, le major général Minh et le capitaine Xuân marchèrent avec 2,000 hommes à la rencontre des Cambodgiens et parvinrent, après vingt-quatre jours, au lieu dit Môi-Xui (Baria) en plein royaume du Cambodge. — Môi-Xui fut pris par les Annamites et le roi cambodgien, Néac-ông-Chan, fut fait prisonnier et porté dans une cage jusqu'à la province de Quang-Binh. » (2)

---

(1) Ou plutôt les frontières du Ciampa, tributaire de l'Annam, puisque l'on voit le gouverneur de la province frontière annamite marcher vingt-quatre jours pour atteindre Baria.
(2) *Gia Dinh thung chi. Histoire et description de la Basse Cochinchine*, par Trân-hôi-Duc ; — traduction Aubaret, Paris, imprimerie impériale, 1863.

On fit grâce à Néac-òng-Chan, mais le Cambodge dut reconnaître la suzeraineté de l'Annam et payer tribut à Hué.

En 1675, à propos de troubles dans la famille royale du Cambodge, une armée annamite reparut dans ce pays, commandée *par le gouverneur de la province de Khanh-Hoa;* elle s'empara de Saïgon, de Gò-Bich et de Nam-Vang (Phnom-Penh) (1).

L'ordre rétabli, les troupes de l'Annam se retirèrent, mais pour reparaître en 1680 et s'établir définitivement à Saïgon, et, à partir de 1699, la cour de Hué nomma un Gouverneur général et Envoyé impérial pour la partie du Cambodge alors annexée, laquelle fut divisée en deux provinces : *Trân-biên* (Biên-hoa) et *Phân-Trân* (Saïgon). Plus tard, la conquête s'étendra progressivement, jusqu'à absorber le Cambodge tout entier, comme on le voit dans la carte de Mgr Taberd.

Comme nous ne prétendons pas raconter ici, dans plus de détails, les guerres d'envahissement poursuivies par les Cochinchinois contre le Ciampa et le Cambodge, ni leurs sanglantes querelles avec leurs frères tonkinois, nous ne poursuivrons pas nos recherches dans l'histoire de l'Annam ; aussi bien avons-nous atteint le but que nous nous étions proposé, soit de conduire le lecteur au point où l'Empire annamite se trouve absolument divisé en deux parties, véritablement indépendantes l'une de l'autre, toujours en rivalité, souvent en guerre, mais cependant toujours unies

---

(1) Les Annamites avaient donc enlevé au Ciampa, depuis 1658, une province de plus et ce dernier, réduit au seul Binh-Thuân, devait finir par disparaître tout à fait à la fin du dix-huitième siècle.

par un lien national sous la souveraineté nominale de la famille royale Lê.

Résumons et concluons.

A son berceau la nation annamite nous apparaît au sud-est du Thibet ; d'où, cédant à nous ne savons quelles poussées ou à son propre besoin d'expansion, nous la voyons descendre au Yun-Nan et se répandre ensuite sur les territoires compris dans un grand triangle, dont la base est tracée par le fond du golfe du Tonkin. Aux premiers jours de l'histoire nous la trouvons là, divisée par tribus obéissant à des chefs indépendants les uns des autres, batailleuses, unies par un lien de parenté, mais sans lien politique. Alors se présentent les Chinois, organisés, puissants et favorisés d'un degré de civilisation déjà fort avancée. Par infiltration d'abord, par leur prestige et plus tard par leurs armes, ils imposent leur autorité à ces populations désunies, qu'ils nomment *Kiao-Tchi* (Giao-Chi) à cause d'une particularité physique qui les distingua, mais que, prises en masse, ils appellent « les 100 familles au-delà des frontières » (Peh-Youë, Ba-Viêt).

Un premier groupement se fait vers le vingt-huitième siècle avant l'ère chrétienne ; il est suivi bientôt d'un fractionnement en deux royaumes : *Ba-Thuc*, dans la partie montagneuse, au nord, — et *Van-Lang*, plus près de la mer, divisé en deux gouvernements, *Son-Tinh* et *Son-Thuy* ; mais en l'année 257 avant J.-C. nous les voyons tous réunis en un seul, nommé *Âu-Lac*, avec Lao-Thanh pour capitale, dans le pays des tribus supérieures.

A ce moment se produit un essai de décentralisation politique, pour arriver, du reste, à une véritable centralisation administrative. Des gouverneurs chinois leur sont imposés, et, selon la position des territoires compris dans le ressort de leur fonction, leurs titres les disent : gouverneur des tribus du Sud (Nan-Youë, Nam-Viêt ou Viêt-Nam), des tribus supérieures (Viêt-thuong), des Kiao du Sud (Nan-Kiao, Nam-Giao), etc. On appellera aussi la région *Ji-Nam* (Nhât-Nam, Gan-Nan des Jésuites, Sud du Soleil), ou bien encore, à la suite de guerres plus ou moins heureuses, *Nam-Binh* ou *An-nam*, Midi pacifié, Midi paisible. Nous ne parlerons pas des noms plus spéciaux, tels que celui de *Tân duong dia*, terre à éléphants des Tân.

Très remuants, obligeant leurs maîtres jaunes à de continuels efforts pour les maintenir dans la sujétion, les « cent tribus méridionales » ont dû procurer fréquemment aux généraux et aux gouverneurs impériaux, qui les écrasaient en détail, l'occasion de s'enorgueillir de leurs faciles triomphes, et l'on s'explique ainsi le fréquent retour de ce vocable dans les titres conférés aux pacificateurs, « An-Nam », fréquence telle que le pays en a gardé le nom à partir des premières années de notre ère vulgaire, au regard de la Chine du moins.

Le fondateur de la première dynastie annamite des temps modernes adopta, pour l'empire, le nom de *Daï-Cu-Viêt* (le grand et antique Viêt), en 968, et le même nom se retrouve encore en 1054, sous Ly-thanh-Tông ; mais l'empereur chinois maintint toujours les anciennes dénominations : *Nam-Viêt* en 975, *Kiao-Tchi* en 980, *An-Nam* en 1186. L'usurpateur Hô-qui-Ly changea le nom d'*Annam* pour celui de *Daï-Ngu* (1402), qui disparut avec lui, lors du rétablissement des gouverneurs chinois. Lê-huy-Loï, restaurateur de l'indépendance annamite et fondateur de la dynastie des

Lê postérieurs (1428), appela sa capitale *Dông-Kinh* (Hà-nôï de nos jours), et, par l'usage, ce nom a été étendu à toute la région qui est encore pour nous le Tonkin : limitée au Nord, dès cette époque, par les frontières de la Chine et s'étendant au Sud jusqu'à la province de Nghê-An inclusivement, comme de nos jours encore. Elle comprenait donc tous les territoires des anciens *Giao*, augmentés des provinces conquises sur le royaume de Lin-y (Lâm-âp des Annamites).

Les missionnaires jésuites du dix-septième siècle, qui écrivaient d'après les meilleurs documents chinois, n'ont point fait les confusions que nous avons signalées ; leurs « Notices historiques sur la Cochinchine et le Tonkin » (1) disent qu'à cette époque la Cochinchine avait le nom de *Lin-y*, qui fut aussi le nom de la capitale du pays, et que le Tonkin était connu sous les noms de *Kiao-Tchi*, de *Nan-Kiao* et de *Youë-Tchang*.

Klaproth a identifié Lin-y à Siam ; d'autres ont confondu ce Lin-y avec le Xiêm-Ba et Tcheng-Tching. Aucune de ces opinions n'est la nôtre. Ce que rapportent les Annales chinoises de la marche du général Ma-Yuen, de la capitale du Tonkin à Lin-y (33 ap. J.-C.), démontre que les limites de ces deux états se trouvaient alors vers le sud de Kouang-Nan-fou (de la carte des Jésuites), qui appartenait déjà au Tonkin, et, pour y parvenir, l'armée chinoise dut se tracer une route à travers d'épaisses forêts entre Hing-Hoa-fou et Kouang-Nan-fou (des rives du fleuve Rouge à l'embouchure du Song-Ca de Nghê-An), forêts qui ont donné naissance au nom même de *Lin-y* ou *Lâm-âp*

---

(1) *Lettres édifiantes et curieuses*, op, cit.

(campements forestiers), à une époque où cet Etat comprenait encore le Nghê-An tout entier.

Vaincus encore une fois et refoulés vers le sud, les gens de Lin-y fondèrent une nouvelle capitale à *Tchen-Tching* (aujourd'hui Hué), en 808 de notre ère, et cet Etat porte le nom de *Chiêm-Thanh* dans l'histoire annamite. Plus tard, ils reculeront successivement au Binh-Dinh, au cap Varela, au cap Padaran et au Binh-Thuân, où la fin du dix-septième siècle verra leur dispersion définitive.

Le P. Marini, qui arriva au Tonkin en 1638 et y passa 14 ans, écrivait que l'Annam se divisait, de son temps, en trois parties : Tonkin, Cochinchine et *Ciucanghe* (1). Marco Polo parle des pays d'*Anin* (Annam)? de *Ziampa* (Ciampa) et de *Toloman* ou *Coloman* (Komen, Kambodge) (2) ?

Comme on l'a pu voir, parmi les noms employés par la Chine, soit pour désigner les populations, soit pour composer les titres de leurs gouverneurs ou princes, celui d'*An-Nam* a été le plus usité et s'est maintenu, s'étendant à l'ensemble des pays sujets ou tributaires des anciens Giao-Chi, depuis les frontières méridionales de l'Empire jusqu'aux rives du Mé-Kong; cependant des décrets de Gia-Long et de ses successeurs adoptèrent d'abord le nom de l'antique *Viêt-Nam*, puis celui de *Daï-Nam*, encore en usage aujourd'hui dans les actes du gouvernement. M. de la Bissachère affirme que le pays nommé *Tonkin* par les Européens est appelé *Nuoc-Annam* (royaume d'An-

---

(1) *Delle missioni de padri....* etc. Roma, 1657.
(2) Marsden. *Travels of Marco Polo.* Livre III, chap. V, p, 584.
— F. Garnier croit, avec M. Yule, qu'il s'agit ici de la ville de Ho-mi-Tchéou, au Yun-Nan.

Nam) par les indigènes, et que sous cette dénomination sont compris le Tonkin et la Cochinchine (1) ; le même auteur confirme aussi que le nom de *Tonkin* vient de ce que l'on a attribué à l'Etat la dénomination de sa capitale, — Dông-Kinh, — qui signifie capitale de l'Est. Tout le monde est d'accord sur ce dernier point.

L'origine du nom de la Cochinchine a été plus discutée. Nous avons vu l'opinion des anciens auteurs portugais ; Luro, après avoir cité cette opinion (2), croit plus juste de supposer que ce nom « vient des caractères chinois au moyen desquels la côte dut être désignée pour la première fois aux Européens par quelque pilote cantonais : *Cô-Cheng-Ching* signifie ancien Ciampa (3). Car *Cheng-Ching* est souvent employé en cette langue pour désigner le Ciampa qui était, aux premiers siècles de notre ère, la région centrale longeant la côte qui va du Tonkin à la Basse-Cochinchine. » — Luro ajoute, que les caractères *Cheng-Ching*, que les Annamites prononcent *Chiêm-Thành*, sont employés au lieu de *Lâm-ấp* ou *Chiêm-Bà*, pour désigner le Ciampa, et, selon lui, *Chiêm-Thành*, « qui véritablement ne peut désigner que la capitale du Ciampa, était probablement située dans le

---

(1) La Bissachère. *Exposé statistique du Tonkin.* Londres, 1811.
(2) E. Luro. *Le pays d'Annam.* — Paris, 1878.
(3) Nous pensons plutôt que ces premiers navigateurs européens, Portugais de Macao et ayant des pilotes cantonais, abordèrent dans la baie de Touranne, où ils s'établirent au comptoir de Faï-Fo ; et comme les Annamites s'étaient déjà emparés de ce point, refoulant au sud les possesseurs primitifs et se substituant à leur autorité, les pilotes chinois désignèrent la région sous le nom connu jusqu'à ce moment et dirent : Cô-Tcheng-Tching, c'est-à-dire, l'ancien royaume de Tcheng-Tching. Et les Portugais prononcèrent : Cauchychina ; d'où Cochinchine.

Quang-Binh. » Le caractère *Co* ou *Cou* signifie *Ancien*.

Bien qu'il commette une erreur historique et géographique, en confondant Cheng-Ching avec Lâm-âp et e Ciampa, Luro nous semble cependant avoir jugé assez exactement de l'origine du nom de la Cochinchine. Cette erreur qu'il commet existait déjà dans le *Tableau de la Cochinchine* de MM. Cortambert et Léon de Rosny, où il est dit que, « à la suite des guerres qui eurent lieu en 1195, l'Empereur chinois Ning-Tsoung confirma la souveraineté du roi du Kambodge sur la Cochinchine et les petits états de Chen-pan, Tchen-li, Teng-lieou-meï et Pou-Kan, le tout formant désormais le *royaume de Tchen-Tching*. » — M. de Rosny fait aussi observer (page 169), que, des documents chinois, il paraît résulter que l'on doit entendre sous le nom d'*Annam* une contrée correspondant à peu près au Tonkin de nos jours; Tchen-Tching — la Cochinchine — était plus au sud.

Enfin, M. Cortambert dit que c'est à tort qu'on appelle *Cochinchine* tout l'empire d'Annam : « ce terme doit être réservé à une région maritime de la monarchie annamite ; mais ici même l'application en est encore douteuse, car les uns appellent *Cochinchine* tout ce que les indigènes nomment *Dàng-Trong*, c'est-à-dire toute la contrée qui forme, en s'arrondissant, la côte sud-est et sud de la péninsule, depuis la limite méridionale du Tonkin jusqu'à la frontière du royaume du Kambodge ; d'autres restreignent cette dénomination à la partie la plus orientale de l'empire, en y comprenant ni le Tsiampa, ni le Kambodge annamite ».

...... — Cependant, pour se conformer à un usage établi parmi les Européens, il veut bien admettre qu'on entende par Cochinchine tout le Dàng-Trong, ainsi divisé : au nord la Cochinchine proprement dite, formée des haute et moyenne Cochinchines, y compris le Tsiampa, — au sud la basse-Cochinchine ou Kambodge annamite.

Disons donc, pour terminer, que, des données si diverses et parfois si contradictoires que nous avons longuement exposées, il nous semble qu'on peut conclure que le nom d'An-nam (Daï-Nam de la cour de Hué) est celui qui convient le mieux à l'ensemble de l'Empire, depuis les frontières de la Chine jusqu'à celles du Kambodge. Au moment de la conquête française, cet empire formait trois grandes divisions : 1° au nord le Dàng-Ngoai, Bac-Ky ou Dông-Kinh ; — 2° au centre le Dàng-Trong ou Hué-Ky ; — 3° au sud, le Dông-Naï ou Nam-Ky, qui furent désignées respectivement, par les Européens, le plus généralement sous les noms de Tonkin, de Cochinchine proprement dite (haute et moyenne), et de Basse-Cochinchine ou Kambodge annamite. Toute autre dénomination peut donc être tenue pour arbitraire, sinon fautive; quant au Ciampa, ce n'est plus qu'un souvenir, et ce nom ne figurait dans les titres épiscopaux de Mgr Taber, il y a cinquante ans, que par respect des traditions, comme on voyait naguère le roi de Sardaigne s'intituler aussi roi de Chypre et de Jérusalem.

II

LE COURS DU MÉ-KONG

L'auteur de l'*Aperçu* suppose que le Mé-Kong, avant d'atteindre le 29° de lattitude, donne naissance à l'Irraouaddi et au Mé-Nam. Cette opinion ne paraît plus soutenable aujourd'hui; mais nous allons voir qu'elle est conforme aux données recueillies par les anciens géographes auprès des indigènes.

On sait que Mac-Leod avait reconnu, en 1837, le Mé-Kong jusqu'à Xièn-Hong (vers le 22° de lat.); mais ce voyageur avait exploré la région bien plus que le cours du fleuve, et l'on peut dire que, en 1866, lors du départ de la commission d'exploration dirigée par le commandant de Lagrée, l'hydrographie du Mé-Kong s'arrêtait à Cratieh, à 450 kilomètres environ de la mer.

Le hollandais Gérard van Wursthorf, qui remonta le Mé-Kong jusqu'à Viên-Chang, n'a publié aucun renseignement géographique sérieux; il avait sans doute ses raisons d'en agir ainsi : on connaît les rivalités qui divisaient alors Hollandais et Portugais.

Christoval de Jaque, dans sa relation, avait dit que :
« Chacun des royaumes du Cambodge, du Pégou et

de Rachon était arrosé par un bras du Gange » ; — mais c'est surtout le jésuite Jean-Marie Leria, qui pénétra au Laos par la voie du Mé-Kong et y séjourna quatre ans, de 1643 à 1647, qui a le plus contribué à répandre cette erreur, faisant naître le Mé-Nam et le Mé-Kong d'un fleuve unique du Laos. Marini, lui, avait réuni au Mé-Kong le fleuve du Pégou, et les choses en étaient là quand Mouhot vint mourir à Luang-Prabang.

Une commission d'exploration fut constituée à Saïgon le 1er juin 1866 ; elle se composait de six français, dont les noms ne sont certes point oubliés :

MM. Doudart de Lagrée, organisateur et chef de l'entreprise ;
Garnier, qui mit en ordre et publia les travaux de la commission ;
Delaporte, l'habile dessinateur de la commission ;
les docteurs Thorel et Joubert ;
de Carné.

Elle quitta Saïgon le 6 juin, arriva le 8 à Compong-Luông, alors capitale du royaume Khmer, et en partit le 21, commençant ses travaux par la visite des ruines d'Ang-Kor, restes merveilleux d'un art et d'une civilisation entrevus par Mouhot, mais véritablement révélés par le commandant de Lagrée.

Dans un style charmant, où le savoir et le pittoresque captivent à la fois l'attention du lecteur, F. Garnier nous a raconté (1) les aventures et les dé-

(1) *Voyage d'exploration en Indo-Chine.* — Paris, Hachette et Cⁱ, 1873.

couvertes de nos vaillants compatriotes. — Le 25 mai 1867, au matin, ils quittaient Luang-Prabang ; à partir de ce moment, ils pénétraient dans l'inconnu, — *terra incognita*, peut-on dire — Le soir du même jour, ils s'arrêtaient au confluent d'une rivière aux eaux noires et calmes, affluent de gauche du Grand-Fleuve, qui la saisissait et l'entraînait, par tourbillons, dans les flots jaunes de son cours torrentueux. C'était le Nam-Hou. M. de Lagrée, vaguement renseigné par des populations timides, inquiètes et dissimulées, comprit cependant, grâce à cet admirable sens intuitif dont il a donné tant de preuves, qu'il se trouvait là en présence d'une route plus facile et plus directe vers les provinces méridionales de la Chine. Il eut la pensée de se lancer dans cette voie nouvelle. Que n'a-t-il suivi cette heureuse inspiration! Nous savons aujourd'hui, par les découvertes du Dr Néïs et celles plus récentes de M. Pavie, ainsi que par les itinéraires de la colonne française qui, en 1887, s'est frayé une route à coups de fusils, malgré les bandes des « pavillons noirs », de Lao-Kaï à Diên-Biên-phu ; nous savons, dis-je, que le Nam-Hou est une large et belle rivière, descendue du Yun-Nan, fréquentée par un important mouvement commercial, et qui permet de rejoindre, relativement sans peine et sans fatigues, la rivière Noire, puis le Sông-Coï, le fleuve Rouge, la grande artère tonkinoise.

Mais M. F. Garnier, après avoir remonté le Nam-Hou quelques milles, n'y trouvant qu'une largeur d'une cinquantaine de mètres, avec cinq mètres de profondeur uniforme, ne crut pas devoir pousser plus loin sa reconnaissance ; concluant que cette rivière ne présentait pas les allures d'un cours d'eau longtemps navigable, il émit une opinion qui ne pouvait encourager à adopter cette voie et l'on continua à remonter le Mé-Kong.

Il serait puéril de reprocher à F. Garnier cette appréciation ni la résolution qui en fut la conséquence. Certes, nul, plus que lui, ne fut ardent et dévoué à l'œuvre entreprise et il n'est que juste de lui attribuer, après le commandant de Lagrée, la plus large part dans les résultats obtenus ; mais les amis du regretté commandant ne peuvent se défendre d'amers retours en songeant aux conséquences possibles du changement d'itinéraire entrevu par M. de Lagrée. L'exploration du Nam-Hou, c'était la découverte d'une communication sûre et facile entre les deux bassins du Mé-Kong et du Sông-Coï, l'ouverture d'une voie commerciale entre le Laos, le Yun-Nan et les ports du Tonkin, d'épouvantables difficultés de voyage évitées, moins de fatigues et de dangers ; enfin un retour plus prompt, commode et assuré par fleuve Rouge. Au lieu de cela, les explorateurs se reprennent à continuer de remonter péniblement le Mé-Kong jusqu'à Xiên-Kong (100 et quelques milles), où il leur faut abandonner leurs barques le 21 juin. De là, ils cheminent lentement et péniblement, à petite distance de la rive droite du fleuve ; mais ils arrivent alors en territoire birman et, à partir de ce moment, on les voit se heurter à chaque pas à des difficultés de toute sorte, en même temps que les forces physiques s'épuisent, que les santés s'altèrent.

Le 7 octobre, ils ne sont rendus qu'à Xiên-Hong ; ils se retrouvent au bord du Grand-Fleuve : en trois mois et demi, ils n'ont avancé que d'une cinquantaine de lieues à peine vers sa source. Il faut bien se décider alors à renoncer au projet primitif, reconnu impraticable.

Le 29 mai, ils avaient vu l'embouchure de la Se-Ngum, « petite rivière peu intéressante en elle-même, dit F. Garnier, mais importante à signaler parce que, du versant opposé de la chaîne qui lui donne naissance, descend la branche la plus orientale du Mé-Nam. Les sources des deux cours d'eau ne sont séparées que par un très faible espace et, d'après les renseignements des indigènes, il suffirait, à l'époque des hautes eaux, de traîner une barque pendant un ou deux milles, sur un terrain assez uni, pour sortir du bassin du Mé-Kong et recommencer à naviguer dans celui du Mé-Nam. — Est-ce cette proximité qui a fait croire à la communication indiquée sur nos anciennes cartes ? »

D'autres indices, des bruits vagues mais persistants, circulant chez les riverains et recueillis par les Annamites de l'escorte, avaient contribué à faire presque admettre par M. Garnier la possibilité d'une source commune au Mé-Kong et à quelque autre grand cours d'eau ; en tout cas, ils lui avaient paru renfermer une indication admissible. Parlant des impatiences et des velléités de retour en Cochinchine manifestées par les Annamites, que la longueur du voyage effrayait déjà et que prenait la nostalgie du foyer, M. Garnier raconte leurs inquiétudes et leurs espérances, telles qu'ils les lui dirent, dès Luang-Prabang :

« Ong quan (monsieur le chef), m'avaient-ils dit souvent, lorsque je les emmenais avec moi sur le fleuve faire des sondages, — ne sommes-nous pas allés assez loin encore et n'avez-vous point déjà, sur votre carte, assez de rochers, assez de cataractes, assez de détours ? Jusqu'où irons-nous donc ainsi ?

« — Nous voulons savoir, leur répondais-je, d'où vient ce fleuve, et c'est lui qui nous mène. Où ? Nous n'en savons pas plus long que vous ; mais nous irons, nous le pouvons, jusqu'à ses sources.

« Ils soupiraient alors, en regardant l'eau, large et profonde.

« — C'est bien loin cela, disaient-ils, et ce grand fleuve n'est pas près de finir...

« — Qu'en savez-vous ? leur répondais-je pour les encourager ; — il sort peut-être tout formé d'un grand lac et, dans ce cas, demain nous en pouvons voir la fin ».

« Cette porte ouverte à l'espérance suffisait pour ranimer leurs courages et ramener la gaieté naturelle à leur race. Je les surprenais parfois demandant aux indigènes des nouvelles du grand lac qui donnait naissance au Mé-Kong, et on leur répondait souvent de façon à confirmer leur secret espoir. Tous les habitants de l'Indo-Chine ont conservé le vague souvenir de leur ancien lieu d'origine, ce plateau de l'Asie centrale, semé de grands lacs qui se déchargent par de grandes rivières, et ils attribuent volontiers aujourd'hui une origine lacustre aux fleuves dont ils habitent les rives. C'est d'après leurs dires que les anciens géographes ont cru longtemps à l'existence d'un grand lac d'où seraient sortis à la fois le Mé-Nam et le Mé-Kong » (1).

L'exploration du cours du Mé-Kong s'arrêta donc à Xien-Hong, vers le 22° lat. N. et, traversant le fleuve, qu'ils ne devaient plus revoir, nos vaillants

---

(1) *Voyage d'exploration en Indo-Chine*, t. I, p. 350.

compatriotes s'engageaient, le 7 octobre 1867, dans ce long et périlleux voyage, qui devait coûter la vie au chef regretté qui les avait conduits jusqu'à deux journées de marche du fleuve Bleu, leur but nouveau.

Sur quelles autorités s'est appuyé F. Garnier pour tracer, sur sa carte, le cours supérieur du Mé-Kong à partir du 22° ? Sans doute sur la carte de Klaproth. Il conduit le fleuve jusque par 32°, au cœur du Thibet, sous les noms de Lang-Tsiang-Kiang et de Lao-Kiao (1), et coulant parallèlement au Yang-Tse-Kiang supérieur, au Salouen et à l'Irraouaddi.

« Le plateau du Tibet, dit-il, forme au centre de l'Asie comme une immense terrasse dont les bords sont dessinés, sans interruption, au Nord, à l'Ouest et au Sud par de hautes chaînes de montagnes, mais qui va en s'abaissant graduellement vers l'Est et déverse de ce côté la plus grande partie de ses eaux. C'est surtout par l'angle Sud-Est, que s'échappent la plupart des fleuves qu'il alimente. Là, dans un espace de moins de soixante lieues, le Brahmapoutre, l'Iraouaddy, le Salouen, le Cambodge, le Yang-Tse-Kiang, quelque temps arrêtés et contenus par la puissante barrière de l'Himalaya, réussissent à se frayer un passage et tracent de profonds sillons dans les flancs déjà légèrement affaissés de cet énorme soulèvement. Ses derniers contre-forts se prolongent cependant encore assez dans cette direction pour donner naissance au fleuve de Canton, le Si-Kiang, au fleuve du

---

(1) Klaproth place la source du Mé-Kong aux pieds des monts Koutkoun, par 35° lat. N., et là ce cours d'eau porterait le nom de Dzaïchou. — D'autre part, on lit dans le tome XXXVI, année 1864, des Annales de la propagation de la foi, que le Mé-Kong, au point où il est appelé Lan-Tsan-Kiang, dans le Thibet, est déjà un grand cours d'eau torrentueux.

Tong-king, le Ho-Ti-Kiang, et au fleuve de Siam, le Mé-nam ; mais ces rivières, quoique comparables aux plus grands cours d'eau de l'Europe, ne sauraient être mises sur la même ligne que celles qui précèdent, dont les sources, encore peu connues, sont probablement toutes situées à l'intérieur du plateau lui-même. »

M. F. Garnier n'a pu vérifier ces hypothèses, et l'on peut dire qu'au-delà de Xiên-Kong, nul européen n'a encore remonté le cours du Mé-kong, que nous sachions, du moins. Il a fallu, évidemment, que le commandant de Lagrée reconnût que la voie était impraticable pour que la commission d'exploration abandonnât ainsi complètement le but indiqué, car les instructions qu'elle avait reçues au départ s'exprimaient ainsi, à l'article « But de l'expédition » :

« Déterminer géographiquement le cours du fleuve par une reconnaissance rapide poussée le plus loin possible ; chemin faisant, étudier les ressources des pays traversés, et rechercher par quels moyens efficaces on pourrait unir commercialement la vallée supérieure du Mé-kong au Cambodge et à la Cochinchine ; tels sont, en résumé, les objets essentiels que vous ne devez jamais perdre ne vue. »

Or, l'on peut remarquer, en lisant les *Conclusions générales* du compte rendu du voyage (t. I, p. 545), que finalement le Mé-kong se trouve quelque peu oublié, au profit de vues d'ensemble, de conceptions savantes, ingénieuses, grandioses, sans doute, mais assez étrangères au but primitif.

Nous nous expliquons fort bien, étant donné le caractère si net et si formel des instructions de l'amiral de la Grandière, et étant connu l'esprit d'ordre et les sentiments qui animaient le regretté commandant de Lagrée, que ce dernier n'ait pas abandonné l'exploration du fleuve pour celle du Nam-Hou, lorsqu'il rencontra le confluent de cette rivière, reconnue si importante aujourd'hui, puisqu'il pouvait alors se flatter de pouvoir continuer la reconnaissance du fleuve ; mais, si l'on doit regretter qu'il n'y soit pas revenu de Xiêng-Hon ou de Xiên-Kong, au lieu de pousser sa marche vers le fleuve Bleu, combien plus ne regrettera-t-on pas qu'il n'ait pris la route du Ho-Ti-Kiang, lorsqu'il eut rassemblé, sur le cours de ce fleuve (Sông-Coï, fleuve Rouge du Tonkin), lors de son passage dans le Yun-Nan, les renseignements dont parle F. Garnier (1), et lorsqu'il eut acquis la conviction que la route du fleuve Rouge, qu'il venait de découvrir, toujours guidé par cette intuition, si remarquable chez lui, et malgré les invitations qui tendaient à le faire remonter au nord, que cette route une fois explorée serait le plus utile des résultats de son voyage ! (2) En effet, tous ses compagnons, comme lui, voyaient dès ce moment que « cette communication, si ardemment cherchée et désirée, ce déversoir par lequel devra s'écouler un jour dans un port français le trop plein des richesses de la Chine occidentale, c'est du Sông-Coï et non pas du Mé-Kong qu'il faut l'attendre » (3).

Le commandant de Lagrée mourut à Tong-Tchouen

---

(1) Rapport de M. de Lagrée, daté de Se-Mao (Chine), 30 octobre 1867. Ministère de la Marine, Archives des colonies. — C'est dans ce rapport que M. de Lagrée expose les raisons qui l'ont déterminé à abandonner le Mé-Kong (V *Doudart de Lagrée au Cambodge et en Indo-Chine*, par F. Julien, 2ᵉ édit. Paris, 1886).

(2) Rapport de M. de Lagrée, daté du YunN-an, 6 janvier 1868 (F. Julien, op. cit.)

(3) De Carné. *Voyage dans l'Indo-Chine et dans l'empire chinois*, p. 517.

le 12 mars 1868; — trois mois plus tard, la commission d'exploration arrivait à Shang-Haï et, le 29 juin suivant, elle débarquait à Saigon les restes de l'homme de bien, de science, d'énergie et d'abnégation patriotique, qui repose aujourd'hui dans la solitude d'un cimetière cochinchinois, au milieu de tant d'autres dévouements ignorés ou oubliés.

Si nul européen n'a pu tracer et décrire *de visu* le cours du haut Mé-kong, il n'en est pas de même d'un de ses très proches voisins, le Brahmapoutre. Le récit de cette exploration, perdu dans la collection des *Annales de la propagation de la foi*, peut être utilement cité ici, parce qu'il donnera une idée suffisante de la physionomie du terrain et permettra d'établir une comparaison intéressante avec les hypothèses avancées par F. Garnier.

M. Krick, de la Société des Missions étrangères, partit de Saïkowk le 18 décembre 1851. « Il y avait un an et demi que je contemplais la neige du Thibet, il était temps de passer du spectacle à l'action », écrivait-il à M. Foucaud, professeur de thibétain à Paris. Il n'ignorait point les difficultés et les dangers de l'entreprise, il savait le peu de succès de tous les efforts tentés jusqu'alors pour pénétrer dans l'Himalaya, mais une ardente conviction, une rare énergie le poussaient en avant. En effet, il ne trouvait rien, dans les antécédents, qui pût lui donner quelque espoir : à différentes reprises, six européens, entourés de toutes les chances de réussite, pouvoir, argent, protection, guides, soldats et suite nombreuse, s'étaient vus obligés de rebrousser chemin; deux natifs, placés dans les meilleures conditions de succès, avaient également échoué, devant la résistance ouverte ou dissimulée des populations et des autorités locales, encore plus que devant les obstacles matériels. « Et moi, dit M. Krick, je n'avais que Lorrain, mon chien fidèle, qui semblât décidé à me suivre. Je voyais et je comprenais les difficultés de mon entreprise; je ne me faisais aucune illusion de zèle ou d'imagination. Du reste, il n'y a rien comme la présence de la mort pour calmer les écarts de nos facultés ». C'était donc de parti-pris et de sang-froid qu'il pénétrait dans cette région inconnue et redoutable, qu'il a décrite ainsi :

« La chaîne des Himalayas, qui court du Nord à l'Est, le long de la vallée d'Assam, jusque dans l'empire birman, est d'une hauteur, d'une aspérité, d'une sauvagerie à en faire, dans toute la force de l'expression, une barrière infranchissable élevée entre la plaine du Sud et le Thibet, au Nord. Plus d'un touriste verrait succomber aux premiers efforts santé et courage, deux auxiliaires rigoureusement indispensables pour effectuer une pareille ascension ; et comme si la nature n'avait pas déjà accumulé trop d'obstacles, les peuples et tribus sauvages qui habitent ces régions semblent être placés là exprès, comme des sentinelles fidèles et inexorables, pour éconduire ou égorger l'imprudent voyageur qui se met à leur portée. »

A partir de Tchoumpoura, dernier village d'Assam, plus de chemin ; les Michemis ouvrent des sentiers à la belle saison, mais durant les pluies toute trace de leur passage disparaît sous une végétation exubérante. L'explorateur doit alors suivre sa direction tantôt dans le lit du Brahmapoutre, tantôt dans la forêt, en faisant sa trouée le coutelas à la main.

Le 20 décembre, il passe le Dôrô à gué, puis le Vithiou, et s'engage dans un chaos de montagnes.

« Il faut alors, dit M. Krick, passer d'une montagne à une autre sur une chaussée d'un mètre à peine de largeur ; de chaque côté, précipices de plusieurs mille pieds. Arrivé sur l'autre cîme, j'ai la vue la plus grandiose possible ; on dirait un panorama fait exprès pour récompenser le voyageur de sa peine. Je vois se dérouler devant moi toute la vallée d'Assam jusqu'à Saïkowk à ma droite ; sur ma gauche et à huit ou dix kilomètres se dessine la tranchée du Brahmapoutre. Au sud, l'immense plaine étale ses forêts, et le grand fleuve qui l'arrose serpente en mille bras à travers ce paysage. Du point que j'occupe, les arbres les plus élevés me paraissent comme des têtes de choux. Nous dominons, à plusieurs centaines de pieds, la couche des brouillards, qui suivent à flots la profondeur des gorges, refoulés par un vent du sud.

« Voici que nous avons monté un jour et demi, et toujours à pic ; l'échelle de Jacob ne devait pas être plus perpendiculaire. Pas de chemin ; nous le traçons. Quelquefois cependant nous apercevions une espèce de sentier. Je n'ai pas d'instrument pour mesurer notre hauteur, mais mon calcul me dit de neuf à dix mille pieds. Le capitaine Bowlott trouve huit mille pieds à cette montagne là-bas, que je domine de beaucoup. Quoique si élevé, je suis au milieu de la plus riche végétation. — Ne croyez pas cependant que je sois en extase devant une vue si grandiose ; sur les Himalayas je ne vois rien du tout ; ces montagnes ne sont pas comme les autres, plus on monte plus il reste à monter, et quand on s'est épuisé à gravir un pic, qui paraissait tout dominer, on le trouve entouré d'autres sommets qui bornent tout l'horizon. Les Himalayas peuvent être comparés aux vagues de l'Océan ;

ils ne sont pas une chaîne, ils sont un monde de montagnes ; pour bien en juger, il faudrait planer au-dessus, dans un ballon. Ainsi, voilà un jour et demi que nous montons, et qu'ai-je devant moi ? Le pic Sincoutrou, colosse dont les pieds reposent sur la tête de deux autres géants (1) ».

Après avoir contourné la base du Sincoutrou, le hardi missionnaire poursuit sa marche en avant, à travers des forêts de bambous épineux, aux tiges penchées et entremêlées, par des pentes raides et glissantes, où, une fois tombé, l'on roule jusqu'à ce que l'on ait la chance de pouvoir s'accrocher à quelque chose : il descend le lit du Tiding, qui coule au sud-est, vers le Brahmapoutre. « Il faudrait des ailes, dit sa relation, pour voyager par ce pays de précipices ; j'aurai du bonheur si j'arrive jusqu'au bout..... »

Il rencontre le Pramô, un affluent du grand fleuve, venant du Nord-Ouest et dont les tourbillons mugissent à une sombre profondeur, formant, aux pieds des roches noires, des abîmes écumants. Le 4 janvier 1852, il traverse le hameau de Kotta, le dernier centre habité avant la frontière du Thibet, et le lendemain il se trouve au confluent de l'Ispack et du Brahma-

---

(1) Dans ses *Souvenirs d'un voyage dans la Tartarie et le Thibet*, M. Huc dit que, depuis Lha-Ssa jusqu'à la province de Su-Tchouen, on ne voit que vastes chaînes de montagnes entrecoupées de cataractes, de gouffres profonds et d'étroits défilés. Ces montagnes sont tantôt entassées pêle-mêle, tantôt rangées et pressées symétriquement les unes contre les autres, comme les dents d'une immense scie. Les Chinois, dans leurs relations de voyage, disent qu'elles « réclament la vie des voyageurs ». — Les Thibétains nomment plaine tout ce qui ne va pas se perdre dans les nuages, et chemin tout ce qui n'est pas précipice ou labyrinthe.

M. Huc n'a jamais rencontré ce « plateau du Thibet » dont parle F. Garnier.

poutre. Ici, la vallée s'élargit, le chemin s'améliore; les crêtes, jusque là dépouillées de verdure, se couronnent de grands pins vigoureux, et « il lui semble revoir les montagnes des Vosges ». Ayant gravi un pic colossal, il découvre une large vallée, recouverte par les alluvions du Brahmapoutre ; au loin se dessine un assemblage de points noirs. Qu'est-ce? On lui répond: « Un village thibétain ». Il fait deux pas de plus, il en aperçoit un autre à ses pieds. C'est le Thibet! C'est Oualoung! Après deux jours de marche à travers un pays frais et riant, qui s'étale sur les deux rives du fleuve, en hameaux populeux, en champs bien cultivés, en jardins admirables, en belles forêts de pins, M. Krick atteignit le bourg de Sommeu. Le 18 mars suivant, il était de retour à Saïkowh, ayant remonté le Brahmapoutre jusqu'à sa source.

La trop courte notice qu'il a consacrée à ce superbe fleuve, qui tient le second rang parmi les fleuves sacrés de l'Inde, — le Gange étant le premier, — est bien digne de fixer un moment notre attention. « Ce que je puis affirmer, dit-il, parce que je l'ai vu, c'est la puissance de ses eaux, l'irrésistible élan de sa course, la sauvage beauté de ses rives et sa voix tonnante, qui ébranle la solitude. Il sort d'une montagne située au Nord-Est de la province d'Assam ; la tranchée qui le reçoit à sa naissance ressemble à un étroit canal taillé entre deux roches à pic. Profondément encaissé dans ses murs de granit, il lave et blanchit de son écume les obstacles qui l'emprisonnent. Sa largeur, depuis le Brahmacoundo jusqu'au Thibet, est de cent-cinquante à deux cents mètres. Le lit du fleuve, trop étroit pour son volume, la pente du sol, tout encombrée de rochers, donnent à son cours une rapidité si impétueuse, que je n'ai pas vu un seul endroit où le plus vigoureux éléphant pourrait tenir pied ferme une seconde. Il ne coule pas, il bondit avec fureur; il ne murmure pas, il mugit à se faire entendre à distance comme un tonnerre lointain. Sa surface, depuis Sommeu jusqu'aux plaines de l'Assam, n'est qu'une nappe d'écume blanche......

« Le Brahmapoutre reçoit un grand nombre de rivières assez considérables et, ce qui prouve la puissance de son cours, il ne paraît pas plus fort après un confluent qu'il ne l'était au-dessus. Aucun bateau ne saurait passer d'un bord à l'autre : les ponts suspendus (1) sont l'unique voie de communication entre les deux rives de ce torrent désordonné ».

Tous ceux qui ont quelque peu pénétré dans l'intérieur de l'Indo-Chine et qui, d'ailleurs, ont lu l'ouvrage de M. Garnier, conviendront que le tableau qui précède pourrait vraisemblablement être rapporté au Mé-Kong supérieur.

M. Krick avait été précédé au Thibet par MM. Huc et Gabet, qui y arrivèrent en 1846, par le désert de la Tartarie, et séjournèrent à Lha-Ssa; ils en furent expulsés par ordre du gouvernement chinois et conduits à Canton. En 1849, M. Renou passa la frontière

---

(1) Ces ponts sont formés de longs et solides rotins que les indigènes tendent d'un bord à l'autre, attachés à des troncs d'arbres ou à des rochers. Celui qui veut traverser s'assied dans une boucle, en rotin elle aussi, enfilée dans le gros cordage tendu autant que possible, et se lance en glissant sur la partie déclive du système avec une vitesse qu'augmentent son propre poids et les surfaces polies du rotin ; la moitié du parcours ainsi accomplie, le reste s'achève en s'aidant des pieds et des mains. On établit ces appareils sur les points où le fleuve est plus étroitement encaissé ; mais d'ailleurs, M. Krick a trouvé dans cette région des rotins gros comme le bras et long de plus de cent cinquante pieds.

du Su-Tchouen et parvint à Tsiambo, chef-lieu de la province de Kham (1), à moitié chemin de Lha-Ssa, qu'il estima être à 500 lieues de Ta-Tsien-fou, ville frontière du Su-Tchouen. C'est là qu'il fut arrêté et renvoyé à Canton.

M. Krick, qui avait dû rebrousser chemin lors de son voyage de l'année 1851-52, à cause de l'état de guerre dans lequel il trouva le pays, se remit en route en 1853, se dirigeant à travers le pays des Abors; de ce côté encore il trouva les tribus en guerre et dut s'arrêter. La même année, M. Renou réussit à pénétrer dans le Thibet par le Yun-Nan; il parvint dans le petit royaume de Tsa-Rong, qui comprend 22 villages, a pour chef-lieu Men-Kong et relève directement de Lha-Ssa. Avec l'aide d'un confrère, M. Fages, il fonda un établissement à Bonga (2), sur un point ainsi décrit par Mgr Chauveau, coadjuteur du vicaire apostolique du Yun-Nan (lettre du 12 janvier 1855) :

« Il est une vallée restée inconnue jusqu'à ce jour à tous les géographes, formant l'extrémité méridionale du royaume de Tsa-Rong qui relève directement de Lha-Ssa et où, par conséquent, les Chinois n'ont aucune juridiction. Cette gorge, demeurée inculte depuis de longues années, pourrait occuper les bras

---

(1) M. Huc dit que Tsiamdo, capitale de la province de Kham, est protégée par deux rivières — le Dza-Tchou et l'Om-Tchou — qui, après avoir coulé l'une à l'est et l'autre à l'ouest de la ville, se réunissent pour former le Ya-Lang-Kiang. Ce dernier cours d'eau traverse, du nord au midi, la province de Yun-Nan, la Cochinchine, et va se jeter dans la mer de Chine. — La vallée de Tsiamdo est entourée de hautes montagnes.
(*Souvenirs d'un voyage dans la Tartarie et le Thibet, en* 1844, 45 et 46, par M. Huc.)

(2) Un peu au-dessus du 28° lat. N., par environ 94°30' long E., sur le Salouen. Le Mé-Kong n'en est pas éloigné de plus de dix lieues, de l'autre côté de la chaîne de montagnes.

de vingt familles. Les montagnes qui l'avoisinent sont couvertes de vastes et magnifiques forêts. Au milieu d'une petite plaine, qui s'étend à leurs pieds, est un tertre entouré d'arbres séculaires ; on y voit encore des ruines, indice probable que cette vallée n'a pas toujours été déserte ». — MM. Renou et Fages furent pillés et chassés en 1858; mais ils purent y revenir plus tard, et d'autres missionnaires avec eux.

De son côté, M. Krick, accompagné cette fois par M. Boury, reprit en 1854 le chemin du Thibet par la vallée du Brahmapoutre, qu'il avait déjà explorée; ils étaient parvenus à s'installer dans une tribu thibétaine quand ils tombèrent l'un et l'autre sous le couteau des sauvages Michemis.

Mais cet inabordable Thibet attirait irrésistiblement nos missionnaires français. En 1857, à cinq cents lieues de distance, MM. Bernard et Desgodins s'engagèrent dans les défilés du Setledje, principal affluent de l'Indus. Ils allaient atteindre le but de leur voyage quand la méfiance de quelques chefs de tribus leur ferma le passage. — On sait que M. Desgodins a pu enfin s'établir au Thibet, l'étudier, le faire connaître ; mais le cours du haut Mé-Kong reste toujours ignoré, sa source est toujours aussi inconnue, et les travaux de MM. Réveillère et de Fessigny, tous deux officiers distingués de notre marine, n'ont guère dépassé Stung-Treng.

Les Anglais nous donneront-ils la solution de ce problème? Depuis une cinquantaine d'années ils ont abordé la question, indirectement, il est vrai, en cherchant la route qui leur permettra d'amener dans leurs ports du golfe de Bengale les produits du Laos, du Thibet, du Yun-Nan, du Su-Tchouen, etc., en échange de leurs propres importations. Le docteur Richardson explora, le premier, en 1829, le terrain entre Mandalay et Xién-Maï ; — en 1885 le major Mac Leod se rendit de Moulmein au Laos birman. Tous deux furent les précurseurs de ces hardis voyageurs que nous avons vus, depuis lors, au prix d'efforts que n'ont pas encore récompensés des résultats réels et complets, se lancer à la recherche d'une route possible, de Rangoun au Yun-Nan, traversant le Si-Hang, le Salouen, le Mé-Ping et le Mé-Kong, tous encaissés profondément, torrentueux, bordés de chaînes de montagnes escarpées, entassées dans un désordre inénarrable.

Parmi les différents projets mis en avant, le gouvernement anglo-indien fit étudier plus spécialement celui dont le tracé a adopté la voie généralement suivie par le commerce entre Birmans et Chinois, et que parcoururent autrefois les armées des Jaunes dans les guerres contre Ava et Pégou. Une commission formée du major Sladen, du capitaine Williams, du docteur Anderson et de trois négociants de Rangoun, partit de cette dernière localité, en 1868, remonta l'Irraouaddi jusqu'à Bhâmo, explora le bassin d'un de ses affluents, le Taping, jusqu'à Momeïn, mais ne put aller plus loin. Pour remplir sa tâche, il lui eût fallu encore franchir la série des contreforts de l'Himalaya oriental et les vallées des hauts Salouen et Mé-Kong, gagner Talifou, puis le fleuve Bleu ; mais l'insurrection des Mahométans était alors maîtresse du Yun-Nan.

Quelques années plus tard, l'insurrection écrasée, on tenta de reprendre cette exploration avec l'aide précieuse des données recueillies. M. Margary partit de Pékin secrètement en août 1874, remonta le fleuve Bleu, puis le Yuen-Kiang, l'un de ses affluents, et traversant le Koueï-Tchéou, le Yun-Nan, les montagnes et les vallées qui séparent la Chine de la Birmanie, il arriva à Momeïn, d'où il descendit, par le Taping, à Bhâmo. Là, il fut rejoint, le 15 janvier, par l'expédition venue de Rangoun sous les ordres du colonel Horatius Brown, et après quelques jours de repos, l'infatigable voyageur reprenait cette route du nord qu'il venait de parcourir en cinq mois, au prix de véritables prodiges d'énergie, d'adresse et d'intelligence. Il marchait en avant-garde, reconnaissant et préparant les voies à l'expédition, qui suivait, quand il fut si malheureusement assassiné par des bandits chinois le 21 février, aux environs de Manouaïne; attaqué lui-même, le colonel Brown dut se replier sur Bhâmo et fut obligé de renoncer à l'entreprise.

Mais la mort de M. Margary ne fut pas inutile : la convention de Tché-fou (octobre 1875) ouvrit l'intérieur de la Chine à l'activité européenne; un consul — M. Colborne-Baber — fut installé à Tchong-King-fou et l'on vit, en 1877, deux voyageurs anglais parcourir la route du Yun-Nan à Bhâmo, MM. Mac-Carthy et Gill; plus tard, MM. Solteau et Stevenson purent aller de Bhâmo à Han-Kao (1880-81), et MM. Colquhoun et Wahab de Canton à Bhâmo (1882). Tous ces explorateurs ont constaté que les cours d'eau nés des Himalayas, — Si-Hang, Salouen, Nan-Ting, Mé-Kong, — sont profondément encaissés dans des vallées étroites, coupés par d'énormes et nombreux rapides, et peuvent être regardés comme des torrents formidables, qui, tombant de terrasse en terrasse, ont creusé et creusent encore, violemment, leur voie entre les montagnes et les rochers escarpés.

Enfin, dans un mémoire inséré aux « Excursions et

reconnaissances » (n° 9, 1881), M. Boulangier, ingénieur des ponts-et-chaussées en Cochinchine, a étudié le débit du Mé-Kong. Ce travail établit que le fleuve, par la largeur cumulée de ses bouches (trente kilomètres), écoule annuellement 1,400 milliards de mètres-cubes d'eau, soit 1,400 kilomètres-cubes, qui tiennent en suspension plus d'un litre de matières solides (argile et sable) par mètre-cube. Si l'on suppose que ces 1,400 millions de mètres-cubes de matières alluviales se répandent dans la mer de Chine sur une épaisseur uniforme de 1 mètre, la surface couverte aurait une étendue de 140,000 hectares. Ainsi s'explique la rapidité du développement alluvionnaire de la Cochinchine, si visible à la pointe de Cà-Mâu et que l'on peut déjà mesurer en comparant aux cartes récentes les travaux hydrographiques de MM. Héraud Manen et Vidalin.

En présence de ces chiffres formidables, M. Boulangier calcule qu'avec les matières solides que le Mé-Kong enlève tous les ans à l'Himalaya ou à la péninsule de l'Indo-Chine, « on pourrait élever tout autour de la France, de Dunkerque à Nice, sur un développement de 1,500 kilomètres, une muraille ayant 1,000 mètres carrés de section, c'est-à-dire par exemple 20 mètres d'épaisseur moyenne et 50 mètres de hauteur. Au bout d'un siècle, il serait possible de remplacer cette muraille par une chaîne de montagnes, haute de 400 mètres et large de 500 à la base. »

BARON. — SA RELATION TOUCHANT LE TONKIN
(1685.)

Au nombre des auteurs qui ont écrit sur l'Annam et qui sont le plus oubliés, il faut citer BARON, qui méritait mieux certainement, non seulement à cause de l'exactitude de ses renseignements et de la modération de ses appréciations, mais encore parce qu'il a écrit dans le but de redresser les erreurs étranges commises par Tavernier, erreurs qui sont telles que l'on se demande comment ce dernier a pu ainsi travestir les données souvent exactes, d'ailleurs, recueillies par son frère.

La relation de Baron, parue en anglais dans le recueil de Churchill (1732), a été traduite en français et reproduite au tome XXXIII de l'Histoire générale des voyages, de l'abbé Prévost (édition Didot, 1751). L'auteur était né au Tonkin ; il n'est pas dit s'il était d'origine européenne, ou seulement « tonkinien », converti et instruit par les missionnaires.

L'abbé Grazier, dans sa grande histoire de la Chine (1729) a cité plusieurs fois Baron ; d'après lui, Baron était de nationalité anglaise mais né au Tonkin, d'un père anglais et d'une mère indigène ; il s'excuse, auprès de son éditeur, et demande indulgence pour l'imperfection de son style.

Il écrivit en 1685, et se proposa de rétablir la vérité contre les fantastiques descriptions de Tavernier (1), dont il avait eu connaissance. Déjà, il avait senti toute l'importance commerciale du Tonkin : il indique la facilité avec laquelle ce pays pourrait devenir la route du négoce entre la mer et les provinces chinoises du Yun-Nan et du Kouang-Si ; il a vu clairement, 200 ans à l'avance, la question qu'on agite aujourd'hui.

La relation de Baron commence par une description fort sommaire de la contrée, au point de vue géographique et climatérique. Elle indique le Tonkin comme une région relativement tempérée ; pendant les mois pluvieux — avril, mai et juin — le climat n'est pas sain ; en juillet et août règnent des chaleurs excessives; mais de septembre à mars le climat est tempéré. Il fait même froid l'hiver.

Dans cette relation, qui ne présente généralement pas les exagérations que l'on peut reprocher à tant d'autres, nous relèverons quelques passages intéressants, bien propres à montrer combien ont peu changé, depuis 200 ans, les mœurs et les coutumes.

Dès le début, un détail permet d'apprécier le mouvement du cabotage à l'embouchure par laquelle s'écoulait le commerce de l'intérieur du Tonkin :

« L'île principale (à l'entrée), dit Baron, est l'île de
« Twon-Bene (Ile des brigands des Portugais, auj.
« Cat-Ba?). Sur cette île se trouve la garde avancée
« ou guet général, constituant, pour ceux qui l'occu-

---

(1) *Relation d'un voyage au Tonkin*, par J..B. Tavernier, — 1650-1670, — rééditée par le *Cosmos-les-mondes*, 28 octobre 1883 et suiv.

« pent, l'office le plus lucratif du royaume. Les
« barques venant de Tingway et de Guian, et celles
« qui vont dans ces provinces paient un droit d'une
« rixdale et demie par grande barque, et les autres à
« proportion. Cette douane ne rapporte pas moins
« d'un million de rixdales.

. . . .

« En dehors de Cacho (Hà-Nôï), il n'y a pas trois
« villes qui méritent ce nom. Mais les aldéas (villages)
« sont fort rapprochées les unes des autres. Cacho,
« située par 21 degrés de lattitude, à 40 lieues de la
« mer, peut se comparer, pour l'étendue, à plusieurs
« villes fameuses de l'Asie ; mais elle l'emporte sur
« presque toutes par le nombre de ses habitants.

« Le premier et le quinzième jour de la nouvelle
« lune, il s'y tient un marché considérable qui attire
« une quantité incroyable de peuple. Chaque genre
« de commerce a sa rue spéciale, attribuée exclusi-
« vement à un ou plusieurs villages, dont les habi-
« tants ont seuls le droit d'y établir leurs magasins.
« Les jours de marché, la foule qui s'y presse est
« tellement considérable que c'est avancer beaucoup
« que d'y faire cent pas dans une demi-heure ».

Sachant ce qui précède, on comprend aisément que
la capitale du Tonkin ait reçu le surnom de Ké-Cho
(Ké-Kieu, Ké-Tieu) ou *Le Marché*.

« Le roi, les généraux, les princes et les grands
« résident à Cacho, ainsi que les Cours de justice.
« Bien que les palais et les édifices publics occupent
« une grande étendue, ils sont peu remarquables
« par eux mêmes, et un grand bâtiment de bois en
« fait la partie principale. Tout le reste est bâti en
« bambous et argile, à l'exception des comptoirs

« étrangers, construits en briques. Les palais ont été
« ruinés par la guerre ancienne.

« Un formidable corps de milice est toujours prêt
« aux ordres du roi. L'arsenal et les magasins sont au
« bord du fleuve, près d'une île sablonneuse où l'on
« conserve le *Thecada* (?).

« Le Sông-Koï, ou Grande Rivière, prend sa source
« en Chine, traverse Cacho après un très long cours,
« et va se jeter dans la baie d'Aynam par plusieurs
« embouchures praticables aux vaisseaux médiocres.
« Une multitude de bateaux circulent sur le fleuve,
« mais tous ceux qui vivent sur ces barques ont, en
« même temps, un domicile dans les villages ».

La description de la ville capitale n'indique pas,
comme on voit, une cité d'aspect bien luxueux; Cacho
n'est remarquable que par l'étendue et le commerce,
— comme Hâ-nôï, de nos jours.

L'exactitude des détails contenu dans la relation de
Baron doit donner une certaine valeur aussi à l'énumération des forces du royaume, qui suit la description de la ville.

« Par le nombre, les forces du Tonkin sont formi-
« dables; elles comprennent 140,000 hommes bien
« armés, dont 8 à 10,000 cavaliers. Les éléphants de
« guerre sont au nombre de 350. Mais ces troupes si
« nombreuses ne sont guère redoutables : les tonki-
« niens ne sont nullement courageux . . . .

« Le roi possède 220 bâtiments, grands et petits,
« bons plutôt sur les rivières qu'à la mer, servant
« surtout pour les fêtes et les amusements, et allant
« presque tous à la rame, dépourvus de mâts. Ils
« portent à la proue un canon de 4 livres. En outre,
« 500 barques-twinges, légères à la voile, faibles

« pour la guerre, mais propres à porter des vivres et
« des soldats.

« L'arsenal de Cacho est bien fourni de canons de
« divers calibres, les uns fabriqués dans le pays, et
« les autres achetés aux trafiquants étrangers. Les
« munitions représentent un approvisionnement très
« convenable ».

Cette énumération des ressources militaires dont disposait le roi d'Annam explique les succès et les conquêtes des Annamites sur le Ciampa et le Cambodge. Mais Baron dit que « les tonkiniens ne sont nullement courageux » : cette appréciation semble quelque peu contredite par leur conduite dans les guerres continuelles qu'ils ont soutenues et menées au succès final, pour l'expulsion des Chinois d'abord, puis pour la conquête des territoires du Sud ; et l'on peut dire même que, sans l'intervention de la France dans ses destinées, depuis trente ans, l'Annam, aujourd'hui, régnerait en maître jusqu'aux rives du Mé-Nam. En tout cas, par l'expérience que nous en avons faite en Basse-Cochinchine et plus récemment au Tonkin, on sait à n'en pouvoir douter que les Annamites, encadrés d'Européens, se battent comme les meilleurs soldats et se font tuer bravement. Le reproche de couardise et d'inaptitude à la guerre, que Baron adresse aux Annamites, paraît devoir revenir bien plus aux chefs qu'aux soldats, si même ces défauts ne sont plutôt la conséquence d'une mauvaise organisation et d'une ignorance militaire absolue.

« Les soldats, dit-il, sont enclins naturellement à la
« mollesse ; ils végètent toute leur vie dans leur état,
« sans aucun stimulant et sans espoir d'avancement ;
« l'argent et la faveur seuls conduisent à tout. Les

« guerres consistent à faire grand bruit et à déployer
« un grand appareil de bagages.

« Les Tonkiniens sont querelleurs et partent en
« guerre pour le plus léger motif; mais ils s'arrêtent
« devant les murs d'une ville ou sur le bord d'une
« rivière; puis, dès que la guerre devient trop san-
« glante, ils retournent chez eux.

Baron aurait pu ajouter que leurs généraux sont adonnés à une sorte d'astrologie militaire, peu propre à développer l'esprit d'initiative et à favoriser l'entrain dans l'armée. On en jugera par le curieux document dont nous donnons ici la traduction et qui a été pris, avec les papiers d'un chef annamite, au Tonkin en 1884 :

« Je vous ai précédemment envoyé un tableau sem-
« blable à celui-ci; mais le Thây (1), n'ayant pas con-
« sidéré que le troisième mois n'a pas trente jours (2),
« a commis des erreurs; ses calculs ont été refaits,
« du 1ᵉʳ au 20 du quatrième mois. Ces calculs sont
« exacts; vous pourrez donc vous en servir. Brûlez
« l'autre avis.

« Les jours et heures favorables pour combattre et remporter la victoire sont indiqués ci-après :

« Le 1ᵉʳ, de 3 h. à 5 h. du matin, très favorable; — de 5 h. à 7 h., favorable.

« Le 2, défavorable.

« Le 3, de 3 h. à 5 h. du soir, très favorable.

« Le 4, de 7 h. à 9 h. du soir, très favorable; mais les gens nés dans les années Thân et Méo ne doivent pas combattre.

---

(1) L'astronome, ou plutôt l'astrologue officiel.
(2) Il y a des mois de vingt-neuf jours.

« Le 5, de 5 h. à 10 h. du matin, assez favorable.

« Le 6, de 3 h. à 5 h. du soir, favorable.

« Le 7, de 11 h. du soir à 2 h. du matin, défavorable. L'ennemi attaquera à l'improviste.

« Le 8, de 3 h. à 4 h. du matin, très favorable, si l'on prend l'offensive. — De 7 h. à 10 h. du matin, favorable.

« Le 9, défavorable. Les chefs doivent veiller des côtés nord et ouest.

« Le 10, défavorable.

« Le 11, défavorable de 11 h. du soir à 3 h. du matin. L'ennemi attaquera du côté nord. Les gens nés dans les années Binh et Ngo doivent bien veiller sur eux-mêmes.

« Le 12, de minuit à 2 h. du matin, très favorable; de 7 h. à 9 h. du soir, favorable. Les gens nés dans les années Mao doivent s'abstenir de combattre.

« Le 13, de 2 h. à 7 h. du soir. très favorable. Les gens nés dans les années Ngo et Ty doivent veiller sur eux-mêmes.

« Le 14, défavorable. Il faut veiller surtout des côtés nord et ouest car l'ennemi cherchera à attaquer de ces côtés.

« Le 15, de 4 h. à 9 h. du matin, très favorable. On pourra disperser l'ennemi aussi aisément qu'on fend un bambou, mais les chefs nés dans les années Su-u et Dân doivent veiller sur eux-mêmes.

« Le 16, de 2 h. à 4 h. du soir, assez favorable; de 8 h. à minuit il faut être vigilant car l'ennemi tentera une surprise.

« Le 17, de 10 h. du matin à minuit, veiller du côté du nord.

« Le 18, de 8 h. à 9 h. du matin, assez favorable;

mais il vaudra mieux ne rien tenter, de peur qu'il n'arrive malheur aux chefs nés dans les années Ti et Ngo.

« Le 19, défavorable.

« Le 20, de 4 h. du soir à minuit très favorable; on pourra faire beaucoup de prisonniers ».

Si nous ne nous trompons, pour les affaires de nuit les heures du lever et du coucher de la lune entrent pour beaucoup dans ces prévisions. En tout cas, on comprendra aisément qu'ainsi conduits, les Tonkinois aient paru « peu hardis » à Baron.

Passant ensuite au caractère et aux mœurs des « Tonkiniens », l'auteur les dépeint de la manière suivante :

« Bien que la valeur soit chose rare au Tonkin, les habitants ont l'humeur inquiète et turbulente et le roi se trouve obligé de les tenir continuellement par des mesures de rigueur. Les révoltes et les conspirations sont fréquentes, mais la superstition en est plutôt la cause que l'ambition. Les mandarins et les seigneurs prennent rarement part à ces séditions.

« Les Tonkiniens sont envieux et pleins de malignité; l'orgueil leur ôte la curiosité de voir les autres pays; ils n'ont d'estime que pour le leur. Ils ont la mémoire heureuse et la pénétration vive; les sciences leur plaisent, surtout parce qu'elles mènent aux dignités publiques et aux honneurs. »

A propos des impôts, Baron dit que « certains fonctionnaires, les officiers et les soldats sont exempts de taxes. Tous les autres habitants sont taxés. Si un marchand est établi dans la capitale, il est taxé à son aldéa et à la capitale également. Un jeune homme de dix-huit à vingt ans est taxé de 3, 4, 5 ou 6 rixdales par an, suivant la fertilité du terroir. Ce tribut se paie en avril et octobre, époque de la moisson du riz.

« En plus de la taxe, il est dû aux seigneurs une sorte de service appelé *Vecquan*. Le Vecquan est une prestation pour l'entretien et la réparation des murs, des chemins, palais du roi et édifices publics. Les artisans doivent six mois par an au Vecquan, sans rémunération. Par bonté on peut leur accorder la nourriture. Pendant les six autres mois, ils peuvent disposer de leur temps pour leurs travaux personnels.

« Les habitants des aldéas pauvres, qui ne peuvent payer la taxe, sont employés à couper l'herbe pour la cavalerie et les éléphants de l'Etat. Ils sont tenus, non seulement de la couper, mais encore de la transporter à la capitale ».

Nous ne suivrons pas Baron dans les nombreux renseignements qu'il donne sur l'instruction publique et les grades universitaires, sur les funérailles, le deuil, la religion, les idoles et les superstitions, pas plus que dans le chapitre consacré à l'histoire succincte du Tonkin. Ce ne serait que répéter, en d'autres termes, ce que nous avons déjà dit. Notons seulement, en passant, la description qu'il fait du palais du *Chuà* du Tonkin.

« Le palais est situé au milieu de Cacho, entouré d'un mur et environné d'un grand nombre de petites maisons habitées par les soldats. Les édifices intérieurs ont deux étages ; leurs portes sont hautes et majestueuses ; les appartements renferment quantité de choses rares et précieuses ; l'or et les laques splendides y abondent.

« Les écuries contiennent les plus beaux chevaux et les plus beaux éléphants. Derrière le palais s'étendent de superbes jardins avec des bosquets, des étangs, etc. »

Baron attribue à un prince qu'il nomme *Libalvie*, la construction d'un magnifique palais de marbre, dont il ne reste plus que des ruines.

En 1665, le pays était divisé en six provinces « sans y comprendre, dit Baron, le pays de *Ca-Bang* et une partie du royaume de *Bowes*. » Cent ans plus tard, d'après les « Lettres édifiantes et curieuses », le Tonkin était divisé en onze province ou *Xu*, savoir : 1° La province du Midi (Son-Nam) ; 2° la province de l'Est (Hai-Duong) ; 3° la province du Nord (Kinh-Bac); 4° la province de l'Ouest (Son-Tay ou Xu-Doai); 5° Yên-Quang ; 6° Lang-Bac ; 7° Thai-Nguyên ; 8° Tuyên-quang ; 9° Hung-Hoa ; 10° Thanh-Hoa ; 11° Nghê-An. La capitale, Hà-nôï (ou Thang-Long), formait un gouvernement distinct, était regardée comme centre commun, et les quatre premières provinces tiraient leurs noms de leur position par rapport à cette ville. Ces quatre provinces principales étaient appelées *Tu-trân*, et les autres *Phiên-trân*.

Chaque province avait un gouverneur général militaire (Quan-trân ou Trân-thu) et un juge civil (Hiêp-trân); la province du Midi et celle de Thanh-Hoa avaient, chacune, deux gouverneurs généraux et deux juges civils, depuis les grandes guerres civiles. La partie supérieure de la province du Midi s'appelait Nam-thuong et avait son chef-lieu à Trân-châu, à environ 20 lieues au-dessous de Hà-nôï, sur la route royale ; la partie inférieure (Nam-Ha) avait pour chef-lieu Vi-hoang. Précédemment, le chef-lieu de Son-Nam était à Phô-Hiên, où s'établirent les factoreries européennes.

La partie N. de la province de Thanh-hoa s'appelait Thanh-hoa-ngoai, et la partie S., Thanh-hoa-nôi. Cette province est regardée comme le berceau des familles royales *Lê*, *Trinh* et *Nguyên*.

Quant à la Cochinchine, que Baron nomme « province de Giang », par cette raison, sans doute, qu'elle comprenait les territoires illimités qui s'étendaient au sud du Sông-Gianh (ou Giang), elle était divisée déjà, au temps du P. Alexandre de Rhodes, en six provinces : Thuân-Hoa, Quang-Binh, Cham, Quang-Nghia, Qui-Ninh et Rau-van, cette dernière situé dans l'intérieur des terres. L'empire annamite s'arrêtait alors à la limite actuelle du Quang-Yên, où commençait le Ciampa. A mesure que la Cochinchine a conquis de nouveaux territoires, le nombre des provinces s'est augmenté et les dénominations ont changé ; les successeurs du P. de Rhodes comptaient huit provinces :

Quang-Binh, Dinh-Cat, Hoé Cham, Quang-Nghia, Qui-Ninh ou Qui-Nhon, Phu-yên et Nha-Ru ou Binh-Khanh.

Au commencement du dix-huitième siècle, on trouve deux nouvelles provinces, ajoutées aux huit ci-dessus : Dinh-Ngoi (Bô-chanh, au N. du mur de Luy-Sây, entre le Tonkin et la Cochinchine) et Nha-Trang, au S. de Nha-Ru. Vers le milieu du même siècle, les extensions de la puissance annamite au midi ont amené la création des provinces de Phân-Rang (ou Binh-Thuân, formée des restes du Ciampa) et de Dông-Naï, partie du Cambodge, qui s'étendit, peu après, jusqu'à former d'abord quatre provinces : Dông-Naï, Saïgon, Mytho et Lông-Hô ; — puis six provinces : les mêmes, plus An-giang et Hà-tiên. — En 1838, Mgr Taberd comptait, dans l'empire d'Annam, 34 provinces, savoir, du Nord au Sud :

1° *Tonkin* ou *Dàng-Ngoai* : Lang-Son ou Lang-Bac, Cao-Bang, Thai-Nguyên, Tuyên-Quang, Quang-Yên, Bac-Ninh, Hai-Duong, Hung-Hoa, Son-Tây, Hà-nôï, Son-Nam, Nam-Dinh, Ninh-Binh ou Thanh-Hoa-ngoai, Son-Thai ou Thanh-Hoa-nôi, Nghê-An, Bô-Chinh-ngoai. — 16.

2° *Cochinchine extérieure* : Bô-Chinh-trong, Quang-Binh, Quand-Tri, Quang-Duc (Huê). — 4.

3° *Cochinchine intérieure* ou *Dàng Trong* : Quang-Nam, Quang-Nghia, Binh-Dinh ou Qui-Nhon, Phu-Yên, Nhà-trang ou Binh-hoa, Binh-Thuân. — 6.

4° *Gia-Dinh* : Biên-Hoà, Phan-Yên, Dinh-Tuong, Vinh-Thanh, Châu-dôc, Hà-tiên. — 6.

5° *Ancien Cambodge* : Gò-Sat, Nam-Vang. — 2.

Soit, en totalité, 34 provinces.

Touchant les ressources agricoles, industrielles et commerciales du Tonkin, Baron dit que « la soie est une des richesses de la contrée ; l'élève des vers-à-soie ne s'y fait pas avec moins d'habileté qu'en Chine. Une partie des soies écrues est expédiée au Japon. Cette industrie y est si développée que les pauvres, comme les riches, sont vêtus d'habits de soie.

« La soie est le seul produit d'exportation ; les Portugais et les Castillans avaient d'abord accaparé ce commerce, mais aujourd'hui (1) ce sont les Hollandais et les Chinois qui portent au Japon la soie écrue. Les Anglais et les Hollandais achètent la majeure partie de la soie travaillée.

« L'or vient de Chine ; l'argent provient des Anglais, des Hollandais et des Chinois qui trafiquent dans le pays.

---

(1) 1685.

« Le commerce domestique consiste en riz, poisson salé et autres articles d'alimentation ; la soie est aussi l'objet d'un certain négoce intérieur : elle sert à la confection des vêtements et des meubles. Mais les marchands retirent peu de profit de leur commerce avec la Chine, parce qu'il faut donner des cadeaux considérables aux mandarins des frontières. Les Chinois eux-mêmes ne sont pas à l'abri de ces concussions.

« Une des maximes de la cour est d'empêcher les particuliers de devenir trop riches ; aussi ferme-t-elle les yeux sur les exactions des fonctionnaires.

« Il y a au Tonkin des mines de fer et de plomb ; elles fournissent la quantité nécessaire à tous les usages ».

On peut s'étonner que Baron n'ait pas parlé des dépôts de houille.

« Le commerce, dit-il encore, est peu florissant pour plusieurs raisons. D'abord les marchands du pays achètent toujours aux étrangers à trois ou quatre mois de crédit ; par suite, ces derniers courent des risques pour leurs marchandises et éprouvent toujours une certaine peine à se faire payer. Pas un seul marchand du Tonkin n'a le pouvoir ou le courage d'employer d'un seul coup 2,000 écus en marchandises.

« Cependant le *Tonkinien* est moins trompeur et perfide que le Chinois, *parce qu'il est moins intelligent*. En second lieu, la majeure partie de l'argent passe à la Chine, pour y acheter la monnaie de cuivre, qui monte et baisse au gré de la cour. Il n'y a pas de monnaie de cuivre au coin du prince. L'empreinte est assez rapidement effacée par l'usage, et cette monnaie perd ainsi sa valeur.

« Quoique le gouvernement fasse peu de cas du commerce avec les étrangers, il tire de grosses sommes des droits et taxes qu'il leur impose (nous avons dit que la douane de Twon-Bene rapportait un million de rixdales). Mais il en reste peu au trésor : l'entretien de l'armée et les dépenses inutiles absorbent presque tout. C'est pitié qu'on ne retire pas plus de profit du commerce pour enrichir le royaume. Le Tonkin est, en effet, bordé par deux des plus riches provinces de la Chine et il serait facile d'y faire passer leur commerce.

« Il ne serait pas moins aisé d'y attirer les marchandises de l'Europe et des Indes, et la liberté qu'on pourrait accorder aux Européens de porter leur commerce dans l'intérieur tournerait également à l'avantage du Roi et des habitants. Mais la crainte de quelque invasion, qui n'est guère à redouter, éloigne la cour de tout ce qui pourrait laisser pénétrer les frontières ».

Malgré la brièveté de cette notice, qui n'est en somme qu'une sorte de résumé de celle de Baron, on peut voir que l'Annam a peu changé depuis deux cents ans. Tel il était en 1685, tel nous l'avons trouvé en 1858.

Mais Baron avait compris quel ensemble de ressources devait posséder le Tonkin, pour qu'une population si dense pût s'y maintenir et se développer, en dépit de guerres interminables, d'une administration écrasante et surtout des abus d'un système de prestation qui prenait au peuple la moitié de son labeur. On conviendra que ses vues sur l'avenir commercial du pays sont très remarquables.

IV

SAIGON AVANT L'OCCUPATION FRANÇAISE.

En 1658, les Annamites, qui s'étaient déjà introduits par groupes isolés dans les provinces cambodgiennes de Môi-Xui (Baria) et de Dông-Naï (Biên Hoà), envoyèrent des troupes du Phu-Yên, qui battirent le roi du Cambodge et l'obligèrent à reconnaître la suzeraineté de l'Annam. En 1675, ils occupèrent Saigon, Gò-Bich et même Nam-Vang (Phnom-Penh); le gouvernement du Cambodge fut alors partagé entre les princes cambodgiens Néac-Thu, qui régna à Oudôn, et Néac-Non, dont la capitale fut établie à Saigon (Preÿ-Nokor).

Mais cinq ans plus tard survint un événement qui décida du sort du Bas-Cambodge. Un partisan de la dynastie Minh, vaincu par les Mandchoux et obligé de fuir de Canton, vint avec ses soldats, au nombre de trois mille, aborder à Touranne et fit sa soumission au Chuà de la Cochinchine plutôt que de subir le joug des Tartares. « Hiên-Vuong hésita, dit P.-J.-B. Truong-

Vinh-Ky (1). Ces gens pouvaient chercher à le tromper, et il pouvait être imprudent d'admettre dans le royaume des étrangers dont la langue, le costume, les usages différaient de ceux du pays. D'un autre côté, il lui paraissait aussi difficile de repousser absolument ces hommes qui se présentaient, réclamant de devenir sujets annamites, pour ne pas manquer à la fidélité envers leur souverain. »

Hiên-Vuong tourna habilement la difficulté : il dirigea les nouveaux venus vers les contrées du Dông-Naï, où régnait un roi du Cambodge sous sa suzeraineté. Par ce moyen, le chuà réalisa, d'un coup, trois excellentes opérations, — l'occupation d'une portion du territoire cambodgien sans sacrifices d'hommes ni d'argent, l'extension de sa puissance et l'éloignement d'hôtes assez dangereux. Les émigrants firent voile vers le sud de la presqu'île ; leur flotte donna dans la baie de Ganh-Ray, et là se divisant, les uns remontèrent le fleuve du Dông-Naï, les autres le Soï-rap. Les premiers prirent terre et s'établirent à Ban-Lan (aujourd'hui Biên-Hoà), les seconds gagnèrent Mytho, sur la branche orientale du Mé-Kong (2).

Pendant que la colonie de Biên-Hoà fondait un centre agricole et commercial, où l'on vit venir bientôt des trafiquants européens, malais, chinois et japonais, la colonie de Mytho, véritable avant-garde formée d'aventuriers indisciplinés et plus hardis, menaçait le royaume cambodgien d'Oudôn, rançonnait la navigation et interceptait le commerce du fleuve. Le roi cambodgien de Saigon fit appel à la cour de Hué, qui

---

(1) *Histoire annamite*, op. cit. — T. II, p. 460.
(2) *Gia Dinh Thung Chi. Histoire et description de la Basse-Cochinchine*, traduites par G. Aubaret. — Paris, 1863.

n'attendait qu'un prétexte pour achever son œuvre d'asservissement complet des pays khmers ; une armée annamite vint alors, battant à la fois et Chinois et Cambodgiens, et la soumission obtenue, elle prit définitivement ses cantonnements à Bên-Nghé (le Saigon actuel) en 1689. Dix ans après, le pays de Dông-Naï fut organisé en deux provinces annamites, Trân-Biên et Phân-Trân, avec Biên-Hoà et Saigon pour chefs-lieux. Les rôles dressés à cette époque ne comptent que quarante mille familles dans toute l'étendue de ces deux provinces ; alors on rassembla des gens de la Cochinchine, que l'on transporta dans les nouveaux territoires ; des terres leur furent distribuées et l'on fonda des villages, des bourgs, des hameaux annamites, qui consommèrent l'éviction des possesseurs primitifs.

A partir de cette époque, les empiètements de l'Annam dans le Bas-Cambodge s'accomplirent, et — régulièrement, peut-on dire. En 1715, un aventurier cantonais, Mac-Cu-U, qui avait réussi à s'établir indépendant à Hàtiên, sur le golfe de Siam, fit hommage au Chuà de Hué des territoires qu'il avait pu enlever à l'autorité du roi du Cambodge et, ayant reçu le titre de Hàu (marquis), avec le grade de général, il fut nommé gouverneur héréditaire de Hàtiên. Ses descendants ont conservé ce rang jusqu'au règne de Minh-Mang (1820-1841).

Pendant ce temps-là, les agrandissements du Cambodge annamite avaient été poussés de Mytho à Cai-Bé, puis à Long-Hô (Vinh-Long), et l'on comptait, en 1733, deux provinces de plus : Dinh-Tuong et Long-Hô, sur le Mé-Kong.

L'année 1739 mit fin au règne du provisoire sous

lequel était restée la Basse-Cochinchine, et les nouveaux territoires furent placées sous l'empire des lois et règlements communs au reste du royaume. Un gouverneur général (Kinh-Luoc, Envoyé royal) fut chargé de la haute administration des provinces, depuis le Khanh-Hoa jusqu'au Long-Hô, et sa résidence fut établie à Saigon, dans un camp fortifié qu'on nomma Dôn-Dinh (1). 1754.

Dès l'année suivante, l'armée annamite s'avança dans le Cambodge ; les Khmers, affaiblis par leurs divisions intestines, ne surent lui opposer aucune résistance sérieuse et perdirent successivement ou cédèrent par traité aux généraux du Chuà de Hué d'immenses portions de leurs territoires : en 1780, Châudôc était tête de frontière de la Basse-Cochinchine (2), du côté du Cambodge, et le gouverneur de Hàtiên, Mac-Tôn, fils et successeur de Mac-Cu-U, possédait tout le littoral du golfe de Siam, depuis Campôt jusqu'à Cà-Mâu. Il ne restait plus aux Cambodgiens, dans le delta, que les pays dont nous avons formé plus tard les arrondissements de Bên-Tré, Mô-Cây, Trà-On, Trà-Vinh, Cân-Tho', Long-Xuyên et Soc Trang, enclavés alors dans les possessions annamites et destinés fatalement à passer entre les mains des envahisseurs. Ce n'est, toutefois, qu'en 1822 que la conquête et l'occupation de ces derniers territoires furent complètes et définitives.

(1) Le camp de Dôn-Dinh était situé dans la partie du Saïgon actuel qui borde la rive gauche de l'*arroyo chinois*, vers son confluent avec la rivière de Saïgon On y établit plus tard un marché dit Cho'-Soï (V. *Gia Dinh Thung Chi*, p. 12). L'un des chefs de la révolution des Tây Son (1774-1802), maître de la Basse-Cochinchine, prit le titre de *Roi de Dôn-Dinh*.
(2 Appelée dès cette époque Gia-Dinh.

Dans cette revue rapide des différentes phases de l'extension de la puissance annamite dans le sud de la presqu'île indo-chinoise, nous ne nous sommes pas occupé des démêlés avec Siam, et nous n'avons pas parlé de l'occupation des provinces septentrionales du Cambodge, qui furent, quelque temps, annexées au territoire de l'empire d'Annam par Minh-Mang (1). Il suffisait, en effet, à l'objet que nous nous proposons dans cette notice, d'établir les origines historiques de la Basse-Cochinchine, telle que nous l'avons trouvée il y a trente ans, pour traiter ensuite, plus spécialement, de Saigon.

C'est au palais du gouvernement, à Saigon, dans les vitrines du musée paléolithique créé par M. Le Myre de Vilers, que l'on peut voir les uniques vestiges, qui aient été découverts jusqu'à présent, de l'existence des populations préhistoriques sur les bords de la rivière de Saigon. Le petit nombre des pièces trouvées, leur dissémination, la nature des matériaux et la grossièreté des façons autorisent à penser que nos sauvages prédécesseurs en étaient encore à l'enfance de la vie sociale. En effet, M. le docteur Corre, qui a décrit ces objets (2), n'a reconnu que des espèces de ciseaux en coin et des herminettes, en grès siliceux ou en pétrosilex, grossièrement polis, très inférieurs en tous points aux instruments qu'on rencontre au Cambodge, dans les dépôts de

---

(1) Voir la carte de Mgr Taberd. — En 1847, à la suite d'un accord avec les Siamois, ces provinces furent rétrocédées par la cour de Hué à Néac-Ang-Duong, à qui elle envoya les signes d'investiture qui le créaient roi du Cambodge, sous la suzeraineté de l'Annam.

(2) *Excursions et reconnaissances*, n° 1. — 1888, pages 125 et 126.

Som-rong-sen; pas d'autres armes ou outils; on n'a trouvé qu'une hachette en bronze.

A quel rameau de la famille humaine faut-il rattacher ces aborigènes? On en est encore réduit aux conjectures. Selon toute apparence, il s'agit là d'individus unis par d'étroits liens de parenté avec ces tribus à demi-sauvages que l'on rencontre aujourd'hui encore, éparses, indépendantes et sous les dominations les plus diverses, depuis le Teraï indien jusqu'aux rives du Yang-tse-kiang. Pressés, refoulés par des invasions venues de tous les points de l'horizon (par les Mongoliques du nord et du nord-est, Thibétains, Chinois et Annamites; par les Aryas et les Dravidiens, venus du nord-ouest et du sud-ouest; par les Malais du sud et du sud-est), obéissant à leur propre besoin d'expansion, ou à la poussée d'autres peuples en migration, les sauvages autochthones aux formes simiennes, dont les bas-reliefs des monuments khmers nous ont conservé les types, durent abandonner le littoral et les plaines méridionales, pour se réfugier sous le couvert des forêts, dans les multiples ramifications des Himalayas.

Là, farouches, en proie à toutes les misères et à tous les dangers des luttes journalières pour l'existence et la liberté, il en est qui combattent encore, depuis plus de 5,000 ans, au dire des annales chinoises, pour une indépendance à laquelle ils tiennent plus qu'à leur vie. L'air empesté, les eaux empoisonnées de leurs refuges leur font un rempart infranchissable; eux seuls réussissent à vivre dans cette zone meurtrière. Le climat les décime pourtant, au point que leur disparition totale est relativement proche, mais du moins le dernier d'entre eux pourra mourir libre, loin des conquérants odieux. C'est leur rêve, « tant la haine des races est puissante, comme dit le sinologue Guillaume Pauthier, et tant le sang de celles qui ont toujours été à l'état sauvage a horreur des peuples civilisés, qui leur paraissent sans doute dans un état de dégradation servile ».

On peut admettre comme certain que les premiers immigrants qui attaquèrent l'Indo-Chine orientale (celle dont nous parlons) par le sud, furent des Malais, ou du moins des individus venus des pays que nous appelons aujourd'hui Malaisie. Celui qui, le premier, aborda sur le rivage de la plus grande des deux péninsules fut quelque écumeur de mer, surpris par la tempête, et que le souffle déchaîné du sud-ouest ou les courants entraînèrent sur ces côtes. Ayant peut-être déjà observé les lois régulières des moussons, il put, sans doute, effectuer son retour à la saison du nord-est et, renseignés par lui, ses hardis compagnons de Java osèrent lancer leurs praos dans les hasards d'une navigation si aventureuse. Ils vinrent alors en si grand nombre qu'ils purent fonder, sur le littoral, à partir des bouches du Mékong, des royaumes qui étendirent leurs conquêtes dans le nord, jusqu'à ce que, au quatrième siècle de notre ère chrétienne, ils eurent atteint les limites des territoires déjà occupés par les Chinois et qui sont le Tonkin de nos jours.

Alors s'engagea la lutte entre l'élément malais et l'élément mongolique, lutte extraordinaire, qui dura jusqu'à la fin du siècle dernier. L'indomptable Malais succomba sous les gros bataillons des Chinois d'abord, des Annamites ensuite, et ce qui en subsiste encore aujourd'hui vit dispersé, sans lien politique, sous le nom générique de Chàm (de Chàm-Ba, le Ciampa de

Marco-Polo), dans le Binh-Thuân, près de Tây-Ninh et au Cambodge.

Les nouveaux venus prirent donc pied sur le littoral, à l'abri des hautes terres qui s'alignent selon la direction nord-ouest et sud-ouest, de Tây-Ninh au cap Thi-Wan et qui baignaient alors dans les eaux de l'immense estuaire du Mé-Kong, — aujourd'hui comblé, — les pieds de leurs plateaux diluviens, et les timides aborigènes, impuissants à résister et incapables de se soumettre au joug d'un maître, durent se retirer dans les régions montagneuses et forestières de l'intérieur, où nous retrouvons encore leurs descendants.

Cette opinion était celle de M. le docteur Harmand : « Les races qui se disputent, dit-il (1), le sol immense de la presqu'île indo-chinoise sont des plus nombreuses et des plus variées. Les unes sont descendues sans doute du massif oriental du Thibet, en suivant les vallées des grands fleuves, le Hong-giang, le Mé-Kong, l'Irraouaddy, la Salouen, le Mé-nam. Les autres, probablement, par essaims successifs, sont venues aborder la presqu'île par ses côtes, soit par le golfe de Siam, soit par la mer de Chine.

« Toutes ces populations, si différentes déjà, n'ont pas trouvé une terre vierge et inoccupée. Avant elles le sol était la propriété de peuples qui, semble-t-il ont couvert entièrement la presqu'île jusque dans l'Assam, l'Aracan, la plus grande partie de la péninsule de Malacca, et qui s'étendaient plus loin encore, probablement jusqu'aux Philippines et aux grandes îles d'Haïnam, de Sumatra et de Bornéo.

---

(1) *Les races indo-chinoises.* — *Mémoires de la Société d'anthropologie de Paris.* T. II, 2ᵉ série, 1875.

« Sans qu'il soit encore possible, je pense, de savoir s'ils venaient du dehors, ou si ce sont eux, au contraire, qui ont envoyé de lointaines colonies à l'extérieur, on peut être certain que leur présence remonte à la plus haute antiquité.

« Coupées en mille tronçons par les envahisseurs, ces tribus déshéritées se sont trouvées désagrégées, et augmentant elles-mêmes comme à plaisir leur morcellement infini, sans aucun lien national qui ait pu leur fournir une force de réaction suffisante, elles sont devenues le rebut des vainqueurs et comme le grand marché de leurs esclaves ».

A défaut de documents certains, on peut raisonner d'après ces hypothèses, d'autant plus admissibles que la nature et la configuration du sol, les lois des vents et courants généraux, et les caractères ethnologiques que présentent, aujourd'hui encore, les descendants de ces premiers occupants des bords de la rivière de Saïgon, ne peuvent que les justifier.

Commencée à une époque qu'il n'est pas possible, actuellement, de déterminer même approximativement, la conquête du littoral de la presqu'île de l'Indo-Chine par des Malais remontant du Sud au Nord, semble n'avoir atteint qu'au quatrième siècle de notre ère les frontières méridionales du Tonkin. C'est cette époque qu'ils apparaissent brusquement dans les annales chinoises, et la lutte s'engage dès le premier contact, pour se continuer presque sans interruption, implacable, jusqu'au complet anéantissement de toute la puissance malaise.

Nous avons parlé précédemment (1) des différentes

---

(1) Voir notice I : *Annamites, Tonkinois et Cochinchinois*.

étapes parcourues par les conquérants annamites depuis le Nghê-An jusqu'au Binh-Thuân, d'après les historiens de l'Anuam ; mais nous ne savons rien des événements survenus pendant la période malaise aux bouches du Mé-Kong. Les Chàms ont-ils écrit leur histoire ? Ont-ils des livres, des documents ? On l'affirme, Janneau tout le premier, et nous n'avons pas de raisons d'en douter ; espérons que l'on pourra les retrouver, si M. Aymonnier ne l'a déjà fait.

En tout cas, ils ont gardé des souvenirs, des traditions, bien vagues peut-être, mais intéressants néanmoins. Il nous a été donné, autrefois, de rencontrer à Tây-Ninh un Chàm, marabout (1), réputé savant parmi ses congénères du village de Dông-Tac, qui nous a conté que, selon les traditions, il existait dans les temps anciens un royaume chàm qui comprenait tout le pays, de Tây-Ninh à Saïgon, et dont le roi — un boiteux — s'appelat Cà-bat. Les princes Pô-Nu-Cay, Pô-Koc et Pô-Sun étaient ses ministres. — Il y eut alors une invasion : des gens venus du Nord-Ouest, en grand nombre, inondèrent le pays et s'en rendirent maîtres malgré la résistance des Chàms. Vaincu, le roi boiteux s'enfuit à Bên-Ri-Bên-Rang (2) ; les vainqueurs établirent un roi khmer à Saïgon et emmenèrent le peuple en esclavage.

---

(1) Ces Chàms sont mahométans. Dans l'histoire du Ciampa, on voit citer des noms de rois, dont la forme est parfaitement caractéristique ; ainsi, au dixième siècle, nous trouvons Cheleynteman, Suleynteman (Soliman, habillé à la chinoise). Détail à noter : l'islamisme n'a été introduit à Java qu'au quinzième siècle, et ce serait une reine du Ciampa qui y aurait amené les premiers missionnaires mahométans.

(2) C'est-à-dire le Binh-Thuân, le Pari-Penang des Chàms du Cambodge et, plus particulièrement, la portion du littoral comprise entre les deux baies de Phan-Ri et de Phan-Rang.

Ce récit du marabout est corroboré par la « Chronique des anciens rois du Cambodge » (1), où il est dit qu'Aschay (2) fut dépossédé par les Khmers vers 289 av. J.-C., et que les Chàms établis dans le pays de Kuk-thlok, dispersés et vaincus, se retirèrent au Sud. Plus tard, les conquérants descendirent eux-mêmes jusqu'aux limites de l'estuaire, et c'est alors qu'ils se seraient emparés des états de Cà-Bat, qui s'enfuit auprès de son voisin, peut-être son suzerain, le roi de Phan-Ri; son peuple aurait été emmené en esclavage à Mahâ-Nokor. Un roi khmer fut installé à Saïgon dès cette époque, et le nom que prit alors sa capitale, « Prey-Nokor » — la forêt royale, — indique assez l'état des lieux.

F. Garnier place au douzième siècle (de 1153 à 1156) l'envahissement du pays chàm par les Khmers et l'établissement du roi de Prey-Nokor ; nous pensons que ces événements se passèrent en 1197, et nous les trouvons indiqués dans les annales chinoises, qui rapportent qu'en l'année 1179 le roi chàm Tseouyana envahit le Tchin-La, mais se contenta de le piller, et qu'en 1197, les Khmers prenant leur revanche, s'emparèrent du royaume chàm et le soumirent à un roi cambodgien (3).

Ainsi dépossédés au Sud, perdant en même temps leurs provinces, les unes après [les autres, dans le Nord, les Chàms, que les Européens n'ont connus

---

(1) Traduite et commentée par M. Aymonnier, *Exc. et reconn.* n° 4. — 1880).

(2) Aujourd'hui encore, chez les Chàms, les appellatifs *Pô*, *Chay* signifient roi, prince, altesse. (G. Jeanneau, *Manuel pratique de langue cambodgienne*).

(3) Ce fut là, sans doute, le *Tchin-La d'eau*.

qu'en pleine décadence, en étaient réduits à peu près au territoire du Binh-Thuân, au commencement du dix-huitième siècle. Le roi Tang et son gendre, nommé Heun, étant morts vers 1775, l'Annam s'annexa encore ce dernier débris du Ciampa, qu'un gouverneur administra désormais. Quatorze siècles de luttes acharnées contre des peuples puissants comme les Chinois, tenaces ou résolus comme les Khmers et les Annamites, avaient diminué, affaibli les Châms au point qu'il n'en existait plus qu'un bien petit nombre autour du dernier de leurs rois, à l'heure de la crise finale. Le vainqueur les laissa vivre en paix dans les cantons montagneux où ils s'étaient retirés en abandonnant le littoral; il leur permit de garder un fantôme de roi auquel on accorda le titre de *quan-trân*, et respecta leurs usages, leurs mœurs et leur religion.

A vrai dire, les Malais n'ont laissé aucune trace de leur station sur les bords de la rivière de Saïgon; pas de monuments, comme au Binh-Dinh, — pas même un de ces noms de rivière, de rivage ou de province qu'on rencontre dans certaines parties du Cambodge. S'il y en a existé, et l'on n'en peut douter, les Annamites, qui s'y sont substitués aux Khmers, ont fait table rase de tout cela, ainsi que de tout ce qui rappelle les périodes antérieures, ou du moins ils ont si bien dénaturé les noms qu'il est actuellement bien difficile de les reconnaître, sauf dans les provinces les plus récemment conquises.

De l'époque cambodgienne de Saïgon et de la période des tiraillements entre Khmers et Annamites (1675 à 1699) pour la possession de cette résidence, nous n'avons à dire rien de plus que ce qu'on a lu plus haut, si ce n'est que, rompant avec les pratiques administratives des mandarins cambodgiens, les Annamites s'occupèrent, dès leur arrivée, de développer l'exploitation agricole du terrain : de bonnes mesures, sages et intelligentes, parfois peu conformes au droit strict, sans doute, mais éminemment politiques, furent décidées et appliquées. C'est ainsi que, pour établir des communications faciles entre le Mé-Kong et Saïgon, ils canalisèrent la rivière que nous appelons « arroyo de la Poste », d'abord, et plus tard le rach Ngua, qui fut relié à l'arroyo chinois en 1819.

La révolte des Tây-Son éclata au Binh-Dinh en 1774 : à la fin de l'année 1775 les rebelles s'emparèrent de Hué et le chuà Diuê-Tôn dut s'enfuir au Quang-Nam, puis à Saigon (1776), qui se divisait alors en deux parties : Bên-Nghé, l'agglomération populaire, et Bên-Thành, la citadelle, où résidaient les autorités royales. En 1777, les Tây-Son marchèrent sur Saigon, et Diuê-Tôn se réfugia à Dôn-Lam, dans la province de Biên-Hoa, d'où il revint à Saigon lorsque l'un de ses généraux, nommé Nhon, chef d'un corps de partisans (Dông-Son), eut repoussé l'ennemi, qui ne se retira pas, d'ailleurs, sans avoir vidé les greniers de la place.

L'année suivante, on vit reparaître les Tây-Son ; ils reprirent Saigon, occupèrent tout le pays environnant et le chuà dut se réfugier à Long-Xuyên. C'est dans cette même année 1778 que la plupart des Chinois, dont les pères, un siècle auparavant, étaient venus fonder des établissements à Biên-Hoa et à Mytho, se décidèrent à transférer leur comptoir auprès de Phân-Trân (ou Phân-Yên), chef-lieu de la province de Gia-Dinh. Le centre commercial ainsi fondé, fut appelé Tai-Ngon par les Chinois ; nous avons vu ce nom, depuis lors et grâce à l'erreur que nous avons commise, passer à Bên-Nghé (1) et Bên-Thành réunis, sous cette forme nouvelle « Saigon », tandis que nous désignions le comptoir chinois du nom vulgairement usité parmi les Annamites, « Cho-Len » ou le grand marché.

En 1779, le prince Nguyên-phuoc-Anh, qui avait succédé à Diué-Tôn mis à mort par les Tây-Son, se mit à la tête des troupes royales et reprit Saigon (2) ; il y fut proclamé chuà de la Cochinchine en 1781, sous le chiffre Gia-Hung, qu'il changea pour celui de Gia-Long, en 1801 ; mais en 1783, il vit reparaître les forces rebelles. La flotte royale tenta vainement de les arrêter dans la baie du cap Saint-Jacques ; elle avait pris position au lieu dit Nga-Bây, à Can-Gio, mais l'ennemi favorisé par le vent et la marée rompit les lignes, dispersa la flotte et, chassant devant lui les forces royales, remonta jusqu'à Saigon, qui venait d'ouvrir ses portes, d'ailleurs, à une armée de 10,000 hommes, venue du Binh-Dinh sous le commandement de Long-Nhuong (3). Le prince Nguyên-phuoc-Anh

---

(1) Appelé aussi Ngu-u-Tan.
(2) Nous dirons généralement *Saigon* pour nous conformer à l'usage établi par les Français; on a vu qu'il faudrait, plus exactement dire *Gia-Dinh* ou *Phân-Trân*.
(3) En racontant ce combat naval, l'auteur du *Gia Dinh Thung Chi* dit qu'un capitaine français, nommé Manoë, qui commandait un navire de la flotte royale, résista pendant longtemps aux attaques répétées des rebelles. Ceux-ci se réunirent en grand nombre pour entourer son bâtiment, auquel ils finirent par pouvoir mettre le feu, et Manoë se fit sauter plutôt que de se rendre. C'était un matelot breton, attaché à l'évêque d'Adran, Mgr Pigneau de Béhaine. Après sa mort, le roi lui conféra de hautes dignités et son nom fut inscrit sur une tablette conservée dans le panthéon des grands hommes de l'Annam.

dut se retirer à Mi-Qui (Ba-Giông), près de Mytho, où il rassembla de nouveaux contingents.

« Long-Nhuong, par la prise de Gia-Dinh, se trouvait maître de toute la Basse-Cochinchine. Car cet homme n'était pas seulement un guerrier, il était en même temps un très bon administrateur et, bien différent des généraux envoyés par Nhac (1), la première fois, il sut tenir partout le pays dans sa main par des postes bien établis, soit à terre, soit sur les cours d'eau et la côte, et par une discipline sévère en même temps que bienveillante pour les populations » (2). Mais ce général, qui avait reçu à l'occasion de ses succès le titre de roi de Dôn-Dinh, fut rappelé au Binh-Dinh, et trois mois après son départ Saigon retombait au pouvoir des troupes royales.

Au cours des opérations menées par les Tây-Son autour de Gia-Dinh, l'un de leurs meilleurs généraux, nommé Ngan, avait été tué dans une embuscade tendue par les soldats chinois des régiments Hoa-Ngaï. Pour venger sa mort, le chef des rebelles poursuivit ces Chinois, les cerna et les extermina jusqu'au dernier; Cholen fut mis à sac, et l'on n'épargna pas plus les marchands que les soldats. Tout ce qui portait la queue fut massacré indistinctement : « il en périt en cette occcasion plus de dix mille, raconte l'historien Trân-Hoï-Duc ; la terre fut couverte de cadavres depuis Bèn-Nghé jusqu'à Saigon, et comme on les jetait dans la rivière, elle en fut réellement arrêtée dans son cours ; personne ne voulut manger de pois-

---

(1) Chef principal de la révolte des Tây-Son.
(2) *Notes historiques sur la nation annamite*, par le P. Le Grand de la Liraye, — Saïgon, 1865.

son pendant un espace de temps qui ne dura pas moins de trois mois. Les marchandises de toutes sortes, appartenant aux Chinois, telles que thé, étoffes de soie, remèdes, parfums, papiers, jonchèrent la route pendant longtemps, sans que personne osât y toucher » (1).

Au sixième mois de l'année 1784, les Tây-Son marchèrent encore une fois sur Saigon et s'en emparèrent de nouveau. Les royaux avaient accumulé les défenses et les obstacles autour de la place et dans la rivière; mais les brûlots préparés pour détruire la flotte ennemie furent rejetés par le vent et la marée sur la flotte royale qu'ils incendièrent et, pendant que les rebelles occupaient Saigon pour la quatrième fois, Nguyên-phuoc-Anh s'enfuyait à Mytho, puis à Sadec et, enfin, à Phu-Quôc, une île du golfe de Siam.

Pendant cinq ans, ce prince erra, réduit parfois à la dernière extrémité. Ce n'est point ici le moment de raconter ses revers et ses succès ; disons seulement que c'est durant cette période qu'il envoya l'évêque d'Adran et le prince héritier en France conclure un traité et demander des secours à Louis XVI. Sans les attendre, toutefois, il rassembla de nouvelles forces et, le 8 du huitième mois de l'année 1789, il était de nouveau maître de Saigon, où il établit sa résidence dans le fort de Binh-Duong, vulgairement appelé Thi-Nghê, sur le bord d'un affluent de la rivière de Saigon, qui enveloppe la ville au nord et porte actuellement, sur nos cartes, le nom d'arroyo de l'Avalanche, à

---

(1) *Gia Dinh Thung Chi*, 2ᵉ partie, chap. II, p. 195. Les régiments chinois de Hoa-Ngai étaient des volontaires, qui, du parti des Tây-Son, étaient passés en masse sous le drapeau des Nguyên, en 1776.

cause d'une canonnière française qui y demeura longtemps en station, dans les premiers jours de notre occupation.

Nguyên-phuoc-Anh était définitivement en possession du pays de Gia-Dinh. Cette même année, il vit revenir heureusement Mgr Pigneau de Béhaine et le Dông-Cung, amenant, sinon des troupes françaises, du moins des officiers, des navires, des armes et des munitions, acquis à l'aide d'un subside de deux millions de francs accordé gracieusement par le roi de France au roi de Cochinchine, sur sa cassette particulière. A la même époque aussi, il lui naquit un second fils, qui fut plus tard empereur sous le chiffre Minh-Mang. « Il venait de naître, disent les « Notes historiques » de M. de la Liraye, au carrefour qui est derrière la citadelle (1), sur le territoire de Tân-Dinh et à l'endroit actuel de la « pagode Barbet », que Minh-Mang fit élever plus tard sous le titre de Khai-Tuong (aurore de présage), en mémoire de sa naissance dans des circonstances si heureuses ».

Pendant quatre ans, les officiers et les ingénieurs français s'appliquèrent à organiser et à exercer l'armée ; M. Victor d'Olivier de Puimanel (plus connu sous le nom de « colonel Olivier ») traça une ville régulière et construisit une citadelle selon les règles des fortifications permanentes européennes, appropriées aux exigences de l'art annamite et à la nature des matériaux.

Le plan de la ville de Saigon, dessiné en 1790, a été levé en 1795 par M. Brun, ingénieur attaché au service du roi de Cochinchine. La ville s'étendit, comme

---

(1) Celle démolit par ordre de Minh-Mang en 1837.

aujourd'hui, sur la rive droite de la rivière, entre le rach Thi-Nghê (arroyo de l'Avalanche) et l'arroyo chinois ou commercial. Régulièrement tracée, elle comptait plus de 40 rues, larges de 15 à 20 mètres, et généralement parallèles ou perpendiculaires aux quais; deux canaux s'avançaient au cœur de la ville (1) et servaient à l'écoulement des eaux des parties marécageuses, telles que celles qui, comblées aujourd'hui, en totalité ou en partie, se trouvaient entre la vieille route de Cholen et l'arroyo chinois (marais Boresse) ou sur l'emplacement du boulevard de Canton.

Au centre de la ville se trouvait la citadelle, immense carré bastionné, mesurant un périmètre de 2,500 mètres environ, à la crête de feu, avec deux demi-lunes sur les faces S.-O., N.-O. et N.-E. On y pénétrait par deux portes sur chaque face, ouvertes dans les courtines. L'axe de la citadelle se trouvait dans le prolongement de la route actuelle du troisième pont de l'Avalanche, c'est-à-dire que l'ouvrage aurait été également partagé, perpendiculairement aux faces N.-O. — S.-E., par notre rue Nationale.

Dans la citadelle se trouvaient :

Au centre, le palais du roi, ayant devant sa façade S.-E. la place d'armes, le parc d'artillerie de campagne et un monumental mât de pavillon (c'est le côté qui regardait la rivière). — A gauche du palais royal, la résidence du prince héritier, et derrière le palais la demeure de la reine. — A droite du palais, l'arsenal et les forges, ateliers de charronnage, etc., com-

(1) L'un, situé vers les terrains où nous avons placé les magasins des Subsistances, a été comblé par nous ; l'autre a été comblé en partie (square Rigault de Genouilly) et en partie garni de berges pavées.

prenant dix bâtiments régulièrement rangés. — Dans les demi-lunes au centre des faces N.-E., N.-O. et S.-O., des magasins à poudre ; la demi-lune au centre de la face S.-E. restait réservée au mât de pavillon. — Entre le logement de la reine et la poudrière de la face N.-O., l'hôpital. — A gauche du palais et derrière la résidence du prince royal, les magasins de l'armée, comprenant neuf bâtiments.

Avec ses terre-plein, remparts, fossés et glacis, cette citadelle couvrait un superficie de 65 hectares environ. En dehors et au pied des glacis de la face N.-O. se trouvaient les casernements de l'armée, à cheval sur la route du troisième pont de l'Avalanche.

La défense de la place s'appuyait à la rivière de Saigon et faisait face à la *plaine des tombeaux;* une enceinte (un mur en terre) enveloppait toute la ville, partant du point où nous avons construit le deuxième pont de l'Avalanche, suivant la rive droite du rach Thi-Nghê et se dirigeant ensuite à l'O , pour aller couper en avant la route de Thuân-Kéou et se rabattre ensuite sur Cho-Len, avec des forts espacés de distance en distance. En aval de la ville étaient, sur la rive droite un petit fort bastionné (le fort du Sud), et un fort plus grand, de même forme, sur la rive gauche (le fort du Nord).

On remarquait, entre la face N.-E. de la citadelle et le rach Thi-Nghê, à 200 mètres des glacis, la maison de l'évêque d'Adran, au centre d'un quartier qui a dû être la chrétienté de Thi-Nghê et que l'on a rejeté de l'autre côté de la rivière lorsque, après la révolte de Khôi et la reprise de Saigon, sous Minh-Mang, on a reconstruit la citadelle où elle est présentement. La maison de l'évêque devait se trouver sur l'emplacement où ont existé longtemps nos magasins généraux des Subsistances, au-dessus du jardin botanique. C'est là qu'après sa mort, Mgr Pigneau de Béhaine a été exposé (1799), et c'est de là qu'est parti le cortège qui l'a conduit à sa dernière demeure, longeant les faces N.-E. et N.-O. de la citadelle, pour aller prendre la route du troisième pont de l'Avalanche.

Sur la rive droite de cet arroyo, à droite en arrivant au premier pont, étaient des chantiers de constructions navales et, un peu plus bas, un bassin de radoub. D'autres chantiers du même genre existaient au bord de la rivière de Saigon, où est aujourd'hui notre parc d'artillerie.

Vers l'emplacement de la prison centrale actuelle était la Monnaie; — et, à peu près où se trouvent aujourd'hui les marchés couverts, les briqueteries du roi. A Cho-quan existaient les magasins des vivres (1).

Lorsque Finlayson visita Saigon, au cours de son voyage à Siam et à Hué, à la suite de Crawfurd (1821-1822), la ville, bien qu'inachevée et fort délaissée depuis que la cour s'en était retirée, présentait encore un aspect qui frappa le voyageur. « Lorsque nous approchâmes enfin de Saigon, dit-il (2), nous fûmes surpris de voir se développer devant nous une cité aussi étendue. Elle est bâtie principalement sur la rive

---

(1) Voir, d'ailleurs, la carte de l'ingénieur Brun, au Dépôt général de la Marine, n° 292.
(2) George Finlayson *The mission to Siam, and Hué the capital of Cochin-China in the years 1811-22*. Bibliothèque universelle des Voyages. Traduction d'Albert Montemont. Armand Aubrée, édit.

gauche (1), et quand nous descendîmes sur le quai, bien que nous eussions suivi cette rive pendant plusieurs milles, nous ne vîmes pas encore la fin des maisons..... Les habitations sont placées les unes à côté des autres, et soigneusement alignées le long de rues spacieuses et bien aérées, ou sur les bords de jolis canaux. La distribution des rues est supérieure à celle de beaucoup de capitales de l'Europe.

..... « Dans la soirée, nous fûmes visités par M. Diard (2), aimable français fort instruit, dont la médecine était la profession, et qui avait été conduit dans ces contrées par son désir de poursuivre l'étude de l'histoire naturelle ».

Plus loin, parlant de Saigon et de Cho-Len, Finlayson dit que celle de ces deux villes « bâtie le plus récemment s'appelle *Bingeh* ; l'autre, située à distance d'un ou deux milles de la première, se nomme Saigon.

« Bingeh est contiguë à une forteresse qui a été construite depuis peu d'années sur les principes de la fortification européenne. Elle est munie d'un glacis dans les règles, d'un fossé plein d'eau (3), d'un haut rempart, et commande la contrée environnante. Elle est de forme carrée, et chacun des côtés a environ un demi mille de longueur. Mais elle n'est pas encore achevée; on n'a point encore fait d'embrasures ni

---

(1) Plus exactement, à gauche en remontant la rivière.
(2) P. Diard, correspondant du Muséum, a écrit des *Renseignements sur les ressources naturelles de la Cochinchine et sur les cultures que le pays comporte.* (Annales du commerce extérieur, n° 1466, mars 1866).
(3) En 1862, ce qui restait de ces fossés, à demi comblés en 1836, mesurait encore une vingtaine de mètres de largeur, sur cinq mètres de profondeur.

monté de canons sur les murs. Le zig-zag est fort court, et le passage de l'entrée principale est en droite ligne ; les portes sont belles et ornées dans le style chinois.....

« La ville de Saigon est bâtie sur une branche considérable de la grande rivière, et sur les bords d'une multitude de canaux. Elle est le centre du commerce de cette fertile province ; car, en général, il n'y a que très peu de négociants à Bingeh. Quelques colons venus de Chine font le négoce sur une vaste échelle, mais les Cochinchinois eux-mêmes sont, pour la plupart, trop pauvres pour s'engager dans les entreprises de cette nature.....

« Les bazars de Saigon renferment en plus grande abondance tout ce qu'on trouve dans ceux de Bingeh. De la porcelaine grossière, des crêpes du Tonkin, des soies, des satins, des éventails chinois, etc., sont les marchandises qu'on voit le plus communément dans les boutiques. Les rues sont droites, larges et commodes, la population est considérable ».

On voit que, depuis le rétablissement de la paix, Saigon, et Cho-Len, son faubourg commercial, avaient repris leur activité, refait leur fortune et rouvert l'ère de leur prospérité. Dans les années qui suivirent le passage de Crawfurd et de Finlayson ce mouvement ne fit que s'accentuer, sous la sage et sévère administration du vice-roi Lê-van-Duyêt : en 1830, le commerce chinois de Cho-Len exportait déjà annuellement 12,000 tonneaux de riz, 2,200 tonneaux de coton, 400 de sucre, 120 d'épices, 20 de cire, et d'autres produits tels que l'écaille, l'ivoire, les holothuries, les plantes médicinales ; mais non sans peine, à cause des restrictions administratives, qui étaient telles qu'au dire de l'auteur du *Gia-Dinh Thung Chi*, des denrées, trop abondantes pour les besoins de la consommation locale, se perdaient faute de pouvoir être exportées (par exemple, l'huile d'arachides). Aussi, tout se vendait à vil prix : 100 cattis de sel valaient dix centimes (1).

Mais à cette époque survint une crise qui mit en péril l'existence même de Saigon, coupable d'avoir failli enlever tout le territoire de la Basse-Cochinchine à l'autorité de l'empereur Minh-Mang. Au huitième mois de l'année Nhâm-Thin (1832) mourut Lê-van-Duyêt, vice-roi de Gia-Dinh. Ce haut fonctionnaire avait, pour des motifs qu'il serait trop long d'exposer ici, encouru la haine de Minh-Mang; tant qu'il vécut, l'empereur le ménagea, craignant d'exciter le mécontentement du peuple, qui vénérait en lui l'un des héros de la guerre des Tây-Son, l'ami de feu l'empereur Gia-Long et l'homme de bien qui avait rétabli l'ordre, la paix et la prospérité dans la Basse-Cochinchine. Le vice-roi mort, l'empereur supprima sa charge et divisa le pays de Gia-Dinh en six provinces distinctes, ayant chacune un gouverneur particulier; aussitôt après, il prescrivit au gouverneur de la province de Saigon (qui avait conservé le nom de Gia-Dinh) d'instituer, sous sa présidence, un tribunal pour examiner les actes du défunt vice-roi et faire le procès à sa mémoire. On incarcéra tous ses amis et ses familiers.

Parmi ces derniers se trouvait un officier supérieur,

---

(1) 100 cattis équivalent à un picul, du poids de 60 kilog. 400. L'étalon du picul correspondait au poids de 40 ligatures de sapèques de zinc au chiffre de Gia-Long.

du nom de Khôi, tonkinois hardi et courageux, qui résolut de protester à main armée contre l'odieuse vengeance de la cour.

Le complot formé par lui éclata au cinquième mois de l'année 1833. — Sous prétexte d'un service religieux en l'honneur de son père, il réunit une vingtaine d'amis résolus et, dans la nuit du 19, grâce à des connivences certaines avec les soldats de la forteresse, — tonkinois pour la plupart, — ils égorgent le gouverneur et les principaux mandarins, s'emparent de l'arsenal et des magasins, ouvrent les prisons et arment tous les détenus.

Le 20 au matin, ils furent attaqués, dans la citadelle, où ils s'étaient retranchés, par des troupes de marine commandées par Lê-van-Bôn; celles-ci furent repoussées, et avec une telle vigueur qu'elles se rembarquèrent précipitamment et que la flotte leva l'ancre, pour aller porter à Hué la nouvelle de la rébellion.

Maître de la situation, Khôi s'empressa de soulever les six provinces et d'organiser le mouvement : par persuasion ou par crainte, il entraîna dans ses projets les préfets, sous-préfets et chefs de village, auxquels il annonça l'arrivée prochaine du prince Hoàng-Tôn (1), pour se mettre à leur tête et faire de la Basse-Cochinchine un royaume indépendant. Le peuple ne fut aucunement troublé dans ses travaux et sa tranquillité ; des volontaires vinrent en grand nombre

---

(1) Fils du Dông-Cung, élève de l'évêque d'Adran, que le testament de son grand-père, Gia-Long, avait dépouillé de ses droits à la succession au trône, au profit de Minh-Mang, fils d'une épouse de deuxième rang. On ne put établir la culpabilité de Hoàng-Tôn, mais il n'en fut pas moins mis à mort par la suite.

s'enrôler sous le drapeau de Khôi, on réorganisa l'armée et il fut pourvu à tous les emplois.

Mais, de son côté, la cour de Hué avait fait diligence pour rassembler des forces capables de réprimer la rébellion et, en même temps, des agents secrets s'étaient répandus dans les provinces pour fomenter une contre-révolution, aidée d'ailleurs par Thai-công-Triêu, maréchal des troupes rebelles, qui trahissait déjà la cause de Khôi.

Au neuvième mois, on apprit que l'armée impériale était arrivée à Baria. Sous prétexte de lever de nouvelles recrues, Triêu partit dans les provinces de l'Ouest, et de là il se mit en relations avec les anciens mandarins, réfugiés au Cambodge, et avec les généraux de l'armée campée à Baria, engageant ces derniers à marcher en avant et à commencer les hostilités ; de son côté, il se réservait d'exploiter, pendant ce temps-là, le sentiment de réaction qu'avaient fait naître, dans le peuple, l'avidité et les brutalités des nouveaux chefs improvisés par Khôi, ainsi que le découragement causé par l'absence du prince faussement annoncé.

Les troupes impériales entrèrent en Basse-Cochinchine ; elles étaient commandées par Trân-van-Nang, Nguyên-van-Trong et Truong-minh-Gian. Insuffisamment préparé à les combattre, Khôi dut se contenter de les attendre à Saigon. Elles purent donc, sans coup férir, arriver jusqu'a Binh-Tây (1) et s'y retrancher. C'est là que le traître Triêu vint se joindre à elles.

Après un certain nombre de combats malheureux

---

(1) Qui portait alors le nom de Lo-Teu.

dans les environs de Saigon, les rebelles, reconnaissant leur impuissance à soutenir la lutte en rase campagne, résolurent de s'enfermer dans la citadelle et d'y résister jusqu'à l'arrivée des secours que Khôi avait demandés à Bang-Kock (1).

A cet effet, ils accumulèrent des approvisionnements dans la place et en fermèrent les portes. Il s'y trouvait environ 2,000 hommes, des femmes et des enfants ; on y retint même un prêtre français, M. Marchand ; et beaucoup de commerçants chinois, qu'on y avait attirés, s'y virent retenus.

Au dixième mois, la citadelle se trouva complètement investie et l'armée impériale en commença le siège en règle ; les assiégeants élevèrent des fortifications, creusèrent des tranchées, firent des travaux d'approche. Après plusieurs assauts, repoussés avec de grandes pertes, ils durent se contenter d'investir étroitement la citadelle, afin de la réduire par la famine. Il leur fallut, du reste, faire face à l'invasion des Siamois, qui apparurent au premier mois de l'année Giap-Ngo (1834) ; leurs troupes de terre avaient passé à travers le Cambodge et leur flotte débouchait par le canal de Vinh-Tê (d'Hà-tiên à Châu-Dôc). Les Siamois descendirent le Grand-Fleuve jusqu'au Vam-Nao, tuant, brûlant, détruisant tout ce qui leur résistait ; arrivés là, ils s'arrêtèrent devant les postes fortifiés établis par les Annamites, principale-

---

(1) Khôi a-t-il réellement appelé les Siamois ? Certains le nient et disent que ceux-ci n'ont fait que profiter des troubles, selon leur politique habituelle, pour essayer d'agrandir leur territoire. Ils se bornèrent, du reste, à faire une incursion dans l'ouest de la Basse-Cochinchine, pillant le pays et emmenant en captivité un grand nombre d'Annamites, parmi lesquels environ 1580 chrétiens, ainsi qu'un missionnaire français, M. Régereau.

ment à Cô-Hou, — commune de Tu-Diên, — et les deux partis se contentèrent de s'observer, jusqu'à ce que Triêu, qui commandait les troupes envoyées de Saïgon, se fût décidé à tomber à l'improviste sur les Siamois. Ceux-ci, surpris, mis en déroute, battirent en retraite précipitamment, et les Annamites les reconduisirent, la lance dans les reins, jusqu'à Kampôt, sur le golfe de Siam.

L'investissement de la citadelle de Saigon n'en avait été aucunement relâché ; pour le rendre plus étroit encore et se préparer à donner de nouveaux assauts, les généraux assiégeants firent une levée de jeunes soldats : chaque village dut fournir un homme par cinq habitants inscrits. Mais, aux efforts de l'attaque, la défense sut opposer une résistance telle que le siège ne dura pas moins de deux ans et huit mois.

Le 13 du septième mois de l'année At-Vi (1836), le général en chef, sachant que les rebelles, décimés par le feu et les maladies, avaient épuisé les vivres et les munitions et se trouvaient réduits à la dernière extrémité, prit des dispositions pour une attaque générale et définitive : pendant trois jours et trois nuits, toute l'artillerie des assiégeants tonna sans interruption contre la place ; dans la nuit du 15 au 16 on cessa le feu et, à quatre heures du matin, quand les défenseurs, accablés de fatigue, commençaient à prendre quelque repos, on dressa subitement les échelles pour l'assaut et, de tous côtés à la fois, les impériaux escaladèrent les remparts. — Ecrasés sous le nombre, ayant d'ailleurs brûlé leur dernière cartouche, les soldats de Khôi se défendirent avec toute l'énergie du désespoir et la certitude qu'il ne leur devait point être fait quartier. La victoire coûta cher aux assiégeants; aussi, dans leur exaspération, firent-ils couler des ruisseaux de sang !

Tous ceux qui ne périrent pas dans l'action furent réservés pour le dernier acte de cette tragédie : les principaux chefs, enfermés dans des cages, furent transportés à Hué, où ils furent soumis au supplice atroce de la *mort lente;* — M. Marchand fut compris dans ce nombre, ainsi que le fils de Khôi, un pauvre enfant de sept ans, qui fut affreusement torturé, tenaillé, déchiqueté tout vivant, à la place de son père, mort avant la fin du siège. Ce dernier, même, subit une peine posthume : ses ossements, broyés sous le pilon, furent bourrés dans un canon chargé, qu'on s'en fut tirer au large, en mer. Quant aux autres prisonniers, au nombre de 1137, — hommes, femmes et enfants, — on les mena, comme un troupeau, sur les glacis de la citadelle; ils durent creuser une fosse large et profonde, sur le bord de laquelle ils furent égorgés en masse, et leurs cadavres empilés dans la fosse commune, furent recouverts d'un monticule de terre que l'on voit encore dans la *plaine des tombeaux,* vers l'entrée du champ-de-tir actuel. Des indigènes l'ont appelé « le tombeau des rebelles », d'autres « le monument de la terreur ».

Ces événements fournirent à la haine de Minh-Mang un grief de plus contre la mémoire du feu gouverneur général Lê-van-Duyêt ; on lui reprocha de n'avoir pas su inculquer à ses administrés des sentiments de fidélité et d'obéissance envers leur souverain, et après avoir renversé le mausolée que lui avait consacré la piété des siens, on dressa sur sa sépulture un poteau chargé de chaînes, avec cette inscription : « Ci-gît l'eunuque qui osa résister à la loi (1). »

Quant à la citadelle du colonel Olivier, qu'il avait été si difficile de reprendre aux rebelles, l'empereur la condamna elle aussi : elle fut rasée, ses remparts furent renversés, et il n'en resta pas pierre sur pierre. — L'auteur de cette notice a pu, il y a quelque vingt-cinq ans, suivre le tracé de ses fossés à-demi comblés ; naguère encore ils étaient très reconnaissables aux abords de la place du Château-d'eau. Lors des travaux de nivellement exécutés pour établir la plate-forme de la cathédrale de Saigon, les déblais considérables qu'on dut enlever mirent à découvert une épaisse couche de cendres et de débris carbonisés, — probablement les restes de l'incendie des magasins de Khôi ; — on y recueillit des masses de sapèques de cuivre soudées par le feu, des quantités de boulets en fer et en pierre et, plus profondément, des corps d'enfants morts pendant le siège et que, faute de cercueils, on avait ensevelis dans des jarres en terre cuite. La cathédrale s'élève, en effet, sur l'emplacement qui était compris entre les bastions O. et S. de l'ancienne citadelle, à l'intérieur et près de la face S. O.

Par ordre de Minh Mang, on se mit aussitôt à construire une nouvelle citadelle, de dimensions bien plus restreintes, et plus rapprochée de l'arroyo de l'Avalanche ; c'est celle que bombarda l'amiral Rigault de

---

(1) Sous le règne de Thiêu-Tri, successeur de Minh-Mang, un décret autorisa les parents de Duyêt à rétablir le tombeau. Ce monument se voit encore aujourd'hui, non loin de l'inspection de Bình-Hoa ; il est entretenu aux frais de la colonie, comme ceux consacrés à la mémoire de Pigneau de Béhaine, de Lagrée et de Garnier trois grands français dont les noms resteront éclatants, dans l'histoire de l'Indo-Chine.

Genouilly et dans laquelle nous avons construit les belles casernes de l'infanterie de marine.

Saigon ne se releva qu'imparfaitement du coup que lui avait porté l'insurrection de 1833-36 ; cependant, à l'apparition des Français, en 1859, une quarantaine de villages étaient groupés autour de la citadelle, remplissant l'espace compris entre les rivières de Thi-Nghê, de Bên-Nghé et de Cho-Len, avec une population d'environ 50,000 âmes. Le commerce avait repris, non point sans doute avec cette activité et cette importance que provoquait l'administration intelligente et ferme du vice-roi Lê-van-Duyêt : une nuée de mandarins et d'employés de Hué, insouciants et avides, s'était abattue sur les six provinces de la Basse-Cochinchine ; — mais une certaine tranquillité favorisait les petites transactions. Quant à l'aspect de la ville, on peut dire que rien n'y rappelait la cité régulière qu'avaient tracée les ingénieurs français : du jour où Saigon, descendue d'abord de son rang de capitale royale, avait encore perdu sa vice-royauté, les édifices construits par Gia-Long avaient été détruits ou abandonnés les rues, envahies par la végétation et les empiètements des particuliers, n'étaient plus que des sentiers tortueux et semés de fondrières ; des maisons, groupées ici sans ordre, éparses là-bas ; telle se présentait Gia-Dinh à l'occupation française, dominée par sa forteresse, — un grand carré bastionné, aux remparts revêtus en maçonnerie. Finlayson n'eût pas reconnu là cette cité qui excita son admiration quarante ans auparavant ; mais le génie de la France, après avoir balayé et assaini ces ruines et ces cloaques, en a fait une ville admirable, la Métropole de l'Indo-Chine. Nous avons le droit d'être fiers de l'œuvre nationale et surtout ceux qui, à quelque titre que ce soit, — soldats, marins, colons, ou fonctionnaires, — ont apporté le concours de leurs forces, de leur intelligence et de leur dévouement à cette grande et belle entreprise.

Nous nous sommes proposé d'esquisser un aperçu de ce que fut « Saigon avant l'occupation française »; on sait ce qu'il est devenu depuis cette occupation : d'autres l'ont dit, avec autant de savoir que d'autorité, et leurs écrits sont assez connus pour qu'il nous soit permis de clore ici cette notice.

V

LA HOUILLE AU TONKIN.

Les gisements houillers du Tonkin ont attiré, dans ces dernières années, l'attention du Gouvernement et, à différentes reprises, des savants et des spécialistes ont reçu mission de les aller étudier sur place, notamment MM. Fuchs et Saladin (1881) et M. Sarran (1885-86). C'est aux travaux de ce dernier, plus récents, que nous empruntons les renseignements généraux qui vont suivre (1).

L'étude complète et détaillée du terrain houiller, qu'a pu faire M. Sarran au Tonkin, a permis de constater que la bande des gisements carbonifères part de l'extrémité orientale de l'île de Ké-Bao et s'étend jusqu'au-delà de Bac-Ninh, sur une longueur de plus de deux cents kilomètres ; elle participe par ses bas-fonds aux conditions du Delta, et par ses collines (de Hon-Gây à Tiên-Yên, par Phu-Lang-Thuong) à celles de la partie haute. Les monts Kéké, Chéo, Phu-Son et

(1) *Etude sur le bassin houiller du Tonkin*, par E. Sarran, ingénieur colonial des Mines. — Paris, Challamel et Cie. — 1888.

Dông-Son s'y rattachent, et dans leur ensemble les uns et les autres constituent les premiers contreforts du massif compris entre le Delta et la frontière chinoise.

De Ké-Bao à Hon-Gây, le long de la côte, la formation houillère s'élève à une altitude de trois cents à quatre cents mètres; à partir de Hon-Gây et jusqu'à Dông-Triêu, l'altitude des collines se maintient aux environs de deux cents à trois cents mètres; et de Dông-Triêu aux Sept-Pagodes et à Phu-Yên, le terrain houiller forme au-dessus du sol de faibles élévations. M. Sarran pense que ce terrain s'étend encore plus à l'Ouest, vers la rivière Claire, à Phu-Doan-Hung, vers le fleuve Rouge et la rivière Noire. Cette hypothèse semble d'autant mieux justifiée que l'on connaît l'existence d'immenses dépôts houillers au Yun-Nan.

Les assises visibles du terrain houiller s'infléchissent généralement vers le Nord; encaissé entre des grès dévoniens et des calcaires carbonifères, ce terrain varie souvent dans son amplitude et sa direction.

L'ensemble de la formation houillère se divise en deux systèmes, ayant chacun un étage stérile au mur et un étage charbonneux au toit. Un cinquième étage recouvre le tout, composé de roches stériles, c'est-à-dire ne contenant pas de couches utilisables de charbon.

L'étage stérile supérieur est formé de grès à gros éléments de quartz fortement cimentés. Au-dessous se présentent, dans l'ordre de succession des dépôts houillers, les deux systèmes susdits, que M. Sarran énumère en indiquant, pour chaque étage, la description des roches qui le composent, le nombre et la puissance des couches de combustible, ainsi que la nature de ce combustible.

I. — *Système supérieur*. — 1° Etage charbonneux. — Puissance = 100 à 150 mètres. Cet étage comprend une région généralement schisteuse, avec quelques grès fins et plusieurs couches de houille donnant une épaisseur de charbon utile de 10 à 12 mètres; matières volatiles = 17 0/0; cendres = 3 à 6 0/0. — Se rencontre au ruisseau de l'Hyène, aux mines Henriette, Jauréguiberry et Marguerite; à l'embarcadère des Chinois, à Claireville; à Gia-Ham et à Ha-Tou; à l'île de Ké-Bao, dans les affleurements de l'intérieur.

2° Etage stérile. — Puissance = 150 à 200 mètres. — Fortes assises de grès à gros grains de quartz blanc; se voit au contact de la faille de Claireville, au sommet Jaune, sur la rive de la rivière Fuchs, en remontant le ruisseau des Mines, sur le chemin de la mine Jauréguiberry, dans la rivière de Campha et à l'entrée de la rivière de Ké-Bao.

II. — *Système inférieur*. — 1° Etage charbonneux. — Puissance = 250 à 300 mètres. — Comprend une région peu schisteuse, si ce n'est au voisinage des couches. Grès à gros grains de quartz blanc, schistes noirs, minerai de fer en couches et en nodules. Les grès et quelques conglomérats sont généralement fortement cimentés par le fer. Des régions ferrugineuses au mur de certaines couches de houille donnent un aspect particulier au terrain.

On compte, dans cet étage charbonneux, quatorze couches, dont quelques-unes de plus de cinq mètres d'épaisseur. Trois de ces couches forment, à la base de l'étage, un faisceau à part; les onze autres couches sont groupées en un nouveau faisceau séparé du premier par une centaine de mètres de grès et schistes en plusieurs bancs. L'épaisseur totale de combustible utile n'est pas inférieure à 20 mètres. — Matières volatiles = 12 0/0; cendres = 3 à 6 0/0.

Cet étage s'observe dans les deux vallées de l'OEuf, dans la rivière Nagotna, dans celle des Mines avant Claireville, sur la rive gauche de la rivière Fuchs, ainsi qu'aux affleurements des îles Bayard, d'Hon-Gay et du sommet Buisson, et aux affleurements de Campha et de la côte de Ké-Bao.

2° Étage stérile. — Puissance = 400 mètres. — Composé de grès à gros grains de quartz, généralement peu cimentés, se désagrégeant au jour, surtout à la partie inférieure de l'étage; dans la partie haute, les grès sont mieux cimentés, plus durs et ferrugineux. Se développe fortement à l'Ouest de la passe du Cua-Luc, à la montagne du poste optique(1), et au delà, vers Quang-Yên; on le voit aussi formant les collines voisines de la côte entre la passe du Cua-Luc et Gia-Ham, à Hoan-Bo et sur toute l'étendue comprise entre la baie de Hon-Gay et les montagnes de Marbre, où il constitue des collines de faible élévation. Enfin, si l'on en juge par les nombreux galets de quartz blanc que roule la rivière de Campha, il doit affleurer dans cette rivière et dans le Sông-Bang-Gian.

L'étude du terrain houiller du Tonkin a conduit M. Sarran à reconnaître qu'il existe, là, un gisement qui, sur une étendue de 40,000 hectares, contient une masse de charbon de plus de douze milliards de tonnes, — immense richesse en combustible, pouvant

(1) Qui reliait, en 1886, la baie d'Halong à Haï-Phong.

fournir pendant six cents ans une production égale à celle de toutes les houillères de France. On sait que cette production est estimée à vingt millions de tonnes par année.

Voilà, pour la quantité; quant à la qualité, on va voir, par l'exposé suivant des résultats des expériences faites, que les charbons du Tonkin peuvent rivaliser avec ceux d'Anzin et de Cardiff.

Des essais de plusieurs sortes ont été faits, sur des points différents et par divers services, notamment dans les laboratoires de Hà-Nôï et de Toulon, et sur les bâtiments de la flotte; on a opéré sur des charbons à l'état naturel et sur des briquettes.

1° Au laboratoire de Hà-Nôï, 37 échantillons ont

PROVENANCE	TENEUR		CHARBON privé de cendres.		OBSERVATIONS
	Matières volatiles.	Cendres.	Matières volatiles.	Carbone fixe.	
Ile de Hon-Gay, couche dans une ancienne attaque.	% 38.5	% 6 »	% 40 9	% 59.1	Pas de fumée, flamme blanche, cendres blanches.
Rive droite de la vallée des Mines.	8 »	8 »	8.7	81.3	Un peu de fumée, cendres gris-clair.
Ile de Ké-Bao.	20.5	19 »	25.3	74.7	Un feu de fumée, cendres jaune sale.
Couches sur le chemin de Ha-Tou à Gia-Ham.	22.5	1 »	22.7	77.3	Un peu de fumée, cendres gris-blanchâtre.
Couche de 1 mètre dans l'île du Sommet-Buisson.	8 »	3 »	8.2	81.8	Pas de fumée, cendres gris-blanchâtre.
Ile de Hon-Gay, couche de 6 à 7 mètres au nord de l'île	8 »	3 »	8.2	91.8	Pas de fumée, flamme blanche, cendres gris-blanchâtre.

été essayés, provenant tous des dépôts situés depuis Hon-Gay jusqu'à Ké-Bao. — Parmi ces échantillons, nous citerons entre autres et comme très caractéristiques, ceux ayant donné les résultats ci-devant.

Aucun des échantillons du Tonkin n'a donné de coke agglutiné, ni même marqué un commencement de distillation. En moyenne, ils ont donné, en matières volatiles :

Pour Hon-Gay, l'île du Sommet-Buisson, les rivières
    des Mines et de l'OEuf.................................. 12.16 %
Pour Claireville et la rivière de l'Hyène............. 12.10 %
Pour Ha-Tou et Gia-Ham.................................. 20.90 %
Pour Campha... 11.00 %
Pour l'île de Ké-Bao .... 14.61 %

2° Au laboratoire de la Marine à Toulon, des essais ont été faits sur six échantillons, qui ont donné :

	Carbone.	Matières volatiles.	Cendres.
Rivière des mines	77.775	14.213	8.012
Galerie Turenne..........	78.752	16.636	4.612
Attaque Jauréguiberry...	77.475	17.703	4.822
Rivière de l'Hyène	73.860	21.339	4.801
Mine Marguerite	76.393	17.907	5.700
Mine Henriette	76.871	17.056	6.073

Pas de coke ni semblant d'agglutination. Cendres blanches ou légèrement grisâtres pour les roches, rougeâtres pour les poussières.

Tous ces résultats indiquent bien un combustible maigre du type Anzin, Cardiff et Champclauson (Gard). Le teneur en matières volatiles est plus faible dans les couches du système inférieur que dans celles du système supérieur, mais l'écart n'est pas tel qu'on puisse faire deux types différents de ces deux charbons ; on peut tout au plus conclure à un avantage en faveur des couches du système supérieur.

3° A bord du cuirassé le *Turenne* on a fait un essai sur une tonne de charbon, prise à Hon-Gay, à la chaudière auxiliaire disposée pour la distillation de l'eau de mer. Il a été constaté que ce charbon appartient à la catégorie des charbons maigres. Proportions des fins, 81 0/0 ; brûle sans flamme ni fumée, est exempt de pyrite de fer, très pur. Le résidu de la combustion : cendres blanches, sans mâchefer.

D'autres essais faits à bord de l'*Adour* et du *Kép*, ont donné des résultats peu satisfaisants à la forge ; mais on doit tenir grand compte de cette circonstance que le charbon livré pour ces expériences provenait d'anciennes extractions et avait été pris à la surface ; il était très friable. En effet, quoique extrait de galeries ayant de 12 à 25 mètres de profondeur (Léonice et Turenne), tous ces charbons ne sauraient être considérés autrement que comme charbons d'affleurement.

Mais, tels quels, transformés en briquettes, ils ont donné de bons résultats à la Commission des essais, au port de Toulon, et au laboratoire de l'usine de Valdonne, des briquettes contenant 88.70 0/0 de charbon du Tonkin et 11.30 0/0 de brai ont donné :

Carbone	75.4	
Eléments volatils	20.5	100
Cendres	4.1	

Avec une plus forte compression, à la transformation du charbon en briquettes, la proportion du brai employé pourrait être abaissée à 8 0/0.

Cet aperçu sommaire démontre suffisamment que les charbons du Tonkin, dont on a vu l'immense importance, ne le cèdent en rien au combustible de Chine et d'Australie, et qu'ils rivalisent avec l'Anzin et le Cardiff par leur extrême pureté, la rareté de la pyrite de fer et par un développement de calorique tout au moins équivalent à celui fourni par ces charbons.

Si, maintenant, l'on veut rechercher l'avenir commercial ouvert à ce produit, il est indispensable de jeter un coup d'œil sur les ressources analogues que présentent la Chine et le Japon. — Ces deux pays possèdent des gisements importants, où toutes les variétés sont représentées, depuis l'anthracite jusqu'au lignite; mais en Chine il n'existe pas encore d'exploitation régulière et normale, ni de moyens de transport économiques, aussi le million de tonnes que l'on y consomme annuellement provient-il presque exclusivement du Japon et de l'Australie, quoique l'on y possède des gisements énormes au Hou-Nan, au Chan-Tung, au Su-Tchouen, au Chan-Si, au Ho-Nan, au Quang-Tung, en Mandchourie et à Formose. — Quant au Japon, où l'anthracite, la houille et le lignite sont également très abondants, la production houillère s'est élevée en 1875, d'après M. Geerts, à 390,000 tonnes anglaises, fournies par Takashima, Miiké, Imabuku, Taku, Karatsu, Hirado, etc. et représentant une valeur de 9,750,000 francs.

Le développement des relations commerciales ne pourra, évidemment, qu'amener une plus grande consommation de charbon, de Singapoore à Shang-Haï, sans parler des besoins croissants de notre division navale de l'Extrême-Orient, de la flottille locale, des transports du commerce et des usines au Tonkin, en Annam et en Basse-Cochinchine. Or, les prix d'une tonne de houille, à la fin de 1885, étaient :

	Australie	Takashima	Cardiff	New-Castle	Keelung (Lignite)	West-Harley	Français (briquettes)
A Singapoore.......	23f08	»	34f02	»	»	32f08	»
A Saïgon	45f83	»	55f65	46f75	»	»	»
A Hong-Kong	33f75	33f75	42f75	»	»	»	»
A Shang-Haï	30f73	21f00	46f70	»	16f68	»	»
A Haï-Phong	45f00	40f50	»	»	»	»	62f30

Les conditions réunies au Tonkin pour l'exploitation des charbonnages permettent de tenir pour certain que la houille pourra se livrer au port d'embarquement à raison de 9 à 10 fr. la tonne, et que les briquettes pourront l'être au prix de 20 à 22 francs. Si l'on compare ces prix entre eux, on reconnaîtra que, le prix du frêt ajouté (1), il existe encore un écart considérable en faveur des charbons tonkinois.

Comme on voit, les houilles du Tonkin, indépendamment de leur utilité pour la flotte et nos colonies de l'Indo-Chine, ont des débouchés assurés et pourront entrer en lutte, sur les marchés de l'Extrême-Orient, avec des avantages incontestables.

(1) La distance du Tonkin aux divers ports des mers de Chine est de :

   Haï-Phong à Saïgon.....   830 milles.
   —   Singapoore. 1,467   —
   —   Hong-Kong.   420   —
   —   Manille..... 1,000   —
   —   Shang-Haï.   1,300   —
   —   Yokohama.   2,100   —

VI

ASSIETTE DES IMPOTS.

Le ministère des finances centralise le service des revenus et des dépenses de l'empire, lesquels sont administrés tout simplement comme ceux d'un propriétaire, et, disons-le tout d'un suite, d'un propriétaire négligent et peu scrupuleux.

Nous allons examiner ici les règles fiscales pratiquées jusqu'à ces temps derniers en Annam, et nous en profiterons pour parler du régime de la propriété.

Après l'avènement de Gia-Long (1801), de la frontière de la Chine à celle du Cambodge, l'empire d'Annam a formé un tout uni, la race annamite dominant par la force et par la ruse les populations diverses évincées de leurs droits, dépouillées de leur autonomie : Thôs, Meuongs, Chams, Moïs, etc. — Les mêmes lois et règlements ont été appliqués à tous, sauf des tempéraments imposés par des motifs purement politiques et locaux, et acceptés pour un temps par la cour de Hué ; celle-ci a toujours tendu, en effet, à plier les populations, sans distinction aucune, sous un même niveau autoritaire et absolu. Son objectif est l'organisation chinoise.

Certes, atteindre à l'organisation administrative de la Chine, ce n'était point arriver à la perfection ; dans cet immense « Empire du Milieu » l'Administration, qui tend à faire de la centralisation à outrance, — on le voit de mieux en mieux, à mesure que les moyens de communication rapide se développent par la vapeur et par l'électricité, — passe pour soumise à des règles bien confuses et assez arbitraires. Imitateur servile, le gouvernement de l'Annam a copié, dans ses lois et règlements, les lois et règlements chinois (le code de Gia-Long en fournit la preuve), et étant donné le caractère national, il a augmenté dans la pratique cette confusion et cet arbitraire ; aussi peut-on dire que l'assiette des impôts ne repose sur aucun principe fixe, à moins qu'on n'admette le bon plaisir gouvernemental comme un principe durable.

Il faut donc, si l'on veut se rendre compte des règles sur lesquelles sont basés les quotités et modes de perception des impôts, ainsi que l'emploi des revenus, s'en référer à certaines doctrines, que nous exposerons brièvement, en détaillant les diverses contributions publiques. L'Annamite ne les discute pas, mais il est certain qu'il s'efforce, plus ou moins ouvertement, de se soustraire à leurs effets, sous l'œil complaisant du mandarin, jamais dupe, presque toujours complice.

Les charges légales qui pèsent sur le peuple sont les suivantes

1° Impôts personnels. — Le souverain est réputé « père et mère du peuple » ; tout émane de lui, tout lui doit revenir. Ses sujets sont ses fils, et l'usage, aussi bien que le code, établissant que les enfants ne peuvent rien posséder en propre du vivant du père de famille, il est clair que le sujet ne peut rien refuser de sa fortune au souverain, dès que celui-ci le lui demande. Mais, ce principe posé, les rois d'Annam ne l'ont naturellement pas appliqué dans sa rigueur : ils se contentent d'exiger une simple contribution personnelle, de la part de tout homme adulte, sans préjudice du tribut qu'ils prélèvent, soit en deniers, soit en nature, sur les produits de l'agriculture, du commerce et de l'industrie.

Sont soumis aux contributions personnelles tous les hommes valides, propriétaires ou non, depuis l'âge de 18 ans jusqu'à 54 ans accomplis. Si, dans une famille, il existe en même temps un père ayant moins de 54 ans et deux fils, par exemple, de plus de 18 ans, tous les trois doivent payer l'impôt personnel. Cet impôt, dans ces dernières années, était fixé à une ligature, deux tiêns par personne, plus une taxe par foyer, de six tiêns par personne et deux bols de riz (1). Les jeunes gens de 18 à 20 ans et les hommes de 55 à 60 ne payaient que la demi-taxe.

2° Impôts fonciers. — En vertu du principe ci-dessus, renouvelé du régime patriarcal, le fonds du territoire de l'Empire appartient au souverain. Telle devait être, en effet, la règle absolue dans les temps où les familles vivaient disséminées, sans lien politique; mais ces familles s'étant réunies par tribus, les tribus s'étant soudées pour former une nation, le pasteur de cet immense troupeau, dépositaire des droits et devoirs de la grande famille, s'est vu obligé d'aliéner une partie de ceux-ci. Il ne l'a fait toutefois qu'à titre conditionnel.

« Le sol est ma propriété, prétend-il; mais j'en dois remettre à chacun autant qu'il en peut faire fructifier. Je ne vends point, moi Etat, moi le roi, le

---

(1) La ligature, formée de 600 sapèques de zinc, est de valeur très variable; en 1862 nous la comptions pour un franc, aujourd'hui elle ne vaut pas plus de 75 centimes. Le bol de riz est l'équivalent d'un tiên, c'est-à-dire d'un dixième de la ligature (ou *quan-tiên*).

suprême père de famille ; — je donne, et chacun pourra jouir du fruit de son travail, transmettre à ses héritiers, acquérir d'un autre détenteur, échanger, vendre. Mais, en retour du don que je fais, le donataire devra sans interruption cultiver, produire et me remettre une part des fruits obtenus. Si quelqu'un cesse, durant trois années consécutives, de cultiver et de payer sa quote-part des charges publiques, je romps le contrat, je reprends la terre pour en disposer en faveur d'un autre, sans qu'il puisse y avoir ouverture à aucune revendication. »

Tel est bien, aujourd'hui encore et au fond, le principe sur lequel repose la propriété foncière en Annam. Certains lettrés, nourris à l'école de Confucius, nous ont développé les raisons philosophiques qui justifient à leurs yeux l'existence de cette espèce de contrat bilatéral. « En effet, disent-ils, nous formons une grande famille et chacun doit apporter sa part d'efforts à la satisfaction des besoins de tous. Si quelqu'un détient, sans profit pour la grande famille, une portion du sol nourricier, il nuit à ses frères et il n'est que juste que le père de famille lui retire cette portion négligée pour la confier à des mains plus laborieuses ; celles-ci sauront mieux procurer au peuple les productions nécessaires à sa subsistance, et en même temps, elles apporteront au Trésor royal la juste part qui lui revient et qu'à défaut du mauvais citoyen, les autres sont obligés de payer. »

Essentiellement agricole, l'activité annamite n'a pas obtenu du souverain la concession de toutes les parties quelconques du sol susceptibles d'être exploitées. Le peuple peut occuper, mettre en rapport, exploiter les terres à culture, les forêts, les ports, le littoral, les rivières et les lacs ; mais, par des dispositions inscrites dans la loi, le gouvernement s'est réservé expressément les carrières et les mines, comme il s'est réservé en fait toutes les transactions avec l'étranger.

On a vu parfois déroger à cette règle, notamment pour l'exploitation des terrains houillers de Touranne et de quelques gisements métallifères ; de même, quelques étrangers ont été admis au commerce d'importation et d'exportation dans l'Annam ; mais ce sont des mesures d'exception, prises toujours avec la plus grande répugnance et, la plupart du temps, en faveur de Chinois qui, à vrai dire, ne sont pas considérés comme des étrangers, mais bien comme des cousins, sinon des frères.

A l'origine, ces réserves ont-elles été motivées par un sentiment de sollicitude, qui résultât de la crainte des dangers auxquels sont exposées la santé et la vie des commerçants et des travailleurs dans de longs voyages sur mer ou à travers des frontières mal famées, dans les travaux sur un sol vierge, en des lieux isolés, généralement déserts et exposés aux méfaits des brigands et des bêtes fauves ? C'est possible ; mais il est possible aussi que la politique soupçonneuse de la cour d'Annam et que ses exigences jalouses aient voulu interdire au peuple l'accès d'une source de richesses et d'habitudes luxueuses, qui pouvaient induire les sujets dans une voie d'indépendance contraire aux vues du gouvernement.

Disons encore que les terres concédées aux particuliers demeurent grevées de servitudes et doivent subir, sans dédommagement, les expropriations reconnues nécessaires pour les travaux militaires, les routes, canaux, etc.

En règle générale, les terres sont classées suivant leur rendement moyen. Ce classement a été fait sous Gia-Long par une commission nommée à cet effet; il a été remanié en la dix-septième année de Minh-Mang et, depuis cette époque, aucune mesure générale nouvelle n'ayant été prise, on a continué à faire application des tarifs adoptés.

Au premier rang viennent les rizières. Il y en a qui donnent deux récoltes par an, — au Tonkin; — ce sont celles qui se trouvent placées à des hauteurs moyennes et peuvent être irriguées facilement. Les rizières qui ne donnent qu'une seule récolte se rencontrent sur les terrains trop élevés pour être irrigués convenablement ou sur les terrains trop bas pour être drainés; mais, d'ailleurs, le rendement annuel total des unes et des autres ne présente pas de différences bien considérables.

On divise les rizières en trois catégories :

1° et 2°. Celles situées sur le bord des fleuves, dans des alluvions récentes et particulièrement fertiles (*Phu-sa-thuc-Còc* et *Phu-sa-tu-diên*); 3° Rizières ordinaires.

Elles doivent, toutes, un impôt en deniers fixé à 3 tiêns par mâu, et un impôt en nature qui varie de 80 thung à 20 (1). — Les champs *de mérite* distribués par les villages et les fondations pieuses (công-diên et Công-tu) sont soumis aux mêmes contributions que les terrains des particuliers.

Viennent ensuite les cultures diverses, — mûriers, plantations de thé, de cannes-à-sucre, légumes,

---

(1) Le *mâu* est une mesure agraire égale à un demi-hectare environ; le *thung* est un panier dont 26 font un *hoc* ou à peu près 30 litres.

joncs-à-nattes ; les étangs, rivières, mares cultivées ; les terrains des pagodes, des habitations ; les jardins d'aréquiers et de cocotiers. — Les plus imposés paient une ligature trois tiêns le mâu, et les moins quatre tiêns.

3° Produits manufacturés. — Ne sont pas l'objet d'une règlementation générale ; mais chaque village est soumis à une redevance particulière pour les objets qu'il fabrique. Les produits les plus importants sont les étoffes de soie et de coton, l'alcool de riz, les papiers, les nattes.

4° Pêcheries. — Ce n'est, dans certaines parties de l'Annam, qu'un produit affermé ; mais au Tonkin, où l'industrie de la pêche est peu développée et le poisson relativement rare, on a voulu favoriser d'un dégrèvement ceux qui se livrent à ce dur métier et chaque pêcheur paie seulement une ligature par an, avec dispense de l'impôt personnel.

5° Distilleries d'alcool de riz. — Les alambics seuls sont imposés et d'après les deux dimensions généralement usitées : — 1re classe = 40 ligatures par an ; 2e classe = 30 ligatures.

6° Exploitation des forêts domaniales. — Cette exploitation est libre ; pas de réglementation : la richesse forestière de l'Etat est telle que la cour de Hué n'a pas encore senti le besoin de régler les coupes, ni de s'occuper du reboisement, et l'on voit, dans certains cantons, les indigènes brûler de grandes surfaces de forêts pour y substituer des cultures vivrières précaires, Ce sont surtout les nomades qui se rendent coupables de ces méfaits, contre lesquels l'administration française tente vainement de réagir, en Basse-Cochinchine, depuis 30 ans. En pays annamite, les bois abattus acquittent les droits lors du passage des radeaux aux postes des douanes intérieures. Certaines essences sont réservées au service du gouvernement.

7° Capitation des Chinois. — Les Chinois inscrits, c'est-à-dire fixés dans le pays, payaient deux taëls par an, soit environ 20 ligatures. Les Chinois non inscrits étaient exempts de la taxe.

8° Exemption du service militaire. Les habitants des sous-préfectures de Tho-Xuong et de Vinh-Thuân (ville de Hànòi) acquittaient un droit de trois ligatures par homme valide et par an, pour être exemptés de la conscription. Nous supposons qu'il en doit être de même à Hué, mais sans pouvoir rien affirmer.

9° Fermes. — Le commerce de l'opium, interdit en principe, était cependant exercé partout et affermé par province. Depuis peu, les fermes de l'opium ont été supprimées en fait, par ordre du Ministre de la marine et des colonies, puis on a essayé de les rétablir ; mais en réalité le commerce de l'opium ne rapporte plus que des sommes insignifiantes, depuis de regrettables réformes douanières. Comme il s'agit de présenter ici le compte des revenus du gouvernement annamite, tels qu'ils se présentaient avant notre intervention, nous nous en tiendrons aux renseignements que nous avons recueillis touchant l'ancien état de choses.

Au Tonkin, les pêcheries de certains lacs sont affermées à prix débattu ; il en était de même du commerce des nids d'hirondelles, des plumes-à-éventail, des produits des forêts tels que la cire, le miel, l'huile, etc.

10° Impôt des maisons communes. Une ligature et deux tiers par an.

Dans chaque province, l'assiette de ces impôts présente des particularités qu'il serait fastidieux d'énumérer par le détail; dans la plupart des provinces il existe aussi diverses contributions spéciales que nous nous contenterons d'indiquer et qui ne présentent, du reste, qu'un intérêt de curiosité auquel nous aurons suffisamment satisfait en donnant comme exemple ce qui se passe dans la province de Hànôï.

Trois villages qui, ensemble, comptent 139 inscrits et devraient annuellement 260 ligatures à titre d'impôt personnel, sont tenus de fournir 247 pièces de soie estimées à une valeur de 1984 ligatures.

Neuf villages qui, ensemble, comptent 969 inscrits et devraient annuellement 1663 ligatures 3 tiens à titre d'impôt personnel, sont tenus de fournir 3016 pièces de cotonnade estimées à une valeur de 10,626 lig. 50.

Deux villages qui, ensemble, comptent 128 inscrits et devraient annuellement 232 lig. 20 pour impôt personnel, ont à fournir 835,380 feuilles de papier, d'une valeur de 6810 lig. 20.

Voilà donc 14 villages qui, comptant en totalité 1236 inscrits, devraient payer 2155 lig. 20 et fournir 176 soldats; le Gouvernement les exonère de ces charges, mais en échange il leur impose des contributions en nature, prélevées sur l'industrie locale et dont la valeur, fixée par les agents du fisc eux-mêmes s'élève à 19,420 lig. 70. D'un côté les villages bénéficient de l'exonération de l'impôt personnel et des frais qu'occasionnerait l'entretien de 176 soldats sous le drapeaux, — soit environ 26,795 lig. 20 (1); —

(1) Au Tonkin, le nombre de soldats que devait fournir le village était compté dans la proportion de un soldat par sept inscrits; le recrutement se faisait parmi les gens de vingt à quarante ans et le village donnait à chaque soldat un subside qui

d'autre part, ils ont à livrer au fisc divers produits manufacturés que ce dernier estime ne valoir que 19.420 lig. 70. Il semble, dès lors, que ces villages bénéficient d'une différence de 7,374 lig. 50 ; mais les agents du fisc ont toujours soin de n'apprécier la valeur des produits qu'aux deux tiers de la réalité, aussi les contribuables, en fin de compte, payent-ils 2,335 lig. 85 de plus qu'ils ne doivent effectivement.

La cour de Hué fait, en outre, acheter chaque année par ses mandarins, les matières et objets divers qu'il lui plaît. Ces réquisitions, toujours tarifiées aux deux tiers de la valeur réelle, portent principalement sur les étoffes de soie ou de coton, les bois de construction, les briques et tuiles, le salpêtre, les papiers, les nattes, etc. On augmente ainsi arbitrairement la somme des impôts qui sont dus, et cette charge pèse lourdement sur les artisans.

Presque toutes les provinces du Tonkin, — et sans doute aussi celles du reste de l'Annam, — sont ainsi soumises à des impositions qui varient d'après les productions locales, et qui donnent lieu à des faits doublement regrettables, en ce qu'ils résultent d'un arbitraire inouï et qu'ils causent, dans l'administration financière, un désordre, une confusion, tels que la cour de Hué n'a jamais su exactement le chiffre des redevances imputables à chaque province, encore moins celui des valeurs imputées réellement.

En ce qui regarde les populations semi-indépendantes, qui sont dispersées dans les régions montagneuses et forestières et qu'on connaît sous les noms

---

variait de cent vingt à cent soixante ligatures par an, et qui consistait généralement dans la jouissance d'une parcelle de trois à quatre mâus des rizières communales (Công-Điên).

de Muong, Thô, Châu, Mèo, Xa, Nung, etc., l'assiette des impôts est encore plus irrégulière. Dans la province de Thai-Nguyên, les gens de Cu-Bong, Mang-Ta, Trinh-Tu doivent fournir annuellement trois kilogrammes de cire, quatre pièces de cotonnade blanche, une pièce d'une étoffe particulière dite « des Muongs » et cinquante briquets à feu ; d'autres doivent des étoffes, du bois d'aigle, de l'ivoire, des rotins, de la résine, des torches, etc. Le montant de ces impositions est fixé par les fonctionnaires annamites, selon le bon plaisir et, à défaut du produit en nature, les contribuables sont obligés à en verser la valeur représentative en deniers, d'après une estimation débattue plus ou moins loyalement.

Nous ne pouvons nous dispenser de toucher ici, à la question des richesses métallifères de l'Annam. Les « Excursions et reconnaissances » — (n° 16) — ont donné la nomenclature des gisements exploités dans la première moitié de ce siècle et qui sont, actuellement, à peu près tous abandonnés. Les auteurs européens qui ont écrit sur le Tonkin au dix-septième siècle parlent des fortunes considérables qu'en tiraient alors les Chinois, qui les exploitaient par les procédés les plus primitifs. Des Espagnols, des Portugais chargeaient leurs navires des métaux du Tonkin.

Selon le document reproduit par la *Revue* susdite, on connaissait :

En Annam :

au Quang-Nam, une mine d'or, une de cuivre, une de zinc ;

au Nghê-An, une mine d'or ;

au Thanh-Hoa, une mine d'argent et une de cuivre.

au Tonkin :

à Bac-Ninh, une mine d'or et quatre mines de fer ;

à Thaï-Nguyên, six mines d'or, dix d'argent, une d'étain, douze de fer, cinq de zinc, deux de plomb ;

à Hung-Hoa, quatre mines d'or, deux d'argent, cinq de cuivre :

à Tuyên-Quang, huit mines d'or, une d'argent, deux de cuivre, deux de fer, une de plomb ;

à Lang-Son, neuf mines d'or, cinq de fer ;

à Cao-Bang, quatre mines d'or, quatre de fer ;

à Son-Tây, deux mines de fer ;

à Haï-Duong, une mine de zinc.

Le gouvernement n'aurait tiré des exploiteurs de ces mines qu'un revenu annuel de 84,627 francs ; mais on verra, dans les comptes reproduits ci-après, que ces revenus s'élevaient en réalité à 448,367 lig. 52.

Le compte des recettes de l'empire a été ainsi établi par le ministère des finances de l'Annam, pour l'année 1878 :

1º Comptes généraux :

Impôts fonciers de 3,560,040 mâus de terres cultivées, dont 2,908,441 en rizières et 651,599 en cultures diverses. versées, partie en nature, partie en numéraire.	15,086.718 lig.
Impôts personnels (507,060 inscrits, 153,602 fonctionnaires et militaires exempts), capitation des chinois, capi-	

tation des propriétaires (3 tiêns par mâu), bacs, pêcheries, barques, etc. . . .	3,028,517
Redevances payées pour l'exploitation des mines d'or. .	63,470
Redevances payées pour l'exploitation des mines d'argent, de cuivre, de plomb, etc	384,897 lig. 52
Total	18,563,602 lig. 52

2° Produits variables par province :

Dans ce compte sont compris les produits établis par province et portant sur les douanes, des fermes, etc., qui montent ensemble à . .	20,884,642 lig. 62
Total général	39,448,245 lig. 14

Nous utiliserons ces renseignements dans la note qui suit, relative aux « finances de l'Annam. »

Depuis l'établissement du protectorat on s'est fort occupé de remanier l'assiette des impôts, pour les appuyer sur des données plus régulières ; il en est arrivé, de ces projets, comme de tant d'autres, morts-nés, qui ont été formés depuis le temps de F. Garnier jusqu'à ce jour. Dans tous les cas, nous pensons qu'il serait dangereux d'accomplir brusquement des bouleversements radicaux dans des institutions auxquelles les indigènes tiendront d'autant plus que les charges pécuniaires qui en résultent pour eux sont relativement légères. Il ne faut pas oublier que nous sommes encore considérés comme des étrangers, que notre influence est mal assise, et ce n'est pas en frappant le peuple d'impôts inaccoutumés, dans un moment où les misères de la guerre étrangère et des troubles intérieurs sont encore bien grandes, que nous pourrons l'intéresser au maintien de notre établissement et l'affectionner à nos institutions.

Progressivement, nous pourrons réviser la classification des cultures ; en attendant, il faut prendre les choses telles qu'elles se présentent, quitte à prescrire le plus tôt possible l'établissement des rôles « de grande correction », sous le contrôle de nos résidents, doublés des gouverneurs de province, substitués, pour la circonstance, aux Envoyés impériaux du système annamite.

Mais il est une réforme qui devait être immédiatement appliquée : l'unification des modes d'acquittement des contributions, c'est-à-dire la substitution complète des impôts en deniers aux redevances en nature. Non seulement cette réforme ne paraît présenter aucun inconvénient, mais elle offre même, entre autres avantages, celui d'être souhaitée par la grande majorité des contribuables, qui se trouveraient déchargés désormais de pertes, de soins matériels, de corvées qui donnent lieu à des plaintes générales. Pour cela il suffit de taxer les produits en nature d'après les moyennes du commerce : ces moyennes seraient justes et suffisantes. En effet, le mouvement commercial, retenu par les anciens usages et contrarié d'ailleurs par le défaut de moyens de transport et l'insécurité des voies de circulation, n'a pris encore qu'un essor modéré ; dans un avenir que nous aimons à croire prochain, ce mouvement va se développer et les profits des producteurs étant augmentés d'autant, il y aura lieu naturellement à des remaniements des tarifs, en même temps qu'on établira des classifications meilleures et des procédés nouveaux d'établissement des rôles.

Cette modification du système de paiement de l'impôt doit être d'autant mieux admise par les indigènes, que sur certains points du territoire, soit par faveur, soit par nécessité, le gouvernement annamite a déjà permis à des villages de verser, en totalité, le montant de leurs impôts en numéraire. Ce sont, au Tonkin : dans la province de Ninh-Binh, les villages du huyên de Lac-Chinh ; — dans la province de Hung-Hoa, les Thap-Luc-Châu ; — dans la province de Thaï-Nguyên, les deux huyêns de Cam-Hoa et de Bach-Thông ; — dans la province de Quang-Yên, Tiên-Yên et Vân-Dôn.

En ce qui concerne les monopoles, un seul peut subsister maintenant que nous avons ouvert les ports à de libres importations et exportations, l'opium ; nous pensons qu'on ne doit pas craindre de le frapper lourdement.

Toutes les réformes qui ont été faites sur ces objets, dans la Cochinchine française, ont été acceptées sans de grandes difficultés par les contribuables ; nous devons ce résultat au compte sérieux que l'on a tenu d'un facteur important, *le temps*. — Obligés de laisser aux mandarins et aux notables, c'est-à-dire à la portion hostile de la population, le soin d'établir les rôles et de répartir les contributions, nous serions certainement exposés, en remaniant aujourd'hui celles-ci, à voir le poids des charges publiques tomber entièrement sur le peuple, quoi que nous fassions, et le parti ennemi s'en ferait une arme terrible pour combattre notre influence.

En matière d'impôt foncier, il ne faut pas se faire l'illusion de croire qu'on obtiendra aisément la péréquation de l'impôt ; ne parlons pas du cadastre : on sait que c'est une opération longue et coûteuse, qui ne pourra être entreprise avant bien des années. Que l'on se contente donc, présentement, d'exiger des déclarations plus conformes à la réalité, pour les inscriptions aux rôles personnels et fonciers, et que l'on ne commette pas la faute de supprimer brusquement les privilèges dont jouissent certaines catégories d'Annamites.

Quant à l'impôt des barques et à celui des patentes, il n'y a certainement rien qui s'oppose à ce qu'ils soient réglementés immédiatement. Si, jusqu'à présent, les barques n'ont été frappées d'aucune contribution particulière, cela tient à ce que les douanes intérieures les grevaient déjà de lourdes charges ; aujourd'hui que ces douanes sont abolies et les charges qui en résultaient supprimées, rien de plus juste que d'astreindre les barques au paiement d'un impôt équivalent, comme dans la Cochinchine française. — Les douanes intérieures dispensaient également d'un impôt spécial sur les commerçants établis ; mais leur suppression doit entraîner l'établissement de la contribution des patentes : il serait peu équitable de décharger l'industriel et le commerçant, pour laisser peser sur le propriétaire foncier et le cultivateur tout le poids des charges publiques ; il n'est pas un indigène qui n'en convienne.

VII

POPULATION ET FINANCES DE L'AN-NAM.

D'après des renseignements que l'on a pu puiser dans les archives même de la cour de Hué, le ministère des finances comptait, en 1878, 507,060 inscrits pour l'Annam tout entier et, en 1880, 346,779 inscrits dans les 13 provinces laissées au Tonkin par le traité du 6 juin. Nous avons voulu vérifier ce dernier chiffre dans une réunion tenue à Hanoï, en 1885, par les gouverneurs des provinces; faute de mieux et jusqu'à preuve du contraire, nous tiendrons pour aussi approximatives que possible les données recueillies en cette circonstance.

Interrogés sur la population de leurs provinces respectives, les mandarins n'ont pu fournir aucune donnée exacte; mais, après une longue discussion et des calculs très débattus, ils sont tombés d'accord sur les comptes suivants:

PROVINCES	HABITANTS	Devant être inscrits au rôle d'impôt personnel
Hànôi (My-duc compris)........	1.613.025	129.042
Ninh-Binh.................	758.750	60.700
Nam-Dinh.................	1.756.700	140.536
Hung-Yên.................	513.350	41.148
Hai-Dzu'ong...............	1.236.875	98.950
Quang-Yên................	90.975	7.278
So'n tây..................	1.552.006	124.160
Hung-Hoà.................	250.475	20.038
Tuyên-Quang..............	134.680	10.774
Bac-Ninh.................	1.594.350	127.548
Thai-Nguyên..............	234.200	18.736
Lang-son.................	232.750	18.600
Cao-bang.................	275.325	20.026
Totaux.........	10.243.461	817.536

Cette proportion de 817,536 inscrits sur 10,243,461 habitants est fournie par le rapport qu'ont admis les mandarins et d'après lequel on compte, en moyenne, sur 25 habitants de tout sexe et de tout âge, 5 hommes, parmi lesquels, généralement, deux individus peuvent être astreints à la contribution personnelle; cette proportion n'a rien d'exagéré et, pourtant, elle nous présente un chiffre d'inscrits supérieur de 470,457 au nombre relevé dans les renseignements fournis par la cour de Hué. Cet écart considérable n'a causé aucune surprise aux mandarins qui conviennent au contraire qu'il peut être tenu comme étant au-dessous de la réalité; car c'est un fait bien connu d'eux-mêmes que les villages dissimulent environ les deux tiers des inscrits.

Mais, en nous contentant du résultat ainsi obtenu et en tenant compte des malheurs de la dernière guerre, qui ont dû, fatalement, faire des vides, soit par la mort, soit en dispersant les populations, nous espérons que l'on voudra bien considérer le chiffre des inscrits fournis par la cour de Hué comme pouvant être doublé.

Les mêmes recherches étant faites pour les impôts fonciers et les contributions diverses nous donneraient sans doute des résultats identiques ; d'où nous pourrions déduire, pour les impôts justement exigibles au Tonkin, un total de 32,301,262 ligatures.

Les auteurs qui ont écrit sur l'administration de l'empire de l'Annam sont très divisés dans toutes ces questions et il n'en pouvait être autrement, par cette raison que chacun d'eux n'a pu étendre ses observations au delà du milieu étroit dans lequel il agissait, et a raisonné, pour l'ensemble, d'après les quelques cas particuliers qu'il avait pu étudier ou d'après les renseignements qui lui avaient été fournis par des indigènes plus ou moins compétents. Au temps où écrivait M. Le Grand de la Liraÿe, le nombre des inscrits au rôle d'impôt personnel se serait élevé pour tout l'empire à 600,000, et la taxe qui leur était imposée était d'une ligature et demie, ce qui aurait, de ce chef, créé au Trésor un revenu de 900,000 ligatures. Cette estimation est manifestement inférieure à la réalité, et M. Louvet est aussi de cet avis que la totalité de la population de l'Annam est d'au moins 20,000,000 d'âmes, dont 5,000,000 d'hommes de 18 à 60 ans ; mais que le gouvernement touche à peine le cinquième des contributions personnelles qui devraient lui revenir

Partant de ces données, quelle richesse peut être attribuée au trésor impérial ? Doit-on penser que les 13 millions mis sous séquestre en juillet 1885 représentaient l'avoir du Trésor! Nous avons de bonnes raisons de penser le contraire, et l'on va voir, par le calcul suivant, basé sur des données qui sont au moins très vraisemblables, que nous sommes bien loin de compte. Nous ne raisonnerons, pour le détail, que sur ce qui se passe au Tonkin, où nous avons pu étudier l'ensemble des institutions et acquérir ainsi des vues générales que l'on peut, jusqu'à un certain point, appliquer au reste de l'empire, en tenant compte, cependant, de cette considération que le Tonkin est incomparablement plus peuplé et plus fertile que les Haute et Moyenne Cochinchines.

Au commencement du siècle, l'empire d'Annam comprenait: le Tonkin, — la haute et la moyenne Cochinchine, — la Basse-Cochinchine (aujourd'hui Cochinchine française). Sous Minh-Mang, — de 1821 à 1840, — la domination annamite s'est étendue sur une bonne partie du Cambodge, restituée ensuite aux rois khmers.

L'agriculture, l'industrie, le commerce intérieur étaient et sont restés jusqu'à ce jour, au moins en pays demeurés annamites, ce que nous les voyons actuellement.

La cour de Hué s'est toujours réservé le commerce avec l'étranger.

Les rôles des impôts sont encore, à peu de chose près, tels qu'ils ont été établis sous Gia-Long, et le cadastre date de la 17º année de Minh-Mang (1837). Si l'on doit tenir compte des terres nouvellement mises en culture et des quelques augmentations d'impôts qui ont eu lieu sous Tu-Duc, après la perte de la Basse-Cochinchine, on peut admettre, d'autre part, que ces nouvelles sources de revenus ont pu compenser, à peine, la perte des territoires restitués aux Khmers ou cédés à la France dans la vallée et le delta du Mé-Kong.

Il peut donc être tenu pour exact qu'en prenant comme terme moyen le rendement d'une année postérieure à la perte de la Basse-Cochinchine mais antérieure à la dernière guerre en Annam et au Tonkin, nous aurons une donnée suffisamment approximative pour nous permettre d'évaluer, grosso modo au moins, les revenus moyens des souverains de l'Annam depuis 85 ans.

On sait qu'en Annam il n'existe pas de Trésor *public*, mais bien un Trésor *impérial*, sans contrôle de la part des contribuables, à la disposition de l'empereur, comme serait la cassette d'un des rois de l'Europe. L'empire est une immense ferme ; le souverain en est le propriétaire, les sujets ne sont que des fermiers. Les impôts et autres revenus sont versés au propriétaire, qui en dispose à son gré, sans autres obligations que celles qui incombent à tout propriétaire soucieux de conserver son bien et les travailleur qui le font valoir.

Telle est la situation réelle, dépouillée de tout artifice.

Cette année moyenne, dont il a été parlé plus haut, nous est justement offerte dans les comptes des recettes et dépenses pour l'année 1878. Ces comptes ont été communiqués par le ministère des finances de Hué. On pourra peut-être soupçonner la communication d'être entachée de fraude, étant donné qu'elle a été faite à la France, sujette à caution, par l'Annam, plein de méfiance : le chiffre des recettes a pu être allégé et celui des dépenses majoré. Quoiqu'il en soit et pour ne pas être accusé d'exagération, nous tiendrons ces chiffres pour exacts, jusqu'à preuve du contraire.

En 1878, le montant des recettes a été (Cochinchine française non comprise, bien entendu) de :

	Ligatures.
Impôt foncier (payé partie en deniers, partie en nature)	15,086,718
Impôt personnel et capitations. . . .	3,028,517
Fermages des mines d'or	63,470
— — d'argent, etc. . .	384,837
Impôts variables (douanes, opium, fermes diverses, droits variés)	20,884,642
Ensemble . . .	39,448,244

Dans la même année, le compte des dépenses a été de :

Dépenses en nature : pour la cour, les mandarins, l'armée, les services publics = 1,302,828 mesures de riz . .	7,816,968
Dépenses en deniers, pour les mêmes .	2,311,542
Ensemble . . .	10,128,510

Nota : les communes étaient tenues de livrer à la cour et aux provinces, en sus des impôts ci-dessus, des produits en nature : étoffes, bois de construction, produits variés à l'infini, dont nous négligeons de porter la valeur en compte.

Balance :

Recettes	39,448,244
Dépenses.	10,128,510
Reste . . .	29,319,734

Gia Long était peu prodigue : il n'a même pas payé ses dettes envers Mgr Pigneau de Béhaine, évêque d'Adran, et a peu enrichi les officiers français qui l'ont servi ; mais il a construit des forteresses et une flotte, fait des achats d'armes et de munitions. Nous concéderons donc qu'il a dépensé la totalité des revenus de l'empire et que son successeur a trouvé le Trésor absolument vide. C'est peut-être très réel et, alors, il n'y aurait plus à s'étonner de l'avarice proverbiale de Minh-Mang, Thiêû-Tri et Tu-Duc.

Gia-Long est mort en janvier 1821. Il s'est écoulé 64 ans depuis cette époque jusqu'en 1886, époque à laquelle s'arrêtent nos calculs . . $39,448,244 \times 64 =$ 2,524,687,616 lig.

Il faut en déduire :
1° Les dégrèvements accordés annuellement et dont le maximum légal serait de :
$3,088,645 \times 64 =$ 197,673,280
2° Les remises d'impôts, distributions, dons à l'occasion des avènements ou événements heureux ou mémorables, que nous aurons largement estimés si

nous adoptons le chiffre qui précède 197,673,280

3° Les dépenses générales annuelles. . 10,128,510 × 64 = 648,224,640

4° Les frais de la guerre que l'Annam a soutenue contre nous pendant 27 ans et qui n'ont certes point dépassé 5,000,000 par an, en moyenne, soit :
5,000,000×27= 135,000,000

5° Les détournements attribués aux mandarins de la cour, durant les dix dernières années surtout. Nous accorderons qu'ils ont pu s'élever à 1/3 des revenus bruts, soit :
13,149,414 × 64 = 841,562,496

Récapitulons : ensemble des revenus des 64 dernières années. . 2,524,687,616

Déductions : { 197,673,280
197,673,280
648,224,640
135,000,000
841,562,496
─────────
2,020,133,696 . . 2,020,133,696

Reste . . . 504,554,020

ou, en francs (la ligature comptée pour 0 fr. 75) 378,415,515

Notre calcul de probabilités a besoin d'être appuyé sur d'autres opinions que la nôtre.

M. Le Grand de la Liraÿe parle d'immenses réserves, qui font de l'empereur d'Annam un des plus riches monarques de l'Extrême-Orient. M. Luro estime que les recettes de l'empire atteignent bien 40,000,000 de francs. M. Louvet, qui conclut de ce qu'il n'a pu, depuis 1862, s'acquitter des 25,000,000 de contribution de guerre qui lui ont été imposés par la France et l'Espagne alliés, que l'empereur d'Annam est pauvre, s'appuie là sur un argument sans grande valeur à nos yeux, car le mauvais vouloir systématique de la cour de Hué a été seul en jeu ; il établit ainsi le budget de ses recettes :

		Francs.
Contributions directes. —	Impôt foncier.	12,000,000
—	Taxe personnelle. . .	1,000,000
—	Taxe des Chinois . . .	1,000,000
—	Taxe des métis.	1,200,000
Total pour les contributions directes . .		15,200,000
Contributions indirectes. —	Douanes . .	3,000,000
—	Ferme d'opium . .	8,000,000
—	Réserves royales (1) . .	10,000,000
Total pour les contributions indirectes .		21,000,000

(1) M. Louvet entend par *Réserve royale*, certains monopoles que le gouvernement s'attribue, dont il est absolument défendu

Résumé :

Contributions directes.	15,200,000
Contributions indirectes	21,000,000
Total du budget des recettes	36,200,000

On remarquera que toutes ces évaluations sont encore supérieures aux nôtres, et M. Louvet, tenant compte de la diminution causée par la perte de la Basse-Cochinchine, admet que les recettes du Trésor impérial peuvent encore s'élever à 30,000,000 de fr. — Nous avons basé nos calculs sur des recettes de 27,786,183 francs.

Mais on se demandera, maintenant, comment les 378,415,515 francs que nous prétendons avoir dû exister, au minimum, à l'état de réserve dans le Trésor impérial, n'ont pas été découverts dans le palais ou la citadelle de Hué, quand ils sont tombés aux mains de nos troupes, le 5 juillet 1885 au matin ? L'explication de ce fait est bien simple et j'oserai dire que les Français sont, dans le pays, les seuls à l'ignorer.

Dès que les régents Tuong et Thuyêt ont eu connaissance de l'arrivée à la baie de Hà-Lam (ou Ha-Long), au Tonkin, du général de Courcy et des renforts qu'il amenait, ne doutant plus de l'insuccès de l'intrigue qu'ils poursuivaient jusqu'à Paris ; sachant, d'ailleurs, que les Chinois, complètement battus et mis hors du Tonkin par le général Brière de l'Isle, n'étaient pas près de leur donner effectivement les secours matériels qu'il leur fallait, ils ont décidé de

aux particuliers de trafiquer et qui sont : la cannelle, les bois durs réservés pour les constructions de l'Etat, l'ivoire, les cornes de cerf recherchées par la médecine chinoise, les mines, etc.

jouer une partie suprême. Voici ce que l'on écrivait sur ce sujet, le 11 septembre 1885 :

« Vous avez suivi, dans les journaux, les péripéties
« de la guerre contre les « Pavillons-Noirs » d'abord,
« puis contre la Chine. Nous avons eu des hauts et
« des bas, tantôt on a chanté victoire, tantôt on a
« crié que tout était perdu. En réalité, la campagne a
« été dure et coûteuse, mais nos braves petits soldats
« n'ont jamais boudé à la besogne, et, somme toute,
« nous étions tirés d'affaire à notre honneur, quand
« a éclaté un nouveau pétard. Je veux parler de l'at-
« taque du 5 juillet à Hué. S'est-on demandé, en
« France, ce qu'espéraient les mandarins de la cour
« d'Annam ? Personne, sans doute, n'est assez ren-
« seigné sur le compte de ces gens-là, à Paris et ici
« même, pour avoir vu clair dans leur jeu. — Après
« avoir constaté l'insuccès des efforts du colosse
« chinois, ils ne s'attendaient, parbleu, pas à une vic-
« toire par la force des armes ; mais après avoir
« suivi, avec un intérêt facile à comprendre, la crise
« qui a suivi en France la nouvelle de la retraite de
« Lang-son, ils vous ont vus, énervés, chavirer le Mi-
« nistère et mettre un moment sur le tapis la question
« de l'abandon du Tonkin.....

« Je ne fais qu'analyser la politique de la cour de
« Hué. — Donc, celle-ci s'était dit : « Si nous réus-
« sissons à massacrer le général en chef et ses 1,000
« soldats ; si seulement nous les chassons de Hué et
« les repoussons jusqu'au port de Thuân-ân, un nou-
« veau tumulte éclatera en France. Paris cassera tout,
« le nouveau Ministère jeté à bas, sera remplacé par
« ceux qui ont parlé d'évacuer le Tonkin, et notre but
« sera atteint ». — Avouez que ce n'était pas mal

« raisonner et que les choses se seraient bien passées
« ainsi, si le coup avait réussi ? Heureusement il n'a
« pas réussi. »

En prévision de ces événements et pour « sauver la caisse », dans tous les cas, ils ont chargé un officier général de la garde impériale, le Dê-Dôc Bich, d'enlever, avec l'aide de ses troupes, toutes les valeurs du Trésor, et de les transporter en lieu sûr. A partir des premiers jours du mois de juin, on put voir filer des convois vers Cam-Lô d'abord, puis vers le Laos et les provinces au nord de la capitale. Les valeurs, consistant en lingots d'or et d'argent, avaient été, au préalable, divisées par lots renfermés dans des caisses enveloppées de nattes et munies d'un solide bambou pour les porteurs, et pendant tout le mois de juin les convois se succédèrent sans interruption. Quand les circonstances obligèrent Tuong et Thuyêt à jeter le masque, tout l'or du Trésor était à l'abri (1), sauf un reliquat de lingots d'argent qui, avec un certain stock de médailles, fut évalué à 13,000,000 de francs.

A cette époque, on a pu connaître tout ce qui vient d'être dit, et l'on a eu la preuve du déplacement des valeurs du Trésor, en en reprenant une partie (un peu plus de quatre millions de francs), que nous avons découverte en pleine province de Quang-Binh, dans une expédition improvisée, dont nous retrouvons, sur un carnet, quelques notes qui ne sont pas sans intérêt dans la thèse soutenue ici. Voici ces notes, transcrites telles quelles et à titre de document :

---

(1) Les dépêches du général de Courcy, qui ont été publiées, en font foi : il n'existait plus un lingot d'or dans le Trésor, et l'on sait que c'est dans ce métal précieux que la cour accumulait ses réserves.

« 23 juillet. — Le « Hugon » mouille à midi devant le port de Dông-Hoï. Le commandant de B... vient à bord et nous fait connaître qu'une expédition va partir pour surprendre Hàm-Nghi dans un refuge où l'a conduit Thuyêt, à 12 ou 14 heures de marche du port. Ma présence et surtout celle du gouverneur de Hànôï, qui m'accompagne, pouvant être de la plus grande utilité politique, au cas où le jeune empereur tomberait entre nos mains, je débarque immédiatement. — Aussitôt rendu à terre, je vais voir le gouverneur de Quang-Binh et conférer avec lui; en même temps, je lance de tous côtés des indigènes de notre suite en quête de renseignements.

« 24 juillet. — Nos émissaires sont de retour et nous confirment que l'Empereur est bien dans les environs. — Nouvelle conférence avec le Gouverneur de Quang-Binh : en présence des certitudes que nous avons, il finit par avouer au Tông-Dôc et à moi que la cour a fait filer le Trésor et en a dispersé les valeurs dans des localités diverses. Dans sa province, il existerait, selon lui :

« Trente caisses de barres d'argent (1) à Dinh-Diên, ainsi réparties : dix-neuf dans le fort nouvellement construit, quatre au village de Van-Xuân, cinq à Xuân-Hué, une à Dai-Phuc, une à Hu-u Lôc.

« Cinquante caisses de barres d'argent chez un ancien ministre, nommé Vô-trung-Binh, qui demeure dans un village voisin.

« Cinquante caisses de barres d'or chez un autre grand mandarin, Lê-mô-Khai.

---

(1) Chaque caisse contenait 50 barres d'argent, d'une valeur de 81 fr. 57 ; soit : 4,078 fr. 50. — Les caisses de barres d'or en contenaient autant, valant chacune, 1,386 fr. 80 ; soit 69,340 fr.

. . . .

« Nous arrivons à deux heures du soir au village de Long-Dai, où nous constatons que l'on a établi une route large, bien nivelée, qui descend à la rivière par une rampe en escaliers, entaillée dans la berge. C'est la route qui conduit dans le Nghê-An par les montagnes; elle a été réparée *il y a un mois par ordre de la cour*, ainsi que nous le confirme le Ly truong du village de Xuân-Duc, qui ajoute que la cour l'a voulue large et facile « *à cause du Trésor que l'on transporte pour le soustraire aux Français.* »

« 25 juillet. — Nous avons couché dans la pagode préparée pour l'étape de Hàm-Nghi. Un émissaire, qui revient de Van-Xuân, nous apprend que Thuyêt et sa suite n'ont pas amené l'Empereur jusque-là : en chemin, ils ont appris l'occupation de Dông-Hoï et sont retournés vers Câm-lô. Il existe réellement des caisses de barres d'argent à Van-Xuân.

. . . .

« Arrivés au fort de Van-Xuân à 2 h. 3/4 ; les Annamites l'ont évacué, à l'exception d'un *quan* et d'une trentaine de soldats. Le *quan* vient au-devant de nous et se met à notre disposition. Point de traces de Hàm-Nghi ni de son cortège. Interrogé, le *quan* livre 21 caisses de barres d'argent et fait apporter les 9 autres caisses, qui se trouvent dans le village. Elles avaient été enterrées sous des dépôts de matériaux de construction ; je les remets, contre récépissé, au chef de bataillon G..... qui doit, avec sa troupe, garder le fort de Van-Xuân.....

26 juillet. — Retour à Dông hoï, où l'on me remet une lettre de Vo-trung-Binh, l'ancien ministre des finances, qualifiée d'*urgente* et dans laquelle il dit

qu' « ayant été appelé à Câm-lô, il lui y a été remis 30 caisses de barres d'argent pour les garder. Il a dû en employer 3 pour solde et gratifications aux soldats qui l'ont accompagné, mais il lui en reste encore 27 qu'il envoie à Dông-hoï sous l'escorte du Quan-Lê, closes et scellées ainsi qu'elles lui ont été confiées. »
— Nous envoyons quelques-uns des nôtres au-devant du convoi pour presser sa marche et le protéger au besoin.

. . . .

« 27 juillet. — J'apprends que les habitants des villages de Lang-bac, de Con-Diên et de Mê-huong ont enlevé à des fuyards de l'escorte de Hàm-Nghi et Thuyêt 16 barres d'or que ces soldats ont volées; on les oblige à les restituer au Trésor.

« En route pour Thuân-An le même jour. »

. . . .

Ainsi donc, comme on voit, le déplacement du Trésor et la dispersion des valeurs en dépôts confiés à des fidèles ne peuvent être contestés, et le fait était assez connu, dans le pays, pour qu'il nous ait suffi de trois jours de recherches pour découvrir et faire rentrer dans les caisses de la province de Quang-Binh, par le moyen de nos émissaires tonkinois, protégés il est vrai par quelques troupes françaises, 2,516 barres d'or (2,516 × 1,386 fr. 80 = 3,489,188 fr. 50) et 5,850 barres d'argent (5,850 × 81 fr. 57 = 477,180 fr. 50) représentant une valeur totale de près de 4 millions. Nous croyons pouvoir affirmer que nous aurions pu recouvrer bien d'autres millions, de la même façon, et l'on conviendra que la question du Tonkin se serait présentée sous un aspect bien différent de celui qu'elle semble avoir aujourd'hui encore, si le Ministère avait pu annoncer aux Chambres que, désormais, le Trésor de l'Empereur Dông-Khanh pourra suffire à toutes les dépenses de la pacification, de la réorganisation de l'Annam et du Tonkin, aux travaux reconnus d'utilité publique, etc.

VIII

LOIS MILITAIRES COMPRISES DANS LE CODE ANNAMITE.

Les Annamites ont emprunté aux Chinois leurs lois militaires, leur tactique, leur stratégie ; en cela ils se sont trompés, et la moindre étude psychologique le démontre du premier coup. Leur caractère national, leur tempérament, leurs traditions, leur histoire sont si différents de ceux des Chinois, qu'on les voit, d'eux-mêmes, s'affranchir des entraves du formalisme chinois dès qu'un danger réel les menace, s'ils ont auprès d'eux des conseillers européens, plus ardents à la lutte armée, plus experts dans l'art de s'entre-détruire. On les voit alors s'instruire, s'organiser, manier adroitement des armes et un matériel perfectionnés, faire preuve de qualités militaires ignorées des Chinois. Ils l'ont montré à différentes époques et, pour ne parler que de circonstances récentes, à la fin du siècle dernier, sous la direction de l'évêque d'Adran et des officiers français appelés par lui, — et depuis trente ans dans nos rangs, en Cochinchine et au Tonkin. On n'en voit pas moins les lois et coutumes, en Annam comme en Chine, placer au second rang les hommes de guerre, pendant que, en réalité, la force des choses leur donne la plupart du temps les premières places. Mais les préjugés, puissants là-bas encore plus que chez nous, ont empêché pourtant la chose militaire de prendre, dans les affaires publiques, l'influence prépondérante qu'elle a eue en Europe et, tout en bataillant autant que nous, ils n'accordent pas aux généraux autant de prestige que nous le faisons.

Leurs traités sur l'art de la guerre, leurs classiques remontent au temps des Tchéou, c'est-à-dire du douzième au quatrième siècle avant l'ère chrétienne, et on les a peu modifiés depuis cette époque, si ce n'est, peut-être, dans les moyens politiques recommandés aux chefs d'armée. Li-hong-Chang a fait appel à des moyens modernes, empruntés aux Européens ; mais Li-hong-Chang fait exception, et il ne fait, somme toute, la plupart du temps, qu'appliquer l'un des grands préceptes de la tactique jaune, en opposant les uns aux autres, les hommes et les forces des Européens ; il n'a rien changé au fonds des principes.

Les missionnaires du dix-septième siècle et du dix-huitième ont traduit, entre autres ouvrages chinois, les instructions de Sun-Tse, et l'on trouve dans les travaux du P. Amiot des choses aussi curieuses qu'instructives, surtout parce que les Annamites ont toujours tenu à les copier servilement, en dépit de la loi des milieux, qui transforme les caractères.

Tout le monde sait que les habitants des plaines, habitués à des climats tempérés, propriétaires d'un sol fertile qui leur fait une existence facile, sont d'un naturel pacifique ; or, la Chine est formée surtout de plaines : le tempérament chinois est donc foncièrement pacifique. Mais le sol de l'Annam est bien différent : les Annamites sont marins ou montagnards, conséquemment nerveux, batailleurs, et ils l'ont bien prouvé par leurs continuelles guerres de conquête jusqu'à la fin du siècle dernier.

Quoi qu'il en soit, puisque nous n'étudions ici que les règles, nous nous bornerons à exposer celles-ci telles qu'elles sont passées en force de loi.

M. de Contenson, ancien attaché militaire en Chine, cite dans un ouvrage qu'il a publié en 1884 — *Chine et Extrême-Orient* — le passage suivant du livre de Sun-Tse :

« Travaillez sans cesse à créer des embarras à l'en-
« nemi ; vous le pouvez de plusieurs façons, mais
« voici la meilleure. N'oubliez rien pour lui débau-
« cher ce qu'il aura de mieux dans son parti : offres,
« présents, caresses, que rien ne soit omis. Trompez
« même, s'il le faut ; engagez les gens d'honneur qui
« sont chez lui à des actions honteuses et indignes de
« leur réputation, à des actions dont ils aient lieu de
« rougir quand elles sont connues, et ne manquez pas
« de les faire divulguer.

« Entretenez des relations directes avec tout ce qu'il
« y a de plus vicieux du côté de l'ennemi, servez-vous-
« en pour arriver à vos fins en leur adjoignant d'au-
« tres vicieux ; traversez leur gouvernement, semez la
« discorde parmi leurs chefs, fournissez des sujets de
« colère aux uns contre les autres, faites-les murmu-
« rer contre leurs officiers, ameutez les subalternes
« contre leurs supérieurs, faites en sorte qu'ils man-
« quent de vivres et de munitions, répandez parmi
« eux quelques airs de musique voluptueuse qui leur
« amollisse le cœur, envoyez-leur des femmes pour
« achever de les corrompre. Tâchez qu'ils sortent

« lorsqu'il faudrait qu'ils soient dans leur camp
« et qu'ils soient tranquilles dans leur camp lors-
« qu'il faudrait qu'ils tinssent la campagne. Faites-
« leur donner de fausses alarmes et de faux avis. En-
« gagez dans vos intérêts les gouverneurs des provin-
« ces ; voilà à peu près ce que vous avez à faire, si
« vous voulez triompher par l'adresse et la ruse ! »
— Ces théories sont vieilles comme le monde et M. Jametel a pu dire avec raison que « Machiavel n'a été, après tout, qu'un vulgaire plagiaire dont la tâche s'est bornée à traduire en italien les préceptes des hommes d'État jaunes » ; mais ce qui peut étonner, c'est que ces préceptes n'aient pas varié jusqu'à nos jours et, pour preuve, je mets sous les yeux du lecteur la traduction d'un manifeste du vice-roi des deux Kouang (Canton et Kouang-Si), que nous avons saisi au Tonkin à la fin de l'année 1884 :

« Par décret impérial :

« Nous, Truong, Ministre de la Guerre et Vice-Roi
« de Quang-Dông et de Quang-Si ; — Banh, Ministre
« de la Guerre, Précepteur des enfants impériaux et
« Assistant du Vice-Roi de Quand-Dông et de Quang-
« Si ; — Tuong, ancien Tông-dôc (gouverneur) de
« Quang-Dông et Quang-Si, Précepteur des enfants
« impériaux et assistant du Vice-Roi de Quand-Dông
« et de Quang-Si ; Nghê, Assesseur du Ministre de la
« Guerre et Tuân-phu de Quang-Dông.

« Faisons savoir aux habitants du Quang-Dông et
« du Quang-Si, aux habitants des côtes du Nord et
« du Sud, aux pêcheurs, aux ouvriers, aux commer-
« çants et aux habitants de Saïgon, de Tân gia-ba
« (Singapour ?), de Ga-tân-Lang, aux habitants de Hoa-

« Quoi que les Français sont injustement venus faire
« la guerre dans notre pays, piller les habitants ; par-
« tout où ils sont allés, ils ont tout détruit. Le Ciel et
« les hommes en sont irrités.

« Ceux d'entre vous qui ont du patriotisme doivent :
« louer des navires, se faire aider pour les diriger
« par des mécaniciens et se rendre directement dans
« la mer de Chine et dans les mers tributaires de la
« Chine ; arrêter les navires français, pour les attaquer
« devant et derrière ; s'enrôler dans l'armée des Fran-
« çais pour détruire leurs navires, mettre le feu dans
« leurs poudrières, se faire employer comme ouvriers-
« mécaniciens, et, au lieu de réparer les machines
« des navires, faire en sorte qu'elles soient endom-
« magées ; se faire accepter comme pilotes, pour con-
« duire leurs navires sur des écueils ou dans les bas-
« fonds ; se faire leurs domestiques pour mettre du
« poison dans leurs aliments ; se faire leurs espions
« et, au lieu de leur dire la vérité, les induire en
« erreur le plus possible, pour qu'ils n'aillent jamais
« au-devant de l'armée chinoise ; faire en sorte de
« connaître leurs délibérations et leurs plans d'atta-
« que pour les répandre partout dans le public, et
« rapporter, de point en point, tout ce qui se passe
« chez eux, touchant ces questions.

« Tous ceux qui auront fourni la preuve d'avoir
« accompli une de ces prescriptions seront immédia-
« tement récompensés. Et d'accord avec les Tông-đốc
« et Tuân-phu des mers (Préfets maritimes), nous
« demanderons au Gouvernement de grandes dignités
« pour eux, sans qu'ils soient obligés de suivre degré
« par degré la hiérarchie administrative.

« Toutes les dépenses qu'ils auront faites leur seront
« remboursées par le Gouvernement.

« De plus, tous ceux qui auront levé une compa-
« gnie de 500 hommes et réussi à prendre soit Saïgon,
« soit Haï-phong ou autres villes appartenant aux
« Français, seront élevés dans de hautes dignités.

« Efforcez-vous donc de venir en aide au Gouver-
« nement. Et nous, Vice-Roi, nous n'oublierons pas ce
« que nous disons.

« Le 21 du 7ᵉ mois de la 10ᵉ année de Quang-Tu,
(10 septembre 1884).

Les classiques militaires de la Chine, qui sont aussi ceux de l'Annam, ont été traduits en français par le P. Amiot (1) et comprennent les ouvrages de Sun-Tse, de Ou-Tse, de Sema. Ce sont, pour les gradués militaires (docteurs, licenciés ou simples bacheliers), les équivalents de Confucius et de Mencius pour les gradués civils. Le plus estimé est celui de Sun-Tse, qui vivait vers le temps d'Homère, et l'on est surpris de trouver des principes et des théories militaires dictés par un jugement, une justesse de vues qne nos modernes tacticiens n'ont pas dépassés. Je conseille de lire l'*Art militaire des Chinois*, mais je tiens à citer ici, pour donner une idée de la valeur du plus important et du plus estimé des traités que renferme la traduction du P. Amiot, du livre de Sun-Tse, quelques extraits très courts, mais très caractéristiques.

Sun-Tse a divisé son livre en treize chapitres, qui traitent : 1° Du fondement de l'Art militaire, — 2° Des commencements de la campagne, — 3° De ce qu'il faut

---

(1) *Art militaire des Chinois*, Paris, Didot, 1772.

avoir prévu avant le combat, — 4° De la contenance des troupes, — 5° De l'habileté dans le gouvernement des troupes, — 6° Des véritables ruses, — 7° Des avantages qu'il faut se procurer, — 8° Des neuf changements. — 9° De la conduite que les troupes doiven tenir, — 10° De la connaissance du terrain, — 11° Des neuf sortes de terrain, — 12° Précis de la manière de combattre par le feu, — 13° De la manière d'employer les dissensions et de mettre la discorde.

Nous lisons dans le septième chapitre : « Un enne-
« mi surpris est à demi vaincu. — N'oubliez pas
« d'entretenir des intelligences secrètes avec les
« ministres étrangers, et soyez toujours instruit des
« desseins que peuvent avoir les princes alliés ou
« tributaires, des intentions bonnes ou mauvaises de
« ceux qui peuvent influer sur la conduite du maître
« que vous servez et vous attirer des ordres et des
« défenses susceptibles de traverser vos projets, et
« rendre par là vos soins inutiles. Votre prudence
« et votre valeur ne sauraient tenir longtemps contre
« leurs cabales ou leurs mauvais conseils. Pour obvier
« à cet inconvénient, consultez-les dans certaines
« occasions, comme si vous aviez besoin de leurs
« lumières; que tous leurs amis soient les vôtres, ne
« soyez jamais divisé d'intérêt avec eux, cédez-leur
« dans les petites choses; en un mot, entretenez
« l'union la plus étroite qu'il vous sera possible.

« Je demande de vous quelque chose de plus encore :
« ayez une connaissance exacte et de détail de tout
« ce qui vous environne ; sachez où il y a une forêt,
« un petit bois, une rivière, un ruisseau, un terrain
« aride et pierreux, un lieu marécageux et malsain,
« une montagne, une colline, une petite élévation, un

« vallon, un précipice, un défilé, un champ ouvert,
« enfin tout ce qui peut servir ou nuire aux troupes
« que vous commandez. S'il arrive que vous soyez
« hors d'état de pouvoir être instruit par vous-même
« de l'avantage et du désavantage du terrain, ayez au
« moins des guides sur lesquels vous pouvez compter
« sûrement. »

Au chapitre VIII nous noterons ce passage :

« Avant de songer à vous procurer quelque avan-
« tage, comparez-le avec le travail, la peine, les
« dépenses et les pertes d'hommes et de munitions
« qu'il pourra vous occasionner. Sachez à peu près si
« vous pouvez le conserver aisément, après cela vous
« vous déterminerez à le prendre ou à le laisser, sui-
« vant les lois d'une saine prudence.

« Dans les occasions où il faudra prendre prompte-
« ment son parti, n'allez pas vouloir attendre les
« ordres du prince. S'il est des cas où il faut agir
« contre des ordres reçus, n'hésitez pas, agissez sans
« crainte, La première et principale intention de celui
« qui vous met à la tête de ses troupes, c'est que vous
« soyez vainqueur des ennemis. S'il avait prévu la
« circonstance où vous vous trouvez, il aurait dicté
« lui-même la conduite que vous voulez tenir.

. . . .

« Le général doit éviter une trop grande ardeur à
« affronter la mort, ardeur téméraire, qu'on honore
« souvent des beaux noms de courage, d'intrépidité
« et de valeur, mais qui, au fond, ne mérite guère
« que celui de lâcheté. Un général qui s'expose sans
« nécessité, comme le ferait un simple soldat, qui
« semble chercher les dangers et la mort, qui combat
« et qui fait combattre jusqu'à la dernière extrémité,

« est un homme qui mérite de mourir. C'est un
« homme sans tête, qui ne saurait trouver aucune
« ressource pour se tirer d'un mauvais pas ; c'est un
« lâche qui ne saurait souffrir le moindre échec sans
« être consterné et qui se croit perdu si tout ne lui
« réussit. »

L'auteur expose avec autant de vigueur les inconvénients du système contraire et recommande d'éviter un trop grande complaisance ou une compassion trop tendre pour les soldats : « Si vous voulez tirer parti de leur service, faites en sorte qu'ils ne soient jamais oisifs. »

Dans le neuvième chapitre se trouvent des conseils pratiques qui ne seraient certes point déplacés dans nos modernes règlements sur le service en campagne. « Eclairez toutes les démarches de l'ennemi, ayez des
« espions de distance en distance jusqu'au milieu de
« leur camp et jusque sous la tente de leur général.
« Ne négligez rien de ce qu'on pourra vous rapporter,
« faites attention à tout.

« Si ceux de vos gens que vous avez envoyés à la
« découverte vous font dire que les arbres sont en
« mouvement, quoique par un temps calme, concluez
« que l'ennemi est en marche. Il peut se faire qu'il
« veuille venir à vous; disposez toutes choses, prépa-
« rez-vous à bien le recevoir, et allez même au-devant
« de lui. Si l'on vous rapporte que les champs sont
« couverts d'herbes, et que ces herbes sont hautes,
« tenez-vous sans cesse sur vos gardes; veillez con-
« tinuellement de peur de quelque surprise. Si l'on
« vous dit qu'on a vu des oiseaux attroupés, voler
« par bandes, sans s'arrêter, soyez en défiance, on
« vient vous espionner ou vous tendre des pièges;

« mais si, outre ces oiseaux, on voit encore un grand
« nombre de quadrupèdes courir la campagne, comme
« s'ils n'avaient point de gîte, c'est une marque que
« les ennemis sont aux aguets. Si l'on vous rapporte
« qu'on aperçoit au loin des tourbillons de poussière
« s'élever dans les airs, concluez que les ennemis
« sont en marche. Dans les endroits où la poussière
« est basse et épaisse, ce sont les gens de pied ; dans
« les endroits où elle est moins épaisse et plus
« élevée ce sont la cavalerie et les chars. Si l'on
« vous avertit que les ennemis sont dispersés et
« ne marchent que par pelotons, c'est une marque
« qu'ils ont eu à traverser quelque bois, qu'ils ont fait
« des battues et qu'ils sont fatigués ; ils cherchent
« à se rassembler. Si vous apprenez qu'on aperçoit
« dans les campagnes des gens de pied et des gens
« à cheval aller et venir, dispersés çà et là par petites
« bandes, ne doutez pas que les ennemis ne soient
« campés. »

Le dixième chapitre développe ce principe toujours
si vrai que « un bon général doit connaître tous les
« lieux qui sont ou peuvent devenir le théâtre de la
« guerre, aussi distinctement qu'il connaît tous les
« coins et les recoins des cours ou jardins de sa
« maison.

« Avec une connaissance exacte du terrain, un
« général peut se tirer d'affaire dans les circons-
« tances les plus critiques ; il peut se procurer des
« secours qui lui manquent, il peut empêcher ceux
« qu'on envoie à l'ennemi ; il peut avancer, reculer et
« régler toutes ses démarches comme il le jugera à
« propos ; il peut disposer des marches de l'ennemi
et faire, à son gré, qu'il avance ou qu'il recule ; il

« peut le harceler sans crainte d'être surpris lui-
« même ; il peut l'incommoder de mille manières et
« parer de son côté à tous les dommages qu'on voudrait
« lui causer; il peut finir ou prolonger la campagne,
« selon qu'il le jugera plus expédient pour sa gloire
« ou pour ses intérêts. »

L'auteur conseille ensuite, dans le chapitre XI, de se procurer pacifiquement tous les secours dont on aura besoin et de n'employer la force que lorsque les autres moyens auront été inutiles. « Faites en sorte
« dit-il, que les habitants des villages et de la cam-
« pagne puissent trouver leur intérêt à venir d'eux-
« mêmes vous offrir leurs denrées.

« Le reste étant égal, on est plus fort de moitié
« lorsqu'on combat chez soi . . . .
. . . .
« Dès que votre armée sera hors des frontières,
« faites en fermer les avenues, déchirez la partie du
« sceau qui est entre vos mains (1), ne souffrez pas
« qu'on écrive ou qu'on reçoive des nouvelles. »

Pour terminer ces citations auxquelles je me com-

---

(1) M. de Contenson, qui cite ces extraits dans *Chine e Extrême-Orient*, rappelle que les généraux avaient entre les mains la moitié d'un des sceaux de l'Empire, dont l'autre moitié restait entre les mains du souverain ou de ses ministres ; quand ils recevaient des ordres, ces ordres n'étaient scellés que d'une moitié de sceau, qui devait s'ajuster à la leur. Déchirer la partie du sceau restée aux mains du général revient donc à dire que l'on n'a plus d'ordres à recevoir et qu'il faut désormais s'inspirer des circonstances. Il est dit, du reste, au chapitre VIII : « La cir-
« constance seule doit déterminer le général ; il ne doit pas s'en
« tenir à un système général, ni à une manière unique de gou-
« verner. Chaque jour, chaque occasion, chaque circonstanc
« demande une application particulière des mêmes principes.
« Les principes sont bons en eux-mêmes ; mais l'application
« qu'on en fait les rend souvent mauvais. »

plais, il faut bien l'avouer, je tiens à extraire encore quelques lignes du treizième chapitre.

« Punissez sévèrement, récompensez avec largesse ;
« multipliez les espions, ayez-en partout, dans le
« propre palais du prince ennemi, dans l'hôtel de ses
« ministres, sous les tentes de ses généraux ; ayez
« une liste des principaux officiers qui sont à son ser-
« vice, sachez leurs noms, leurs surnoms, le nombre
« de leurs enfants, de leurs parents, de leurs amis,
« de leurs domestiques ; que rien ne se passe chez eux
« que vous n'en soyez instruit.

« Vous aurez vos espions partout : vous devez sup-
« poser que l'ennemi aura aussi les siens. Si vous
« venez à les découvrir, gardez-vous bien de les faire
« mettre à mort ; leurs jours doivent vous être infi-
« ment précieux. Les espions des ennemis vous ser-
« viront efficacement, si vous mesurez tellement vos
« démarches, vos paroles et toutes vos actions, qu'ils
« ne puissent jamais donner que de faux avis à ceux
« qui les ont envoyés. »

A la tête de l'armée annamite se trouve le Trung-Quân (maréchal du centre), assisté de quatre maréchaux : Tiên-Quân (maréchal d'avant-garde), Haû-Quân maréchal d'arrière-garde), Ta-quân (maréchal de gauche), Hu-u-quân (maréchal de droite). Ce sont les *Colonnes de l'Empire ;* à la mort du souverain ils reçoivent ses dernières volontés et sont chargés de veiller à la transmission du pouvoir.

L'armée sert par bans : après avoir passé trois mois sous les drapeaux, le soldat rentre pour trois mois dans ses foyers, et ainsi de suite pendant dix ans.

On distingue dans l'armée, les linh-vê (troupes impériales) et les linh-co (troupes provinciales). Les premiers se recrutent dans la Cochinchine, du Binh-Dinh au Nghê-An ; les autres se recrutent dans les autres provinces et ne vont pas servir à Hué.

Le régiment (infanterie ou marine) comprend 500 hommes ; — 10 régiments forment une division.

Il y a aussi les linh-lê, ou milices des préfets ou sous-préfets, — les linh-tram, milices du service postal, les gens de police et d'administration, les Linh-tuân-thành ou gardes urbains.

A la tête des forces militaires d'une province est, selon l'importance, un Dê-Dôc ou un Lanh-Binh.

On trouve, dans le code annamite (1), tout un long chapitre consacré aux lois militaires.

Cinq titres : 1° de la garde des demeures du souverain,
2° des institutions militaires,
3° des postes de surveillance sur les routes de terre et d'eau,
4° des écuries et troupeaux,
5° des courriers à pied et à cheval.

On parle longuement des prescriptions du titre Ier aux Lois rituelles; il n'y est question que du souverain ;

Le Titre III renferme des règlements de police générale.

Le Titre IV a trait aux haras et troupeaux.

Le Titre V au service postal.

C'est le Titre II qui doit particulièrement nous occuper.

---

(1) Traduction de M. Philastre

« Ce titre, dit un avertissement inscrit en tête de l'article 181, traite d'une façon générale des institutions concernant les armées. Ceux qui commandent en chef les armées et qui vont en campagne doivent se conformer, selon les cas, à ces lois et se reporter aux instructions militaires codifiées autrefois à la citadelle de Gia-Dinh, » c'est-à-dire probablement, pense M. Philastre, aux instructions données par Gia-Long lui-même pendant la guerre des Tây-So'n ; à moins qu'il ne s'agisse des règlements établis par les officiers français venus auprès de l'évêque d'Adran, et qui sont perdus, jusqu'à présent du moins.

En grande partie, le Titre II s'adresse à ceux qui commandent les troupes :

L'article 181 détermine la conduite que doivent tenir les généraux en présence de l'ennemi, et la règle qui leur est tracée peut se résumer ainsi : s'il est urgent d'agir immédiatement, ils doivent le faire de leur propre initiative et sous leur responsabilité ; mais, s'il n'y a pas urgence, ils sont tenus de prendre les ordres du gouvernement et d'attendre ses ordres, sous peine de cent coups, de la dégradation et de l'envoi en servitude militaire à une frontière éloignée.

Les opérations engagées, si le général se trouve dans la nécessité d'appeler des renforts, il s'adresse aux commandants des forces les plus voisines, sans s'occuper de la règle hiérarchique, et ceux-ci doivent déférer à ses réquisitions, en conformant leur action au plan qui leur a été tracé par le premier général engagé, après qu'ils se sont concertés. Ils doivent informer immédiatement le gouvernement des causes de l'urgence des ordres donnés et des mouvements exécutés en conformité de ces ordres ; s'ils ne se prêtent pas secours ou ne rendent pas compte, ils sont passibles des peines ci-dessus.

Cet article a pour titre, dans le code chinois : « De l'initiative du commandement des troupes. »

Lorsque le commandant en chef a reçu des instructions du gouvernement, et ne conforme pas ses mouvements aux ordres qu'il a reçus, il est puni de la décapitation, à moins qu'il ne soit résulté aucun événement préjudiciable à l'armée ni aux affaires (article 186).

Tout général en chef qui traitera avec légèreté les affaires de l'armée, restera dans l'inaction sans motif sérieux, s'abstiendra d'adresser les rapports qu'il doit au souverain, laissera se démoraliser ses troupes, sera condamné à la décapitation immédiate (D. 1 de l'article 189).

En temps de paix, les généraux commandant sur les frontières doivent se borner à surveiller, s'informer et prendre des précautions pour la garde du territoire. S'ils commettent des actes de violence sur des personnes ou de pillage sur des biens en dehors des frontières, faisant naître ainsi des complications et des représailles, ils sont punis de cent coups, dégradés et envoyés en servitude (art. 190).

L'article 182 traite des devoirs des généraux opérant sous les ordres d'un commandant en chef, au point de vue de la subordination et des rapports qu'ils lui doivent. Dans les cas peu graves, c'est le commandant en chef qui apprécie et punit ; dans les cas graves, c'est le souverain.

Tout général qui garde une frontière, une position importante ou une place forte doit tout faire pour la conserver ; il doit, s'il le faut (dit le C. O., art. 189), sacrifier sa vie dans ce but. S'il la laisse tomber aux mains de l'ennemi, soit qu'il ait manqué d'énergie, soit qu'il n'ait pas su prendre de suffisants moyens de défense, il est puni de la décapitation. « Dans la garde « d'une position militaire, dit le Code chinois, on ne « peut admettre aucune négligence ; pendant la nuit, « il doit être défendu de circuler ; dans les tentes, la « plus grande attention doit être apportée au feu. »

Aux frontières et dans les places fortes, les lois sur le service militaire doivent être scrupuleusement observées ; les troupes doivent être exercées, les fortifications maintenues en bon état, les armes et les vêtements bien entretenus. Le commandant en est responsable. S'il manque à ce devoir, il est puni, pour la première fois, de quatre-vingts coups, perd deux degrés de mérite, mais reste en place ; à la première récidive, il subit cent coups, perd quatre degrés de mérite, mais conserve encore sa position. Mais si le désordre va jusqu'à la révolte des troupes, le commandant est puni de cent coups, il est dégradé et envoyé en servitude à une frontière éloignée, et même, si devant la révolte des soldats, au lieu de sévir, d'arrêter et de punir les coupables, il abandonne son poste, il encourt la décapitation (art. 191).

Les colonels et capitaines ont charge de maintenir les soldats sous les drapeaux. S'ils leur permettent de quitter les rangs pour se livrer au commerce ou à l'agriculture, ou s'ils les détournent de leurs obligations militaires pour les employer à leur service privé, ils sont punis d'après le nombre d'hommes ainsi détournés : quatre-vingts coups pour un homme, et en augmentant jusqu'à cent coups et la dégradation. S'il n'y a pas eu connivence avec le soldat absent, mais seulement négligence de la part de l'officier, le Code est moins sévère et admet une certaine progression conforme au principe en vertu duquel la peine augmente à mesure que diminue le grade : quarante coups de rotin, pour un soldat en faute, au dôï; pour cinq soldats, au pho-quan; pour dix soldats, au chanh-quan; pour cinquante soldats, au commandant particulier du cantonnement. La peine augmente d'un degré quand les nombres doublent, c'est-à-dire que le commandant, par exemple, n'est passible que de quarante coups encore, si le nombre est de quatre-vingt-dix-neuf.

Les chefs militaires qui emploient des soldats à leur service particulier, sans pour cela les détourner de l'armée, sont encore punis : quarante coups pour un homme, quatre-vingts coups au maximum; de plus, on décompte le nombre de journées de travail, et le salaire est confisqué à l'Etat. Il n'est accordé de tolérance qu'à l'occasion des événements de famille (mariage ou funérailles).

Pour assurer ces défenses, il est prescrit aux officiers de se dénoncer entre eux (art. 136).

Tout cela est bien tombé en désuétude.....

Les mêmes défenses sont faites aux dignitaires militaires (Công ou Hâu), mais ce n'est qu'à la deuxième récidive qu'ils sont l'objet d'un rapport au souverain (art. 197).

Tout officier ou soldat qui, ayant reçu l'ordre de se mettre en campagne, ne rejoint pas le drapeau, sera cassé s'il est officier, puni par cent coups s'il est simple soldat et, d'ailleurs, remis dans le rang (D. 1 de l'art. 187).

Ce décret a aggravé la pénalité de l'art. 187, qui ne

prononçait que soixante-dix coups pour un jour de retard, quatre-vingts coups pour quatre jours, etc. (augmentation d'un degré par trois jours).

Celui qui simule une maladie ou une infirmité, se blesse ou s'estropie pour se soustraire au service militaire, est puni d'après le retard qu'il a mis à rejoindre son corps, avec augmentation d'un degré. Dans ce cas et dans le précédent, le maximum est de cent coups.

Il n'en est pas moins incorporé, à moins qu'il ne se soit rendu réellement impropre au service, auquel cas on le remplace par un homme capable, pris dans sa famille (art. 187).

En présence de l'ennemi, celui qui manque à un délai fixé est dégradé et mis en jugement s'il est officier, puni de cent coups s'il est simple soldat, et les prisonniers qu'il aurait faits sont confisqués à l'Etat. Les prisonniers de guerre sont, avec les victimes d'un jugement, les seuls esclaves reconnus.

La lâcheté devant l'ennemi, au cours d'une action, doit être réprimée sur-le-champ. Le Code chinois dit que « le commandant des troupes fera exécuter quelques-uns des fuyards pour effrayer les autres. » (D. 1 de l'art. 187).

En vertu de l'art. 187, les soldats qui, pendant l'action, prennent la fuite, sont décapités.

Il n'est pas permis au militaire appelé de se faire remplacer, sous peine de cent coups pour lui et quatre-vingts pour le remplaçant, et il est incorporé. Il y a exception si le remplaçant est un homme de la famille, non loué, ou si le remplacé a fait constater par son chef qu'il est réellement impropre au service. Même obligation est imposée aux médecins désignés pour le service de santé d'une armée en campagne (art. 188).

Les soldats qui, en campagne, ne respectent pas leurs chefs, ne se conforment pas aux ordres donnés, commettent des désordres sont : le principal coupable puni de mort; les co-auteurs, cent coups et trois mois de cangue. Mais alors, les commandants sont mis à la disposition du ministre de la guerre (D. 1 de l'art. 187).

Toutes sentinelles qui, en présence de l'ennemi, ne préviennent pas et sont cause d'un dommage pour l'armée, sont punies de la décapitation.

Le pillage, même en pays ennemi, est puni : principal coupable, cent coups; co-auteurs, quatre-vingt-dix coups. Si, à cette occasion, il a été blessé quelqu'un : décapitation ou cent coups et la servitude militaire à une frontière éloignée, selon le cas.

En cas de pillage à l'intérieur : décapitation sans distinction entre le principal coupable et les co-auteurs.

Les chefs qui favorisent ou même tolèrent ces actes sont punis de la même peine que les auteurs, sauf en cas de condamnation à mort : commutation en l'exil (art. 190).

Les soldats qui se révoltent contre leurs chefs sont punis selon les lois sur les complots de rébellion ou de trahison, en distinguant si le complot est ou n'a pas été suivi d'actes d'exécution (art. 223 et 224).

La vente par des militaires des armes, vêtements, etc., qui leur ont été fournis par l'Etat, est punie de cent coups et de la servitude militaire; s'ils sont officiers, ils seront dégradés. Les acheteurs subissent quarante coups si les objets sont de ceux que le peuple peut posséder ; au cas contraire, on applique les dispositions de l'art. 195, c'est-à-dire quatre-vingts coups pour un objet, et cent coups et l'exil à 3000 lis au maximum.

L'Etat reprend ces objets.

Si l'acheteur est militaire lui-même, le vendeur seul est puni ; mais le prix de vente est confisqué (art. 193).

Pour les objets seulement mis en gage, mêmes peines, avec diminution d'un d gré (D. 1 de l'art. 193).

La destruction volontaire d'objets militaires est punie depuis quatre-vingts coups par objet jusqu'à la décapitation. Perte ou destruction involontaire : mêmes peines diminuées de trois degrés pour les officiers, de quatre degrés pour les soldats. Dans tous les cas, on poursuit le remboursement de la valeur. Ces dispositions ne regardent pas évidemment les pertes dans un combat (art. 194).

La désertion en temps de paix est punie de quatre-vingts coups et le soldat est réintégré (art. 196) ; en temps de guerre, cent coups pour la première fois ; strangulation en cas de récidive. Les chefs de village sont tenus d'arrêter les déserteurs (art, 198). Trois décrets ajoutés à l'article étendent et aggravent ces dispositions : les déserteurs des armées en campagne de guerre sont décapités.

Les individus non militaires, qui vont à la suite de l'armée sont soumis aux lois militaires (art. 198, D. 1).

L'art. 199 prévoit des mesures d'humanité en faveur des parents des militaires. Quand l'un de ces derniers a été tué à l'ennemi et qu'il laisse une épouse sans enfants, ou des enfants en bas âge, on leur donne à titre de secours la moitié de sa solde et de ses rations. A défaut de veuve ou d'orphelin, ce sont les père et mère qui en bénéficient, s'ils n'ont pas d'autre enfant ni de ressources (art. 199).

MATÉRIEL ET APPROVISIONNEMENTS MILITAIRES.

Les commandants de troupes adressent leurs demandes de fonds et de vivres au Ministre des finances, et leurs demandes d'armes, munitions, équipements au Ministre de la guerre; — ceux chargés de la garde des frontières s'adressent aux autorités provinciales, en même temps qu'ils rendent compte à leurs chefs hiérarchiques, afin que le Souverain soit informé, apprécie et décide. Si des retards sont apportés, celui qui en est coupable, fût-ce le Ministre, est puni de 100 coups et dégradé sans pouvoir être réintégré, — et s'il est résulté de ce retard quelque erreur ou accident dans les opérations de l'armée, la peine est la décapitation (art. 195).

Si le service chargé de fournir à l'armée des armes, vivres, etc... dépasse le délai fixé ou livre des quantités insuffisantes, les coupables subissent 100 coups. Dans le cas où il en résulterait des accidents ou erreurs dans les opérations de l'armée, décapitation (art. 196).

Toute personne de condition militaire qui s'enfuira en abandonnant le convoi qu'elle était chargée de transporter ou d'escorter, sera punie comme celui qui déserte une place qu'il était chargé de garder, et l'on n'aura pas à distinguer s'il s'agit d'un transport ou d'un retour à vide (D. III de l'art. 188).

Il est interdit aux gens du peuple de posséder des armes de guerre, équipements et autres objets militaires, sous peine de 80 coups pour chaque objet. La même peine s'applique à ceux qui en fabriquent. Maximum : 100 coups et l'exil à 3,000 lis. — Si ce sont des objets hors de service, le fait n'est pas puni, mais les objets sont confisqués. — On peut avoir des lances, sabres, arbalètes, arcs, flèches, etc. parce qu'il est reconnu que le peuple « en fait usage », dit le C. O. (art. 195).

En cas de fabrication de canons, la répression est excessive : tous les coupables, jusqu'aux ouvriers employés, sont décapités; leur épouse, leurs fils sont condamnés à l'esclavage; leurs biens sont confisqués. Les propriétaires des maisons voisines de la fonderie, les chefs de la commune subissent la strangulation; les fonctionnaires civils et militaires chargés du gouvernement et de la surveillance du lieu sont dégradés, ceux qui centralisent les services du territoire dans lequel se trouve le lieu, ainsi que le gouverneur de la province sont mis à la disposition du Ministre. (D. 1 de l'art. 195).

La possession du soufre et du salpêtre, et le commerce en gros de ces matières (50 livres de soufre, 100 livres de salpêtre) sont punis de 100 coups et de 3 ans de travail pénible; toutefois, si le possesseur n'en a point fait commerce, sa peine est abaissée d'un degré. L'État confisque les matières, et les voisins, patrons de barque, etc... sont impliqués dans les poursuites. — Les orfèvres et pharmaciens, qui emploient du soufre ou salpêtre, n'en peuvent avoir plus de 10 livres à la fois, encore faut-il une autorisation renouvelée à chaque achat.

Celui qui fabriquerait de la poudre et la vendrait

serait condamné à la servitude militaire. (D. II de l'art. 195).

Les individus à la suite d'une armée, qui voleront des chevaux, des objets d'équipement militaire, etc., seront décapités (D. 1 de l'art. 198). — Les soldats qui s'enfuiront en emportant des rations, de l'argent ou des chevaux de l'armée seront punis d'après les dispositions de l'art 234, avec augmentation d'un degré (D. II de l'art. 198).

DE LA DIVULGATION DES ORDRES, PLANS ET AUTRES CHOSES MILITAIRES.

« Lorsqu'il s'agit de conduire des troupes pour com-
« battre et envahir un pays étranger, dit le C. O. de
« l'art. 184, ou pour arrêter et saisir des rebelles ou
« traîtres, le gouvernement trace une ligne générale
« de la conduite des opérations; les généraux font
« exécuter les mouvements et prescrivent les mesures
« à prendre. » Ceux qui divulguent ces ordres et plans, et sont cause que les ennemis en ont connaissance, sont punis de la décapitation; — s'il s'agit de rapports des généraux, qui sont ainsi divulgués, la peine est de 100 coups et 3 ans de travail pénible.

Le fait seul d'ouvrir une dépêche close et scellée, d'un fonctionnaire quelconque, est puni de 60 coups, lors même qu'il ne s'agit pas d'affaire militaire (art 184).

Pour maintenir dans la discrétion toute personne de condition militaire ou civile, il est établi que celles qui auront des relations privées avec des gens des royaumes étrangers envoyés à la cour, qui les fréquenteront et divulgueront, sous un prétexte quelconque, ou laisseront pénétrer quelque chose, seront toujours envoyées en servitude militaire (D. 1 de l'art. 184).

Le titre III des Lois militaires traite, avons-nous dit, de mesures de police générale, dont l'exécution est confiée aux autorités militaires. Il s'agit ici, surtout, de la surveillance des frontières en vue d'empêcher l'émigration et l'espionnage.

Quiconque veut voyager au loin doit se pourvoir d'un passe-port, sous peine de ne pouvoir traverser les postes de surveillance établis sur les routes et les cours d'eau (douanes intérieures). Si l'on passe furtivement par le poste : 80 coups ; en évitant le poste : 90 coups. Si le fait a lieu aux frontières, la tentative est punie de 100 coups et 3 ans de travail pénible ; et si les coupables ont réussi et ont eu des relations en dehors des frontières : strangulation. — La tolérance, ou la connivence, ou la négligence des gardiens sont sévèrement punies (art. 201).

Les quatre décrets qui font suite à l'art. 201 et à l'art. 282 contiennent de nombreuses dispositions relatives aux passe-ports, à la circulation des indigènes (non annamites), à l'évasion des criminels et des esclaves par les frontières. Il faudrait les citer toutes ici.

Les postes de surveillance ne doivent pas, sous prétexte de visite, retenir abusivement les gens et les barques ; il y va, pour un jour de retard, de 20 coups, etc., etc., jusqu'à 50 coups (art. 203).

On a introduit dans cet article un règlement touchant les possesseurs des bacs.

La surveillance des espions fait l'objet de l'art. 204. Les espions sont *mis à la question* afin qu'ils fassent connaître leurs plans et leurs complices : ils sont tous punis de la décapitation.

Le décret 1, qui fait suite, ressortit aux lois commerciales plus qu'aux lois militaires, en réalité : il prononce des peines contre ceux qui ont des relations avec les pays étrangers, ou qui fréquentent les tribus sauvages, se livrent au commerce avec elles, habitent avec elles, etc , etc.; s'ils commettent quelque faute dans ces conditions, ils sont tous envoyés en servitude militaire à une frontière éloignée (sauf le cas de peine capitale, bien entendu). — De même, le deuxième décret a trait à la police du commerce.

DES ÉCURIES ET TROUPEAUX.

Ce que nous appelons les Haras ressortit au Ministère de la guerre. Il est chargé de l'élève et du dressage des chevaux et des éléphants de l'Etat (art. 206).

Les art. 209 et 210 traitent de la conservation et de l'entretien des haras et des troupeaux.

Les particuliers n'ont pas le droit d'abattre privément leurs propres chevaux, bœufs et buffles, sous peine de 100 coups et de la confiscation de la peau, des cornes et tendons (art. 207). Ce même article traite encore des cas où quelqu'un tue ou blesse des animaux domestiques d'autrui, et des dégâts causés par les animaux d'un propriétaire sur le terrain d'autrui ou à des personnes. Ces dispositions sont évidemment des lois générales. Il est permis de frapper et même de tuer les animaux qui mordent ou frappent de la corne ou du pied.

Le D. 1, qui fait suite, assimule le boucher qui abat un animal en état de rendre des services, au particulier qui tue sa propre bête (100 coups).

L'art. 208 oblige le propriétaire d'un animal réputé méchant à prendre des mesures de précaution afin qu'il ne puisse blesser personne; ainsi, ces animaux doivent porter une marque très apparente d'avertissement pour le public et être solidement attachés. Si un chien devient enragé, son propriétaire doit le tuer. Quiconque se dispense de ces mesures de précaution est puni, pour ce seul fait, de 40 coups, et s'il arrive que par sa négligence quelqu'un soit blessé ou tué, il est jugé et puni comme coupable de blessures ou meurtre par mégarde; mais, par application des dispositions des articles 259 et 261, on autorise le rachat de la peine par une amende dont le montant revient à la famille de la victime.

Si le propriétaire a excité l'animal contre quelqu'un, le fait est considéré comme blessures ou meurtre dans une rixe; mais il y a — on se demande pourquoi — diminution d'un degré de la peine. Quand on a excité un chien, par exemple, contre d'autres animaux, qui sont blessés ou tués, la peine est de 40 coups, en sus d'un juste dédommagement.

Enfin, le titre V s'occupe du service postal (tram). Ce service, tout officiel, n'est pas à l'usage du public, mais seulement du gouvernement et de ses agents, pour les affaires publiques. Il se fait au moyen de courriers à pied, à cheval, en voiture ou en bateau.

Les douze articles compris dans ce titre constituent

tout un règlement d'administration publique, et il suffit de les lire attentivement pour connaître d'une manière suffisante le système postal officiel de l'Annam. Nous allons les résumer aussi brièvement que possible.

Comme les Chinois, les Annamites ont établi des relais de poste sur le parcours des grandes voies de communications ; ces relais sont généralement distants entre eux, de 15 lis (soit 9 kilomètres, le li étant d'environ 600 mètres), quelquefois moins, quelquefois plus, suivant la configuration du terrain. Dans chaque station se trouve un directeur responsable du service.

Si les bâtiments de la poste ne sont pas entretenus en bon état, si le mobilier et les fournitures nécessaires ne sont pas au complet, s'il manque quelque linh (soldat du service postal) ou si l'on emploie des individus impropres au service, le directeur est puni de 50 coups (art. 213). — Ces relais de poste servent aussi de gîtes d'étape à certains agents du gouvernement qui voyagent dans les provinces pour un service public, c'est-à-dire aux personnes et fonctionnaires qui ont reçu des ordres spéciaux du souverain et qui vont les exécuter. Il y a, pour cela, un certain nombre de salles réservées et quiconque, fonctionnaire ou particulier, couche sans en avoir le droit dans une de ces salles est puni de 50 coups (art. 218).

Les art. 211 et 216 règlent les détails du service de transmission des dépêches et les soins dont on doit les entourer : aussitôt le pli reçu, on l'enregistre et il doit repartir séance tenante, afin que les piétons parcourent 300 lis en 24 heures, soit environ 180 kilomètres, ce qui donne une vitesse moyenne de 7 kilomètres 1/2 par heure, sous peine de 20 à 50 coups, selon la durée du retard, soit au bureau, soit en route. Pour les courriers à cheval, les délais sont toujours fixés à l'avance.

Les détériorations, pertes, soustractions, etc... de dépêches sont punies de peines variables d'après l'importance du fait.

Le chef du service postal, dans chaque préfecture ou sous-préfecture, doit spécialement et continuellement parcourir et surveiller toutes les stations de son territoire ; le directeur général de la province inspecte personnellement, une fois par mois, les diverses stations et vérifie les écritures.

Personne ne peut employer les gens du tram pour un service privé, — ou même public autre que celui des dépêches officielles, — sous peine de 40 coups et d'une amende fixée d'après le nombre d'hommes et de journées détournés (art. 214).

Le détournement d'une dépêche officielle est puni avec la plus grande rigueur. — Lorsqu'il s'agit d'un pli adressé au souverain, il y va de la décapitation ; — à l'un des six ministères ou au tribunal des censeurs, diminution de 2 degrés (art. 212).

Les art. 215, 219, 221 et 222 traitent des droits accordés aux personnes envoyées en mission, ainsi qu'aux fonctionnaires et agents des divers tribunaux ou services, sur les relais de tram et les populations des pays qu'ils traversent. Ces droits sont fixés par les règlements, et si quelqu'un les outrepasse, il est passible de peines déterminées ; par exemple, s'il exige plus de vivres et d'argent qu'il ne lui en revient, — s'il astreint des personnes du peuple à la corvée de transporter des fardeaux ou des palanquins, — s'il emploie les moyens de l'Etat à des transports privés.

TABLE DES MATIÈRES

AVERTISSEMENT .... Page 1

PREMIÈRE PARTIE

APERÇU SUR LA GÉOGRAPHIE, LES PRODUCTIONS, L'INDUSTRIE, LES MŒURS ET LES COUTUMES DU ROYAUME D'ANNAM.

CHAPITRE PREMIER
APERÇU SUR LA GÉOGRAPHIE GÉNÉRALE.

I. Tonkinois et Cochinchinois. — II. Superficie et frontières. — III. Principaux cours d'eau. — IV. Iles. — V. Villes principales. — VI. Divisions du territoire ; aspect général et productions principales de chaque région......................... 9

CHAPITRE DEUXIÈME
VUE GÉNÉRALE DES GRANDES DIVISIONS NATURELLES ; DU SOL, DU CLIMAT, DES PRODUCTIONS, ETC.

I. Grandes divisions naturelles. — II. Du sol. — III. Du climat. — IV. Des animaux sauvages et domestiques. — V. Des productions, considérées : 1° pour la vie proprement dite (riz, maïs, millet, sésame, tubercules et racines, légumes, canne-à-sucre, poivre et sel, fruits, thé, huiles); 2° pour les vêtements (coton, chanvre, soie ; indigo et arbres à couleurs); pour l'habitation et les constructions ; 4° pour l'hygiène ; 5° pour le luxe (arec, bétel, farines, laque, aloès, camphre, cire, encens, opium, chaux, tabac, fleurs) 44

CHAPITRE TROISIÈME
Questions ethnographiques.

I. De la population. — II. Type physique, type national. — II. Costume. — IV. Marques extérieures du respect. — V. Langage, écriture. — VI. Temples et habitations des particuliers. — VII. De la famille. — VIII. Instruction publique. — IX. Des mariages. — X. Funérailles et deuil légal. — XI Etat politique. — XII. Religions.................................. 106

CHAPITRE QUATRIÈME
Savoir, industrie, occupation des loisirs.

I. Théâtre. — II. Jeu. — III. Science des Lettrés. — IV. Poids et mesures. — V. Musique. — VI. Savoir des médecins. VII. Arts et métiers... 158

CHAPITRE CINQUIÈME
Conclusions.

I. Remarques sur le caractère des Annamites. — II. Ressources du pays sous les rapports financier, commercial et militaire; 1° Impôts; 2° Commerce; 3° Armée.................... 186

DEUXIÈME PARTIE
Appendice

I. Annamites, Tonkinois et Cochinchinois.............. 206
II. Le cours du Mé-Kong 245
III. Baron Sa relation touchant le Tonkin, 1685......... 265
IV. Saïgon, avant l'occupation française.............. 279
V. La houille au Tonkin............................. 309
VI Assiette des impôts.............................. 319
VII. Population et finances de l'Annam................ 334
VIII. Lois militaires comprises dans le Code annamite... 350

Carte de l'Annam (hors texte).

5074. — ABBEVILLE, TYP. ET STÉR. A. RETAUX. — 1889.

www.ingramcontent.com/pod-product-compliance
Lightning Source LLC
Chambersburg PA
CBHW060601170426
43201CB00009B/851